Lothar Rolke · Volker Wolff (Hrsg.)

Die Meinungsmacher in der Mediengesellschaft

Lothar Rolke · Volker Wolff (Hrsg.)

Die Meinungsmacher in der Mediengesellschaft

Deutschlands Kommunikationseliten aus der Innensicht

Springer Fachmedien Wiesbaden GmbH

Bibliografische Information Der Deutschen Bibliothek
Die Deutsche Bibliothek verzeichnet diese Publikation in der Deutschen
Nationalbibliografie; detaillierte bibliografische Daten sind im Internet über
<http://dnb.ddb.de> abrufbar.

1. Auflage Oktober 2003

Alle Rechte vorbehalten
© Springer Fachmedien Wiesbaden 2003
Ursprünglich erschienen bei Westdeutscher Verlag/GWV Fachverlage GmbH, Wiesbaden 2003

Lektorat: Barbara Emig-Roller

www.westdeutscher-verlag.de

Umschlaggestaltung: Horst Dieter Bürkle, Darmstadt

Gedruckt auf säurefreiem und chlorfrei gebleichtem Papier

ISBN 978-3-531-14089-6   ISBN 978-3-663-09740-2 (eBook)
DOI 10.1007/978-3-663-09740-2

Inhaltsverzeichnis

Meinungsmacher in der Mediengesellschaft - Deutschlands Kommunikationseliten aus der Innensicht

von Volker Wolff und Lothar Rolke

Mit dem Abstand einiger Monate verkümmern große Auftritte gelegentlich zu Petitessen. Im Sommer 2002 ließ sich Bundeskanzler Gerhard Schröder im Französischen Dom die Vorschläge der so genannten Hartz-Kommission zur Verbesserung der Lage am Arbeitsmarkt überreichen. Der scheinbaren Bedeutung des Ereignisses entsprechend, nutzte die Bundesregierung zu dieser Demonstration ihres politischen Handelns nicht das Bundeskanzleramt oder den Saal der Bundespressekonferenz, sondern das Monument am Berliner Gendarmenmarkt. Die Medien waren vollständig vertreten und berichteten ausführlich in Wort und Bild.

Tatsächlich waren alle Elemente des Hartz-Konzeptes zum Zeitpunkt der Präsentation bereits bekannt. In den Wochen vor der Präsentation waren in jeweils erkennbarer Dosierung die Einzelheiten dieses Bündels von Vorschlägen in die Öffentlichkeit gelangt und von den Medien vorgestellt und diskutiert worden. Neu im Sinne journalistischer Nachrichtenwerte war bei der Präsentation allein die Tatsache der Präsentation, inhaltlich gab es nichts Neues zu berichten. Gerhard Schröder befand sich im Wahlkampf, die Umfragen räumten ihm eher schlechte Chancen auf einen Sieg bei der Bundestagswahl des Septembers ein, ein Medienereignis schien notwendig – und die Medien spielten mit.

Substanziell erging es den meisten Vorschlägen so wie vielen Reformvorschlägen der Hartz-Kommission: Sie wurden in der politischen Diskussion trotz anders lautender Ankündigungen verändert, nur zu Teilen realisiert und blieben dementsprechend weitgehend wirkungslos.

Im März 2000 wurde an der Frankfurter Wertpapierbörse die Aktie der Infineon-Technologies AG eingeführt. Der Vorstandsvorsitzende des Chipherstellers, Dr. Ulrich Schumacher, erschien zur Börseneinführung persönlich vor der Frankfurter Börse – mit einem Sportwagen und in der vermutlich feuerfesten Kluft von Motorsportlern. Die Medien waren vor Ort und berichteten entsprechend ausführlich in Wort und Bild. Dabei waren, wie bei jeder Börseneinführung, sämtliche Einzelheiten des Börsengangs in den Wochen vor der ersten Notierung der Öffentlichkeit bereits vorgestellt worden und von den Medien ausführlich diskutiert worden. Neu waren nur die Reaktionen der Märkte und damit die ersten Preise. Infineon und sein Vorstandsvorsitzender waren an hohen Kursen und damit an öffentlicher Aufmerksamkeit interessiert – die Medien spielten mit.

Tatsächlich stieg der Preis der Aktie in den ersten Monaten erheblich. Im Niedergang der Aktienkurse seit 2000 fiel aber auch der Kurs der Infineon-Aktie auf 20 Prozent des Einführungskurses.

Beide Beispiele erfolgreicher Inszenierungen längst bekannter Ereignisse dürfen zwar nicht verallgemeinert werden, werfen aber ein Licht auf das Verhalten von Politik, Unternehmen und Medien. Sie beleuchten augenfällig das Handeln machtvoller Eliten, denen mit unterschiedlicher Gewichtung allgemein die Meinungsführerschaft in der Öffentlichkeit zugeordnet wird. Zumeist recht klar ist die Zuweisung von Macht und Ohnmacht im Vergleich der eigenen mit der anderen Gruppe. Macht haben immer die anderen, die sie auch noch skrupellos einsetzen: Politiker fühlen sich häufig von den Medien bestimmt, Unternehmer klagen zumeist leiser, aber umso bestimmter über Inkompetenz und Macht der Medien, und die Journalisten bemerken häufig ihre Instrumentalisierung durch Politik und Wirtschaft.

Die Kommunikationswissenschaft, die Beziehungsgefüge dieser Art gerne empirisch untersucht, findet für alle dieser Feststellungen handfeste Belege. Doch es fehlt an einer Gesamtschau. Viele Einzelbefunde der Empiriker erscheinen so widersprüchlich und einseitig. Tatsächlich aber ist vieles, was zunächst nach Widerspruch aussieht, überhaupt nicht gegensätzlich, wenn der kommunikative Dreiklang von Politik, Unternehmen und Journalismus insgesamt zum Untersuchungsgegenstand wird. Denn dann können Gegensätze wie Macht und Ohnmacht, Geben und Nehmen, Instrumentalisieren und Erleiden in ihrem gesellschaftlich ausbalancierten Zusammenwirken erkannt werden. Dieses professionelle Zusammenspiel anschaulich herauszuarbeiten, ist das Ziel des vorliegenden Buches. Und zwar aus der Innensicht von Politik, Unternehmen und Journalismus. Im Mittelpunkt aller Beiträge stehen das konkrete Kommunikationsverhalten, die Ziele, Methoden und Restriktionen, die das jeweilige Handeln der Meinungsmacher in der Mediengesellschaft bestimmen.

Dabei interessieren das Verhältnis zwischen Journalismus und Politik einerseits sowie zwischen Journalismus und Wirtschaft andererseits besonders. Denn diese beiden Einzelbeziehungen sollen mit dem vorliegenden Buch vergleichbar gemacht werden. Und wo immer es möglich erscheint, miteinander verglichen werden: Was unterscheidet sie, wo lassen sich Gemeinsamkeiten finden? Wer ist der professionellste Meinungsmacher? Denn Politik und Wirtschaft geraten häufiger miteinander in Konflikt, als es den Anschein hat. Und immer sind sie dabei auf die Journalisten angewiesen.

Eine vergleichende Fragestellung dieser Art liegt eigentlich auf der Hand, ist aber für die deutsche Kommunikationswissenschaft recht neu. Hier blühen die Untersuchungen und Beschreibungen der Einzelbeziehungen. Von der normativ ausgerichteten Literatur der How-to-do-Bücher einmal abgesehen, sind dies auf einer eher großen Wiese die Untersuchungen zum Einzelverhältnis von Politik und Journalismus und in einem eher kleineren Garten die Untersuchungen zum Verhältnis von Journalismus und Wirtschaft. Komparativ ausgerichtete Forschungsergebnisse liegen eher aus anderen Forschungsfragen heraus vor. Sie förderten dann zum Beispiel die Erkenntnis zu Tage, dass Unternehmen wie Politik im Krisenfall in gleicher Weise ohnmächtig von den Journalisten überrollt werden, so wie es Hans Mathias Kepplinger dargelegt hat (vgl. H. M. Kepplinger 2001).

Der Vergleich der Einzelbeziehungen erscheint aber wichtiger denn je, steht doch zu vermuten, dass in der obwaltenden Mediengesellschaft die Regeln und Methoden für den Umgang mit der Öffentlichkeit für alle gleich sind, womit sich nur die Frage stellt, ob und in welchem Umfang sie jeweils von den Beteiligten angewendet werden. Die Innensichten, vorgetragen von Kommunikationsverantwortlichen aus Politik und Wirtschaft, von Journalisten und von Kommunikationswissenschaftlern, sollen hier eine Bestandsaufnahme ermöglichen.

Der Illustration der Entwicklung in den vergangenen Jahren hilft vielleicht ein kurzer vergleichender Blick zurück in die ersten beiden Jahrzehnte der Bundesrepublik Deutschland. Jedes Foto einer Pressekonferenz dieser Jahre illustriert bereits viel vom Wandel der Verhältnisse: Eine Pressekonferenz war zu jener Zeit in der Politik wie in der Wirtschaft eine eher würdige Angelegenheit. Es saßen vor dem Vortragenden zumeist Herren in dunkeln Anzügen an sorgsam aufgereihten Tischen und notierten, was ihnen mitgeteilt wurde. Das waren die Journalisten. Gefragt wurde wenig, kritische Distanz schimmerte in diesen Fragen eher selten durch. Das galt in Politik und Wirtschaft gleichermaßen.

Ein erster Unterschied zwischen Politik und Unternehmen war dabei zunächst quantitativer Natur. Die Unternehmensberichterstattung fand kaum statt. Der Wirtschaftsjournalismus beschäftigte sich mit der Wirtschafts- und Finanzpolitik und referierte Branchen- und Unternehmensinformationen in weitaus geringerem Umfang als heute. Das öffentliche Desinteresse an Unternehmen zu jener Zeit verwundert wenig, denn Aktien waren zu diesem Zeitpunkt nur eine Vermögensanlage für Minderheiten.

Ein weiterer Unterschied betraf die persönlichen Verhältnisse der Akteure zueinander. Für Bonn, und damit für das Verhältnis von Politik und Journalismus, wird immer wieder das Bild der Käseglocke, unter der es sich Journalisten und Politiker so gemütlich wie möglich machten, zitiert. Tatsächlich kam es vor, dass sich Minister in den Wohnzimmern wichtiger Journalisten einfanden und dass Journalisten zu den engsten Beratern der Politiker zählten. In den Unternehmen grassierte dagegen eher eine Art Angst der Entscheider vor jeder Nähe zu den Medien. Die Aufgabe von Kommunikationsverantwortlichen bestand deshalb häufig darin, die Vorstände von den Journalisten abzuschirmen.

Dieser nur impressionistische Vergleich von Politik und Unternehmen im Umgang mit den Journalisten fördert zumindest für die Vergangenheit gleich zwei Unterschiede zu Tage. Beide dürfen nicht überbewertet werden. Es scheint allerdings, dass Unternehmen und Politik auf dem Weg in die Mediengesellschaft eine unterschiedliche Strecke zurückgelegt haben.

Tatsächlich durchdringen sich heute nach wohl einhelliger Darstellung in der Literatur Politik und Medien immer stärker (vgl. U. Saxer 1993: 317). Tatsächlich ist heute auch für Unternehmen die öffentliche Aufmerksamkeit ein angestrebtes hohes Gut. Und beide, Unternehmen wie Politik, sind offenbar jederzeit geneigt, die Medien für ihre Zwecke zu instrumentalisieren. Beide brauchen die Aufmerksamkeit der Rezipienten. Dafür brauchen sie die Medien. Mehr noch: Politik und Wirtschaft konkurrieren in einer Welt, in der es offensichtlich stark auf veröffentlichte Bilder der Beteiligten ankommt, erkennbar intensiv um die Aufmerksamkeit der Medien.

Beschreibungen dieser neuen Welt gibt es viele (vgl. U. Sarcinelli 1998; Rolke/Wolff 1999; Donsbach/Jarren/Kepplinger/Pfetsch 1993; Schatz/Rössler/ Nieland 2002). Plastische Bilder auch. Das Joschka Fischer zugeordnete Bild von Journalisten als „Fünf-Mark-Nutten" (M. Mertes 2001) ist wohl eines der besonders drastischen.

Man hat sich inzwischen daran gewöhnt: Politik wird mit Blick auf die Medien betrieben. Dazu werden komplexe Inhalte mit griffigen Schlagworten besetzt, die dann leichter zu vermitteln sind. Deshalb werden auch komplexe Themen personalisiert. Dann reduzieren sich politische Themen auf Namen und Gesichter. In diesen Kontext gehört auch die Inszenierung von Ereignissen, ohne die sich bestimmte Themen aus Sicht der Politik nicht mehr vermitteln lassen. Dass es dabei auch zur Inszenierung von Pseudoereignissen und zur Inszenierung der Inszenierung kommt, lässt sich am Vorbereitungsspektakel um die Kandidatenduelle des Bundestagswahlkampfs 2002 leicht illustrieren. Die Hartz-Inszenierung war nur eine von vielen.

Die Informationspolitik der politischen Akteure ist heute aktiv statt reaktiv. Sie wird geplant, wobei das Setzen von Themen, die Antizipation journalistischer Reaktionen und die Berücksichtigung von redaktionellen Arbeitsweisen längst zum Standard professioneller Politikvermittlung gehören. Dazu zählt auch die Selbstdarstellung der politisch Handelnden, die als Phänomen in keiner Weise neu ist. Allein das Ausmaß hat sich hier offenbar verändert: Selbstdarstellung ist nicht länger eine Begleiterscheinung der Politik, sondern wird vor dem Hintergrund der intendierten Aufmerksamkeit zu ihrer Voraussetzung. Dass auch hierbei mit Selbstinszenierungen Auswüchse zu registrieren sind, lässt sich mit Blick auf Fallschirmabsprünge über Parteitagen oder Besuche in Isoliercontainern von Fernsehserien leicht illustrieren.

Auch die Wirtschaft ist längst von einer eher passiven zu einer höchst aktiven Informationspolitik übergegangen (vgl. W. Schumacher 2002: 37). Diese

Entwicklung hat quantitative wie qualitative Elemente. Zu den quantitativen Elementen zählen die Einrichtung und der Ausbau von Pressestellen bei Unternehmen und Verbänden aller Art. Gleichzeitig wurden die Öffentlichkeitsarbeiter innerhalb der Unternehmen auch einflussreicher. Sie wurden dabei nicht nur hierarchisch aufgewertet. Die Chefs der Unternehmenskommunikation sind heute häufig den Vorstandsvorsitzenden direkt unterstellt. Einige von ihnen bekleiden selbst den Rang von Vorstandsmitgliedern.

Zu den qualitativen Aspekten gehört inzwischen auch in Wirtschaftsunternehmen, dass die Öffentlichkeit durch behutsames Verteilen erster Informationen auf Ereignisse vorbereitet wird, sofern die Ad-hoc-Regelungen der Finanzaufsicht dieser Vorgehensweise nicht entgegenstehen. Zu dieser Steuerung des Informationsflusses gehört natürlich auch die Berücksichtigung redaktioneller Arbeitsabläufe und Termine.

Darüber hinaus publizieren größere Unternehmen im hohen Umfang selbst. Dies betrifft zum einen die direkte Publikation durch Mitarbeiter- und Kundenzeitschriften oder Internetportale. Die so erreichten Publikationsumfänge sind beachtlich. Mitarbeiter- und Kundenzeitschriften bildeten in den vergangenen Jahren das wachstumsstärkste Segment der Pressemärkte. Für den deutschen Sprachraum gab es Ende 2002 rund 3500 Titel mit einer Gesamtauflage von 456 Millionen Stück. Die Dynamik wird bei den IVW-geprüften Kundenzeitschriften deutlicher: Von 1999 bis 2002 stieg die verbreitete Auflage von 23,7 auf 63,4 Millionen Exemplare. Daneben gibt es auch so etwas wie eine indirekte Publikationsaktivität, wenn Unternehmen druckfertige Manuskripte anbieten, Fernsehsendern Bildmaterial zur Verfügung stellen oder freie Autoren honorieren.

Bei ihrer Kommunikationspolitik orientieren sich Unternehmen und Verbände genau wie die Politik an der zunehmend personalisierteren Berichterstattung der Medien. Zahlreiche Vorstandsmitglieder der deutschen Wirtschaft haben sich durch Medientrainings in den vergangenen Jahren auf die direkte Kommunikation mit Medienvertretern vorbereitet.

Diese kurze Beschreibung des aktuellen Kommunikationsverhaltens von Wirtschaft und Politik nährt der Eindruck, dass sich Art und Umfang der Kommunikation stark einander angenähert haben. In der Tat betreiben beide Eliten eine höchst aktive Kommunikationspolitik, orientieren sich beide Eliten an der Personalisierung durch die Medien, berücksichtigen beide die Arbeitsabläufe der Medien, setzen beide je nach Bedarf auf die häppchenweise Information der Öffentlichkeit und auf die Unterstützung durch Experten, wenn es um Planung und Durchführung von Informationskampagnen oder zielgerichtete Hintergrundinformationen der Medien geht. Bei so viel Gleichem überrascht es nicht, dass einige dieser Experten gleichzeitig für Politiker und Unternehmer tätig sind.

Es gibt allerdings im Kommunikationsverhalten von Wirtschaft und Politik Unterschiede, von denen einige spontan erkennbar sind. Beispielsweise suchen nicht alle Unternehmer in dem Maße die Profilierung in der Öffentlichkeit und damit die Nähe zu den Medien wie die Mehrzahl der Politiker. Diese Zurückhaltung ist verständlich, legitimieren sich doch Unternehmensführer im Unterschied zu Politikern nicht gegenüber einer breiten wahlberechtigten Öffentlichkeit, sondern nur gegenüber kleineren Zirkeln von Vorstands- und Aufsichtsratmitgliedern. Dies heißt nun aber nicht, dass Kandidatenduelle um vakante Führungsaufgaben nicht auch schon mit den Mitteln der Informationspolitik über die Medien geführt werden. Genau dies ließ sich am Beispiel des Vorstandsvorsitzes der DaimlerChrysler AG oder des Aufsichtsratvorsitzes bei RWE schnell erkennen.

Daneben verfügt die Politik im Vergleich zu Unternehmen und Verbänden offenbar über ein höheres Maß an Nachrichtenwerten, wenn man sich den jeweiligen Anteil von Wirtschafts- und Politikinformationen in Presse und Fernsehen vor Augen hält. Wirtschaftsinformationen spielen in Fernsehnachrichten eine eher untergeordnete Rolle und sind bei den meisten Regionalzeitungen auf relativ bescheidene Umfänge von ein bis zwei Seiten begrenzt. Nur bei wenigen großen Regionalzeitungen und den überregionalen Zeitungen erreichen sie im Umfang das Maß der politischen Information.

Auf der anderen Seite verfügen die Unternehmen mit ihren Werbeetats gegenüber den Medien über ein Machtpotenzial sui generis. Private Hörfunk- und Fernsehsender finanzieren sich nahezu ausschließlich aus der Werbung, Zeitschriften- und Zeitungsverlage realisieren im Schnitt rund 60 Prozent ihrer Einnahmen aus Anzeigen, und selbst die öffentlich-rechtlichen Rundfunkanstalten erlösen erhebliche Beträge aus der Werbung. Mit anderen Worten: Die meisten Medien sind ökonomisch abhängig von den Werbeaufwendungen der Unternehmen. Diese Abhängigkeit löst selbstverständlich nicht nur in Einzelfällen im System Journalismus bestimmte Verhaltensweisen aus, die der Informationspolitik der Unternehmen nicht unangenehm sind. Komparativ fehlt der Politik diese Machtkomponente.

Überhaupt scheint das Ressourcenpotenzial von Politik und Wirtschaft unterschiedlich ausgeprägt. Es ist erkennbar, dass hinsichtlich der Informationspolitik dem Staat und den Parteien engere Grenzen als den Unternehmen gesetzt sind. Dass die auf die Bundestagswahl 1998 folgende Europa-Kampa der großen Regierungspartei mit ähnlichen Akteuren aber geringeren finanziellen Ressourcen erfolglos blieb, mag den Zusammenhang verdeutlichen (vgl. T. Leif 2002: 6).

Ein wichtiger Unterschied für das Kommunikationsverhalten von Politik und Wirtschaft ist der unterschiedlich ausgeprägte Grad der sachlichen und räumlichen Zentralisation. Das politische Geschehen und mit ihm der politische Journalismus haben sich zu wesentlichen Teilen nach Berlin verlagert. Hier, am Hauptsitz der Bundesregierung, residieren inzwischen neben dem Parlament auch die Parteien und die Großzahl der Interessenorganisationen. Sämtliche für die Bundespolitik relevanten Entscheidungsprozesse finden in Berlin statt. Dort werden auch die dazu gehörenden Kommunikationsmaßnahmen geplant und realisiert. Dementsprechend hat sich – auch gefördert durch den erheblichen Wettbewerb der großen Berliner Tageszeitungen – in Berlin ein Pressekorps etabliert, das zumindest quantitativ dem Pressekorps früherer Jahre in Bonn weit überlegen ist. Beide Gruppen, Politik und Journalismus, arbeiten in sehr ausgeprägter Nähe mit den entsprechenden Möglichkeiten enger Kommunikation.

Ein derartiger Konzentrationsgrad existiert für die Wirtschaft und den Wirtschaftsjournalismus nicht. Die relevanten wirtschaftlichen Aktivitäten erstrecken sich in der Bundesrepublik Deutschland über zahlreiche zum Teil höchst unterschiedliche Branchen und das gesamte Bundesgebiet. Entsprechend dezentral strukturiert ist auch der Wirtschaftsjournalismus, wobei gewisse Schwerpunkte am Sitz der großen Zeitungsredaktionen und der Redaktionen von Wirtschaftsmagazinen und damit in Frankfurt, München und dem Köln/Düsseldorfer Raum zu sehen sind.

Der erste Blick auf die Meinungsmacher wäre ohne eine Skizze zur Entwicklung des Journalismus unvollständig. Auch hier ist die Veränderung in den vergangenen Jahren quantitativ wie qualitativ erheblich. Zunächst ist die Zahl der Journalisten deutlich gestiegen. Nach Angaben des Deutschen Journalistenverbandes gab es Ende 2001 67.500 Journalisten in Deutschland, davon 47.500 Angestellte. Diese Zahlen decken sich mit den Aussagen der relevanten Versicherungsträger. Gegenüber 1994 ist damit die Zahl der Journalisten um knapp 14.000 gestiegen. Zudem kann davon ausgegangen werden, dass sich der Anteil der Journalisten mit berufsspezifischer Ausbildung und/oder akademischem Abschluss erhöht hat. Der Journalismus zählt seit über einem Jahrzehnt zu den besonders nachgefragten Berufen, mit der Folge, dass die Ausbildungsstätten und die Arbeitgeber regelmäßig unter einer Vielzahl hoch qualifizierter Bewerber auswählen konnten.

Trotz dieses verbesserten Qualifikationsgrades gibt es zu den Arbeitsergebnissen der Journalisten unterschiedliche Auffassungen. Dies gilt sowohl für den Wirtschaftsjournalismus als auch für den politischen Journalismus. Dabei wird für die politische Berichterstattung aus Berlin beklagt, dass es auch als Folge des Wettbewerbs der Medien in der Bundeshauptstadt zu einer Orientierung am Sensationellen, zu einer inhaltlichen Verflachung, ja insgesamt zu einem „erschreckenden Niveauverlust" (C. Hillgruber 2003: 7) gekommen sei.

Für den Wirtschaftsjournalismus gehen besonders führende Wirtschaftsjournalisten davon aus, dass es selten Zeiten gegeben hat, in denen Wirtschaftsjournalisten besser ausgebildet und besser bezahlt wurden als zurzeit. Vor allem der Wettbewerb habe zu einer Qualitätsverbesserung beigetragen, die Wirtschaftsberichterstattung sei heute näher am Kunden, kritischer und quellenvielfältiger (vgl. R. Hank 2002: 97; U. Weidenfeld 2002: 99).

Dies alles hat den Wirtschaftsjournalismus offenbar nicht davor geschützt, im Börsenboom der vergangenen Jahre derartig unkritisch die Informationen der Wirtschaft aufzugreifen, dass heute in der Rückschau ein Fall kollektiver Distanzlosigkeit diagnostiziert werden kann (vgl. T. Schuster 2001). Das nicht nur in Einzelfällen besonders ausgeprägte Versagen des Finanzjournalismus kann allerdings zu Teilen auch damit begründet werden, dass sich mit der Globalisierung der Weltwirtschaft auch die Rechnungslegung deutscher Unternehmen erheblich veränderte, womit kritische und distanzierte Bilanzanalysen zunächst erschwert wurden.

Die Entwicklung des Journalismus wurde in den vergangenen Jahren ferner in hohem Maße von der technischen und ökonomischen Entwicklung der Medienbranche bestimmt. Dies gilt im Positiven wie im Negativen. Auf der einen Seite erweiterte zum Beispiel das Internet die Recherchemöglichkeiten für Journalisten erheblich. Damit ist ein Mehr an Analyse und Distanz möglich. Auf der anderen Seite führten die veränderten Arbeitsabläufe besonders in Zeitungsredaktionen zur Übernahme technischer Arbeiten durch die Redakteure und damit zur weiteren Begrenzung der für Recherche zur Verfügung stehenden Zeit.

Darüber hinaus sorgt die seit Jahren zu beobachtende Kostenorientierung in Redaktionen zu einer weiteren Begrenzung journalistischer Möglichkeiten. Dies wird besonders deutlich in der aktuellen Krise der Medien. Zwei aktuelle Beispiele mögen die unmittelbaren und mittelfristigen Auswirkungen illustrieren: Der Verzicht auf eine zweite Agentur, so wie er zuletzt von einigen großen Zeitungsredaktionen vorgenommen wurde, nimmt allen Redaktionen die Möglichkeit des mit der journalistischen Sorgfaltspflicht verbundenen Prüfens von Nachrichten. Der Verzicht auf Ausbildungsredaktionen, so wie er inzwischen selbst für eine der größten überregionalen Tageszeitungen zu registrieren ist, kann nur als Absage an Qualitätsansprüche in der journalistischen Aufgabenerfüllung verstanden werden.

Diese erste Bestandsaufnahme zeigt für die vergangenen Jahre bei allen skizzierten Kommunikationseliten in qualitativer wie in quantitativer Hinsicht eine deutlich gestiegene Professionalisierung. Sie weist gleichzeitig auf erkennbare Probleme bei der Aufgabenerfüllung der Journalisten einerseits und auf die Bedeutung ökonomischer Ressourcen andererseits hin. Letzteres gilt besonders für die Medien. Aber auch technische Innovationen wie das Internet und neue Konfliktlinien verändern die Kommunikationsarenen in der Gesellschaft (vgl. Rolke/Wolff 2002). In den folgenden Kapiteln werden diese Aspekte aus der Innensicht der betroffenen Gruppen vertieft. Dabei gilt das besondere Augenmerk der Autoren nicht nur der Beschreibung von Motiven und Restriktionen in Vergangenheit und Gegenwart. Sie beleuchten auch die sich abzeichnenden Entwicklungen in der künftigen Kommunikation von Politik und Wirtschaft und die damit verbundenen Herausforderungen für Deutschlands Meinungseliten.

Denn neuartige Konflikte stehen ins Haus. Immer häufiger geraten Politik und Wirtschaft aneinander. „So viel Entfremdung war selten: Beide Volksparteien gehen auf Distanz zu den Wirtschaftsbossen. Steigende Managergehälter, sinkende Steuerzahlungen und neuerdings die Weigerung, ausreichend Arbeitsplätze zu schaffen, belasten das Klima" (Neukirch/Sauga/Steingart 2003: 104), urteilte „Der Spiegel" im Mai 2003. Zündstoff gibt es genug. Dabei steht fest: Im clash of communications zwischen Politik und Wirtschaft sind beide Seiten auf die Journalisten angewiesen. Und beide Seiten werden die Medien einzubinden versuchen. Nicht auszuschließen, dass es zu einer Art embedded journalism in einer innergesellschaftlichen Auseinandersetzung kommt. Die Frage ist dann offen, welche Rolle die Journalisten tatsächlich spielen können und werden. Sicher ist nur, dass Politik und Unternehmen die veröffentlichte Meinung zu beherrschen versuchen. Deutschlands Kommunikationseliten stehen unübersichtliche und anstrengende Zeiten bevor.

Literatur

Donsbach, Wolfgang, Otfried Jarren, Hans Mathias Kepplinger, Barbara Pfetsch: Beziehungsspiele - Medien und Politik in der öffentlichen Diskussion, Gütersloh 1993

Hank, Rainer: Information als Wettbewerbsvorteil, in: Friedrich-Ebert-Stiftung, Staatskanzlei Rheinland-Pfalz, Landeszentrale für privaten Rundfunk Rheinland-Pfalz (Hrsg.): New Journalism – vom Kulturgut zum Wirtschaftsgut, Dokumentation des 6. Mainzer Medien Disput, August 2002, S. 97 – 98

Hillgruber, Christian: Scheinbares Wohlbefinden, in: Frankfurter Allgemeine Zeitung vom 12.2.2003, S. 7

Kepplinger, Hans Mathias: Die Kunst der Skandalierung und die Illusion der Wahrheit, München 2001

Leif, Thomas: Verkürzte Realität, verflachter Sinn, stillgelegter Diskurs, in: Frankfurter Rundschau vom 22.7.2002, S. 6

Mertes, Michael: Partner und Gegner. Über die spannungsreiche Beziehung zwischen Politikern und Journalisten, in: Die politische Meinung Nr. 384, 11/2001, S. 65 – 71

Neukirch, Ralf, Michael Sauga, Gabor Steingart: Reformen. Im Argwohn vereint. In: Der Spiegel Nr. 19/5.5.2003, S. 104 – 108

Rolke, Lothar, Volker Wolff (Hrsg.): Wie die Medien die Wirklichkeit steuern und selber gesteuert werden, Opladen und Wiesbaden 1999

Rolke, Lothar, Volker Wolff (Hrsg.): Der Kampf um die Öffentlichkeit. Wie das Internet die Macht zwischen Medien, Unternehmen und Verbrauchern neu verteilt. Neuwied und Kriftel 2002

Sarcinelli, Ulrich (Hrsg.): Politikvermittlung und Demokratie in der Mediengesellschaft, Opladen und Wiesbaden 1998

Saxer, Ulrich: Beziehungsspiele statt Streitkultur?, in: Donsbach, Wolfgang, Otfried Jarren, Hans Mathias Kepplinger, Barbara Pfetsch: Beziehungsspiele - Medien und Politik in der öffentlichen Diskussion, Gütersloh 1993, S. 317 – 319

Schatz, Heribert, Patrick Rössler, Jörg-Uwe Nieland (Hrsg.): Politische Akteure in der Mediendemokratie. Politiker in den Fesseln der Medien?, Wiesbaden 2002

Schumacher, Walter: Pressearbeit: Grundregeln im Medienzeitalter, in bank und markt, Juli 2002, S. 36 f

Schuster, Thomas: Die Geldfalle. Wie Medien und Banken die Anleger zu Verlierern machen, Reinbek 2001

Weidenfeld, Ursula: Versuche der Einflussnahme nehmen zu, in: Friedrich-Ebert-Stiftung, Staatskanzlei Rheinland-Pfalz, Landeszentrale für privaten Rundfunk Rheinland-Pfalz (Hrsg.): New Journalism – vom Kulturgut zum Wirtschaftsgut, Dokumentation des 6. Mainzer Medien Disput, August 2002, S. 99 – 100

Einsichten der Journalisten

Öffentliche Kontroversen – Politiker und Manager im Umgang mit Journalisten

von Wolfgang Kaden

Politiker und Manager im Umgang mit uns Journalisten – ich habe im Laufe meines Berufslebens mit beiden Arten zu tun gehabt. Die Spezies der Politiker studierte ich besonders intensiv als Korrespondent des SPIEGEL in Bonn und während meiner drei Jahre in der Chefredaktion des SPIEGEL. Mit Unternehmern und Managern habe ich als Ressortleiter Wirtschaft beim SPIEGEL und in den vergangenen neun Jahren beim manager magazin zu tun gehabt. Das journalistische Resümee vorweg: Der Umgang mit Politikern ist für unsereinen deutlich einfacher als der mit Managern. Journalisten und Politiker sind sich näher als Journalisten und Manager.

Aber der Reihe nach: Fangen wir mit den Managern an. Zum Einstieg eine kleine Geschichte, etwas mehr als ein Jahr alt. Eine Geschichte, wie wir sie ähnlich regelmäßig erleben.

Ende 2001 hatten wir eine Unternehmensanalyse der SAP im Heft. In dieser Story stand ein kleiner Kasten, der die Schwierigkeiten des Software-Konzerns im US-Geschäft beschrieb. Unter anderem war dort zu lesen, dass der US-Statthalter der SAP, ein Deutscher, vor seiner Ablösung stehe. Diese Meldung wurde von den SAP-Verantwortlichen mit Abscheu und Empörung zurückgewiesen. Pure Erfindung, nichts dran, Diskriminierung einer erfolgreichen Unternehmenspersönlichkeit.

Fünf Monate später konnten wir einer kurzen Notiz in der Zeitung entnehmen, der SAP-Repräsentant für die USA habe das Unternehmen verlassen. In gegenseitigem Einvernehmen, fraglos. Nun könnte man das alles ganz locker nehmen und sagen: So ist das Leben, die Unternehmen müssen doch dementieren. Müssen sie wirklich? Und muss das mit jenem Ton der Entrüstung geschehen, der uns damals aus Walldorf beschallte?

Ja, es ist eine schwierige Beziehung, die zwischen den Managern und unsereinem. Wie schwierig sie ist, lässt sich beispielsweise in den Memoiren von Edzard Reuter nachlesen. Der ehemalige Daimler-Chef bemüht sich nicht, seine Meinung in feine Worte zu kleiden. Er spricht von „Schmierenkomödianten" und meint damit eine „große Zahl von Journalisten". Dann schreibt Reuter, aus jahrelanger Erfahrung schöpfend, weiter über unseren Berufsstand: „Besonders viele sind es jedenfalls nicht, die in den Medien arbeiten und vom Wurmstich der Charakterlosigkeit verschont geblieben sind." (E. Reuter 1998).

Warum tun sich Manager und Journalisten so schwer? Natürlich schätzt der Unternehmer all jene meiner Berufskollegen, die brav das aufschreiben, was er oder das Unternehmen verlautbaren; jene Journalisten, die nicht mit eigener Recherche seine Kreise stören. Umso schwerer haben es die Manager hingegen mit denen, die selbst recherchieren, womöglich noch investigativ. Also mit Blättern wie dem manager magazin oder mit dem SPIEGEL.

Ein Unternehmen ist schließlich eine Zweckveranstaltung. Es verkauft Waren oder Dienstleistungen, der Erlös soll höher als der Aufwand ausfallen – und die Chance, dass dies gelingt, dass der Unternehmenswert gemehrt wird, ist umso größer, je besser die Firma in der Öffentlichkeit angesehen ist.

Unternehmen und Unternehmer wollen daher nur vorteilhaft dargestellt werden. Sie haben ein großes Interesse daran, ihre öffentliche Präsentation weitestgehend selbst zu steuern. Und da stören Journalisten, die sich nicht damit begnügen, die Ausführungen des Vorstandsvorsitzenden auf der Bilanz-Pressekonferenz zu referieren, sondern auf eigene Faust Informationen zusammentragen.

Hinzu kommt die spezifische Sozialisation des Managers. Je höher er geklettert ist, umso mehr hat er sich daran gewöhnt, Orders zu erteilen, die in der Regel ausgeführt werden. Er lebt in der Gewissheit, sein Unternehmen im Griff zu haben. Diese Sicherheit kann und darf ihm ein Journalist nicht geben. Der Topmanager redet mit ihm, womöglich vertraulich, und weiß nicht, was am Ende gedruckt wird. Schrecklich. So etwas verunsichert. Und nichts hasst der Manager mehr als Verunsicherung. Wie oft habe ich es erlebt, dass wir mit einem Vorstand ein Gespräch führten und der sich hinterher beklagte, dass das Ergebnis dieses Gesprächs aber gar nicht in seinem Sinne ausgefallen sei.

An dieser Stelle spätestens ist festzuhalten: Zwischen dem recherchierenden Journalisten und dem Unternehmen besteht ein schroffer Interessengegensatz.

Es gibt schließlich keine Firma, die nicht etwas gegenüber der Öffentlichkeit zu verbergen hätte. Nehmen wir das Beispiel BMW. Dort wurde uns lange Zeit herzliches Einvernehmen zwischen dem Vorstandsvorsitzenden Pischetsrieder und dem Entwicklungsvorstand Reitzle vorgespielt. Wie viel dran war an diesem Männerbund, wissen wir inzwischen: herzlich wenig. Natürlich sind dies schöne Geschichten, die wir gern recherchieren und aufschreiben.

Gewiss, es bestehen, was den Grad der Offenheit anbelangt, Unterschiede. Der hängt einmal vom Typ des Topmanagers ab. Es gibt eben Charaktere, die sich und ihr Unternehmen durchaus ein Stück weit öffnen. Und es gibt welche, denen das wider die Natur ist. Ein Schulte-Noelle von der Allianz oder ein Strube von der BASF konnte man, wie immer sonst ihre Qualitäten zu bewerten waren, nicht unbedingt als PR-Talent einordnen. Die sind einfach von Natur aus verschlossen. Anders hingegen ein Reitzle, jetzt Linde, oder ein Schneider, jetzt Vorsitzender des Aufsichtsrats von Bayer. Das sind ganz einfach Kommunikationstalente. Was ihnen ja auch nicht geschadet hat.

Noch ein weiterer Aspekt: Der Grad der Offenheit hängt nicht unwesentlich von der Branche ab. Die Automobilindustrie braucht die Publikumspresse zur Präsentation ihrer Produkte. Ein Maschinenbauer kann diese Medien außer Acht lassen. Entsprechend ist die Autoindustrie traditionell besser zugänglich als es die meisten Hersteller von Investitionsgütern sind.

Übrigens: Unsere eigene Branche, die Verlage, zählen in puncto Offenheit nicht unbedingt zur Spitzengruppe. Da wird genauso vernebelt und gelogen wie anderswo. Bei manchen Pressemitteilungen aus Verlagen wird mehr verschleiert als offenbart.

Soweit meine Erfahrungen mit den Managern. Wie sieht es nun mit den Politikern aus? Zunächst: Wenn man irgendwo politischer Korrespondent ist, hat man ein sehr viel engeres Verhältnis zu den jeweiligen politischen Figuren als der Unternehmensjournalist zu seiner Klientel. Das ist schlicht ein Ergebnis der Zahl: Es gibt so viele Unternehmen, dass die Kontakte zu den einzelnen Top-Figuren gar nicht allzu häufig sein können. Die Zahl der Gesprächspartner in der Politik ist hingegen klar begrenzt; außerdem läuft man sich im Parlament und bei gesellschaftlichen Anlässen in Berlin oder in einer der 16 Landeshauptstädte dauernd über den Weg. Das schafft Vertrautheit und auf Dauer Vertrauen.

Der entscheidende Unterschied ist allerdings nach meiner Erfahrung ein anderer. Der Politiker braucht überlebensnotwendig die Medien. Wenn er seine Wählerschaft erreichen und wiedergewählt werden will, ist er auf den Transmissionsriemen Medien angewiesen. Also wird er das Gespräch mit Journalisten suchen. Der Manager hingegen kann seinen Job auch fernab der Medienwelt einigermaßen befriedigend verrichten.

Eines der erfolgreichsten deutschen Unternehmen ist Aldi. Da kommen Journalisten oft nicht über die Pressestelle hinaus. Gottlob haben nicht alle Manager das Öffentlichkeitsverständnis der Aldi-Brüder. Eine börsennotierte AG kann das schon wegen der Publizitätspflicht gar nicht so handhaben, von Investor Relations und Kurspflege gar nicht zu reden.

Also zusammengefasst: Der Politiker ist auf die Medien sehr viel stärker angewiesen als der Manager und deswegen auch sehr viel besser zugänglich.

Politische Entscheidungsprozesse sind daher für unsereinen ungleich leichter nachzuvollziehen und zu recherchieren als unternehmerische. Und: Zumindest in den vertraulichen Gesprächen sind die Politiker meist auch näher an der Wahrheit dran als viele Manager. Ich bin jedenfalls von Managern öfter belogen worden als von Politikern. Unternehmer pflegen auch in so genannten Hintergrundgesprächen gern die PR; was wirklich abgeht in den Konzernzentralen, wird oftmals vernebelt.

Ein letzter Gesichtspunkt: das Abstrafen von Journalisten für Fehlverhalten. Der Politiker ist oft genauso enttäuscht von dem, was der Journalist aus dem Gespräch mit ihm macht, wie der Manager. Aber Politprofis verfügen über

bessere Nehmerqualitäten. Sie sind es gewöhnt, dass man hart mit ihnen umgeht. Das bringt die Auseinandersetzung mit dem politischen Gegner so mit
sich.

Der Politiker befindet sich ständig in der öffentlichen Kontroverse, die auch
die Herabsetzung der eigenen Person einschließt. Der Manager hingegen lebt in
einem Umfeld, in dem ihm selten mal einer unverblümt die Meinung sagt. Im
Gegenteil. Der Wettbewerb setzt ihm auf dem Markt zu, nicht indem er ihn
persönlich angreift. Seine Kollegen im Vorstand bemühen sich um gute Um-
gangsformen, die Untergebenen werden ihm im Zweifelsfall schmeicheln. Entsprechend dünnhäutig reagiert unser Strahlemann, wenn er mal in einer Story
hart rangenommen wird. Die Nehmerqualitäten sind minimal.

Der Manager hat dann auch andere Sanktionsmöglichkeiten als der Politiker.
Der Politiker kann den Journalisten nur durch Informationsentzug strafen. Helmut Kohl hat das gegenüber dem Spiegel 20 Jahre durchgehalten. Aber das ist
ein fragwürdiges Instrument. Ein solcher Politiker macht sich den Journalisten
zum Feind – und bei allem Bemühen um Objektivität bleibt die Berichterstattung von solchen Abstrafaktionen nicht unbeeinflusst.

Der Manager setzt ebenfalls die Info-Blockade ein. Es gibt dann für das
Blatt keine Termine mehr. Wir erleben das immer wieder. Klappe zu. Das ist für
unsereinen durchaus schmerzlich. Schmerzlicher jedenfalls als für den politischen Journalisten die Blockade durch einen Politiker.

Das Instrumentarium der Sanktionsmöglichkeiten bietet aber dem Manager
noch mehr Möglichkeiten. Unternehmen reagieren gern mit juristischen Mitteln:
Schadenersatz, Gegendarstellung, Unterlassungserklärung. Das trifft den Journalisten durchaus. Politiker tun das ganz selten; auch weil die Sujets sich einer
juristischen Handhabung meist entziehen. Und es gibt die wirtschaftlichen Pres-
sionen: Anzeigenentzug, keine Spots bei TV. Die Abhängigkeit ist größer als in
der Öffentlichkeit bekannt, das Sanktionsmuster wird nach meiner Einschätzung
auch immer häufiger eingesetzt.

Nicht zu unterschätzen ist in diesem Zusammenhang der vorweggenommene
Gehorsam: Der Journalist weiß, welches Unternehmen diese Waffe verwendet,
und zeigt entsprechendes Wohlverhalten. Nun würde ein falsches Bild entstehen, wenn der Eindruck entstünde, solches Verhalten sei die Regel. Es ist die
Ausnahme. manager magazin arbeitet durchaus mit den meisten gut zusammen.
Kooperation ist sogar der Normalfall. Manchmal auch bei den Unternehmen
zähneknirschend. Aber das ist egal.

Es gibt jedenfalls bei den meisten, bis hinauf in die Führungsspitze, durchaus die Bereitschaft zur Kooperation. Viele Unternehmer haben gelernt,
manchmal auch durch bittere Erfahrung, dass eine feindselige Haltung gegenüber den Journalisten zu einer anhaltend schlechten Presse führt und dass dies
auf Dauer dem Ansehen abträglich ist.

Die Letzten übrigens, die das hier zu Lande kapiert haben, waren die Chemiekonzerne, die sich jahrzehntelang, geführt von Chemikern, einem Dialog verschlossen haben. Während meiner Zeit beim SPIEGEL wurde unser Frankfurter Korrespondent nicht einmal zur Hauptversammlung bei Hoechst eingeladen; er musste sich eine Aktie kaufen, um Zugang zu erhalten.

Also: Die meisten Unternehmen sind durchaus hilfsbereit – und da ich nicht aufgegeben habe, an das Gute im Menschen zu glauben, gehe ich immer noch davon aus, dass sich das Verhältnis zwischen den Managern und uns Journalisten in Zukunft weiter verbessert. Es gibt noch viel Spielraum. Ausnahmsweise können da die Manager auch einiges von den Politikern lernen.

Literatur

Reuter, Edzard (1998): Schein und Wirklichkeit: Erinnerungen. Berlin: Siedler

„Selbst der intelligenteste, selbst der gerissenste Boß umgibt sich oft mit Mitarbeitern, die ihm gegenüber allmählich ihren Widerspruchsgeist und ihre Eigenständigkeit verlieren können. (...) Die halten geflissentlich den Mund, auch wenn sie genau wissen, dass sich der Boß völlig verrennt, weil sie nicht den Mut finden, es ihm zu sagen."

Bernard Tapie in seiner Autobiographie „Gewinnen auf der ganzen Linie"

Kommunikationseliten und ihre Strategien – wer füllt das Vakuum, das die Politik hinterlässt?

von Thomas Leif

Anfang Juni gab es im Ersten Fernsehprogramm kurz vor Mitternacht ein seltenes Lehrstück für das filigrane Wechselspiel zwischen Wirtschaft und Journalismus. Hartmut Mehdorn, der Konzernchef der Deutschen Bundesbahn, öffnete sein Unternehmerherz gegenüber Reinhold Beckmann. Der Sportreporter, sonst bekannt für überraschungsfreie Kommunikation, forderte den Manager heraus, fragte nach, präzisierte und trieb Mehdorn zur intellektuellen Hochgeschwindigkeit. Der verschlossene Manager, der sein Unternehmen bevorzugt mit gekaufter Kommunikation in Bewegung bringen will und Kamarateams gerne von den Bahnhöfen vertreiben lässt, wuchs plötzlich über sich hinaus. Mehdorn argumentierte, brachte Fakten, überzeugte mit klugen Einwürfen und stellte damit (kostenfrei) mehr Transparenz her, als seine Werbeagentur mit millionenschweren Euro-Etat und hochpolierter Bahn-Poesie erreichen könnte.

Was können wir aus dieser seltenen Begegnung zwischen Macht und Geist lernen? Erstens: Manager und Politiker profitieren von fragenden, qualifizierten und gut vorbereiteten Journalisten, für die ein Interview mehr ist als das Ablesen der Stichworte, die von der externen Redaktion vorbereitet wurden. Zweitens: Manche Manager und manche Journalisten verfügen über ein höheres Potenzial, als sie sich selbst zutrauen oder ihnen von ihren hochgerüsteten Stabsabteilungen zugetraut wird. Drittens: Das Publikum kann mehr vertragen, als ihm allgemein zugetraut wird. Die Zuschauer konnten sich mit einem lebhaften Gespräch auseinander setzen, sie begriffen die Hintergründe der Bahnkrise, bekamen eine Informationsdichte präsentiert, die in den elektronischen Massenmedien nicht sehr häufig geboten wird.

Der Talk in „Beckmanns" – auf der Höhe der Bahnkrise und kurz nach der von den Verbrauchern erzwungenen Korrektur des intransparenten Preissystems – war natürlich eine Ausnahmeerscheinung. Mehdorns PR-Manager, früher beim Stern für die Wirtschaft zuständig, haben ihren Chef in die Arena geschickt, weil sie offenbar nichts mehr zu verlieren hatten. Der Auftritt des Bahn-

Managers lief wohl unter der Kategorie „Risiko-Kommunikation". Vielleicht könnte aus der Ausnahme aber eine Regel werden.

Bilanzierend – und mit Blick auf den Zuschauer – war diese Beckmanns-Ausgabe eine klassische „Win-win"-Stituation, aus der alle Beteiligten lernen könnten. Aber auch diese Annahme gehört wohl zu den „necessary illusions", die man braucht, will man das Ziel einer gut informierten und handlungsfähigen Bürgergesellschaft nicht aus den Augen verlieren.

Ausgehend von diesem „Fallbeispiel gelungener politischer Kommunikation" soll in diesem Beitrag das Wechselspiel von wirtschaftlichen und politischen Kommunikationseliten mit den Medien untersucht werden. Dabei gehe ich von der Überlegung aus, dass vor allem die Medien und PR-starke Unternehmen bzw. Organisationen von dem Vakuum profitieren, das die oft konzept- und konturlose Politik hinterlässt. Wenn die Politik nicht mehr in der Lage ist, klare Vorgaben zu machen, treten die Medien zunehmend als Akteure auf und intervenieren mit eigenen politischen Positionen, Ideen und Forderungen auf der politischen Bühne. Die Medien betreiben mit ihren Agenda-Setting- und Agenda-Cutting-Prozessen faktisch Politik und lavieren damit im Sinn-Vakuum, das von den demokratisch legitimierten Akteuren hinterlassen wird.

1   Regiehinweis hinter dem Vorhang

Öffentlichkeit ist *die* zentrale Ressource für Politiker und Wirtschaftsführer. Wer in der Mediendemokratie *nicht* kommunizieren kann, hat ein gravierendes Handicap. Politisch oder wirtschaftlich relevant ist oft nur das, was auf der Agenda der Medien ganz vorn steht. Was nicht in den Medien vorkommt, ist nicht geschehen oder beschäftigt nur politische Randgruppen. Diese Grunderkenntnis hat kürzlich auch CDU-Generalsekretär Meyer betont und beklagt, dass Politiker ihre Position nur noch selten in den elektronischen Medien ausführlich darlegen können und folglich nicht vorkommen. Oswald Metzger hat mit Abstand vom Parlament eine Profilierungssucht von Politikern ausgemacht und festgestellt, dass seine Kollegen sogar intensive Gespräche abrupt abbrechen, wenn sie die Chance eines Medienkontaktes am Rande der Fraktionssitzungen auf der dritten Etage des Reichstages wittern. „Es gibt ein Herumtänzeln um den Moloch Medienresonanz. Das verfremdet die Leute und macht sie zu emotionalen Krücken." Metzger ist offenbar auf Grund eigener Erfahrungen zu dieser Einsicht gelangt. Auch Andrea Nahles gab in der WDR-Sendung „Kanzlerbungalow" freimütig zu, dass Medienauftritte für sie „ein Lusterlebnis" waren und sich sogar so etwas wie eine Mediensucht entwickeln könne.

Leicht resigniert berichtete dagegen ein früherer FDP-Wirtschaftsminister, dass ihn das chronische politische Desinteresse der Berliner Journalisten zur Verzweiflung bringe: „Die fragen immer nur – hast Du ein Papier? An Hintergrundgesprächen haben sie kein Interesse mehr." Solche funktional geprägten

Kommunikationsbeziehungen haben durchaus Folgen für den politischen Betrieb. Ein Politiker, der dagegen vorzügliche Facharbeit in Ausschüssen und im Parlament leistet, seine Leistungen aber nicht oder nur unzureichend vermitteln kann, wird irgendwann für seine stillen Leistungen jenseits der Öffentlichkeit bestraft. Ein Wirtschaftsführer, der seine Innovationsfähigkeit nicht (mit seiner Person) vermitteln kann, findet weniger Resonanz und am Ende weniger Zustimmung für seine Produkte und Dienstleistungen. Aufmerksamkeit wird zum höchsten Gut in der Kommunikationsgesellschaft; wer sich dieser Schlüsselkategorie entzieht, gefährdet mittelfristig seinen Handlungsradius in Politik und Wirtschaft.

2 Regiehinweise auf der politischen Bühne – ein Lehrstück in zehn Akten

1.) Zwischen Journalisten und politischen oder ökonomischen Eliten herrscht ein Nichtverhältnis, geprägt von wechselseitiger Distanz und unterschwelligen Annahmen jeweiliger Inkompetenz. Wenn man sich begegnet, dann überwiegend im ungeklärten Feindesland. Grundsätzlich ähnelt sich der Umgangsstil von Politikern und Wirtschaftseliten. Auch hier hält sich der wechselseitige Respekt in engen Grenzen, weil beide Gruppen in verschiedenen Welten mit eigenen Handlungslogiken leben. Ein weiterer Aspekt, den Stefan Raue in einem Aufsatz beschrieben hat, illustriert mögliche Konflikte: Die meisten Journalisten wollen heimlich Politiker sein, die meisten Politiker aber keine Journalisten, bilanziert der ZDF-Journalist.

Wilhelm Schmidt, Erster Parlamentarischer Geschäftsführer der SPD-Bundestagsfraktion, eröffnet seinen „Hintergrund-Kreis" mit dem Hinweis: „Wenn Sie mich nicht aufs Kreuz legen, lege ich Sie auch nicht aufs Kreuz." Das heißt: Die Verständigung auf seriöse Umgangsregeln wird im Idealfall mit einem Mehrwert an Information verbunden.

Daraus folgt, dass der Kommunikationsrahmen von Journalisten und Politikern sowie Wirtschaftsführern *funktional* bestimmt ist. Die eine Seite will der anderen etwas „verkaufen" und hat ein Interesse daran, dass die gewünschte Botschaft möglichst „eins zu eins" vermittelt wird. Dazu wird das klassische Instrumentarium genutzt: Presseinformationen, Pressekonferenzen, Kongresse und andere „events" als Ausgangspunkt der Berichterstattung.

Eine gewachsene Misstrauenskultur und eine rein instrumentell bestimmte Kooperation bestimmen das professionelle Arbeitsverhältnis. Ein geschütztes Klima, das Vertrauen und Nähe befördert, ist für die deutsche Medienkultur nicht bestimmend.

2.) Vertraulichkeit entsteht nur selten, weil im Medienbetrieb „Vertrauen" eine schnell verbrauchte Kategorie ist. Die Verwertungslogik in den hart konkurrierenden Medien strapaziert Vertrauen, weil zunehmend eine „Sensations-Spirale" die Arbeit prägt und der Grundsatz „Schnelligkeit vor Wahrheit" immer häufiger gilt. Wettbewerb geht vor Verbindlichkeit und Verlässlichkeit. Nicht nur die ökonomische Krise der Tageszeitungen hat bestehende Trendlinien noch verschärft. Die Schlüsselfragen im alltäglichen, wettbewerbsgetriebenen Redaktionsbetrieb lauten:

- Wie können News zugespitzt und personalisiert werden?
- Wie erzeugt man Exklusivität mit dem spezifischen Zugang zu den Agenturen?
- Wie grenze ich mich von der Konkurrenz ab? Wie können Vorabmeldungen generiert werden?

Es gibt also eine Kollision der Interessenlagen: Hier die auch instrumentell verstandene Informationsvermittlung in der Hoffnung, dass die „gesetzte" Informa-tion möglichst ungefiltert vermittelt wird, dort Verwertungslogiken der beschaff-ten Information, die möglichst viel Resonanz und damit einen Konkurrenzvorteil bringen soll.

3.) Trotz dieser nüchternen Analyse gibt es natürlich vertrauliche Informationsvermittlung; diese Austausch-Beziehungen haben aber (fast) immer *instrumentellen* Charakter. Vertrauliche Informationsübergaben basieren meist auf einer konkreten Interessenslage:

- Der Stoff soll in ein bestimmtes Medium mit erwünschten und erwarteten Spill-over-Effekten; Agenturmeldungen sollen das Thema für den öffentlichen Diskurs anheizen.
- Das bereitgestellte Material ist komplex und erfordert Fachkenntnisse bei der Vermittlung.
- Die Gegenseite, die von dem jeweiligen Thema betroffen ist, soll „nervös" gemacht und aus der Reserve gelockt werden.
- Die Geschichte soll einen „enthüllenden" Dreh bekommen, um mehr Aufmerksamkeit zu erzeugen.
- Die Story kann *so* nicht – etwa auf Pressekonferenzen – vermittelt werden, weil der Sinnzusammenhang zu kompliziert ist und den üblichen Standards der Vereinfachung nicht entspricht. Auf die Basis-Berichterstattung sollen andere Veröffentlichungen folgen, die das gewünchte „Wording" aufgreifen.

- Ein Themenfeld soll „getestet" werden, wie Hans Eichels Berater Klaus-Peter Schmidt-Deguelle etwa am Beispiel neuer Steuern illustrierte. Durch einen in der BILD-Zeitung gesetzten Beitrag sollte das Ausmaß des (potenziellen) Unmuts nach der Einführung einer neuen Steuer vorab getestet werden.

- Der Informant muss sich auf absoluten Quellenschutz verlassen, der nur im Rahmen einer vertraulichen Arbeitsbeziehung möglich ist.

4.) Motive: Ein zentrales Motiv, um gegenseitig ins Geschäft zu kommen, ist die Eitelkeit der Beteiligten. Das persönliche Interesse, in der Öffentlichkeit „gut dazustehen", eine „bella figura" zu machen, überhaupt öffentlich wahrgenommen zu werden, ist von entscheidender Bedeutung. Eitelkeit von „Persönlichkeiten des öffentlichen Lebens" ist also ein wichtiger Motor, um überhaupt ins Gespräch zu kommen. Eine wichtige Ressource, die nicht (allein) mit Geld erkauft werden kann, ist die öffentliche Aufmerksamkeit. Dafür sind viele bereit, sich stark zu engagieren. Sogar eine Münchner Illustrierte wirbt mit diesen Begriff und versteht sich redaktionell als „Aufmerksamkeitsmakler" – mit zunehmenden Erfolg, wenn man die Auflagenentwicklung betrachtet.

5.) Eine weitere wichtige Kategorie, die in keinem journalistischen Lehrbuch steht, die aber das Leben lehrt, heißt Sympathie. Menschen können miteinander – oder eben auch nicht. Da sich im Zuge der Inflationierung und Deprofessionalisierung des journalistischen Berufes Umgangston und Stil nachhaltig verschlechtert haben, gewinnt dieser Faktor zunehmend an Bedeutung. Politiker wissen, dass sie im Grunde – trotz aller Abhängigkeiten – Journalisten (oft) überlegen sind. Dies ist auch das Fazit des Dokumentarfilmers Thomas Schadt und der Fotografin Herlinde Kölbl, die beide das „Berliner Medien-Milieu" intensiv besichtigt haben. Auffallend ist auch, dass viele Journalisten ihre Fragen in Interviews nicht besonders interessant finden. Immer häufiger werden die Fragen nicht mehr aufgenommen, und das Mikrophon wechselt nicht mehr zwischen Journalist und Interviewpartner.

6.) Ein wichtiges Fundament zur Herstellung von Vertraulichkeit ist *Kompetenz* und Verlässlichkeit. Wenn beides zusammenkommt und über Jahre – getragen von guten Erfahrungen – gewachsen ist, können sich fruchtbare Informationsbeziehungen entwickeln. Dies ist der beste Rohstoff für einen professionellen Informationsaustausch.

7.) Vorteile im Beziehungsmanagement zwischen Eitelkeit und Wichtigkeit genießen diejenigen, die eine hohe mediale Präsenz, eine nachvollziehbare Spezialisierung aufweisen und diese Ressource mit einem relevanten Medium verknüpfen können. Das heißt: Der Absender einer wichtigen Information sucht sich selbst die Adressaten, die er für seine Vermittlung für geeignet hält. Bestandteil der alltäglichen „Deals" ist, dass beide Seiten die unausgesprochenen Spielregeln akzeptieren und „dos und don'ts" einhalten.

- Wenn Michael Innacker (FAZ-Sonntagszeitung) von der SPD Wahlkampfzentrale Kampa exklusive Strategiepapiere zugespielt bekommt, dann geschieht dies, weil der Generalsekretär und der Bundesgeschäftsführer diese Information gerne in einer Sonntagszeitung sehen wollen, samt Agentur-Vorabmeldung; auf diese Weise kann die „bürgerliche Mitte" publizistisch gezielt angesprochen werden.

- Wenn zehn ausgewählte Berliner Journalisten nahezu täglich von der Kampa und anderen Parteizentralen angerufen werden, dann haben sie später auch eher individuellen Zugang zu vertraulichen Informationen.

- Wenn eine SZ-Autorin das von der CDU zugespielte Wahlprogramm am Tag der SPD-Pressekonferenz zu deren Wahlprogramm auf Seite 1 der SZ veröffentlicht, dann steckt dahinter natürlich Kalkül. Die Vermittler exklusiver Ware wollen die Situationen berechnen, kalkulieren und bis ins Detail prägen. Die Vermittlung „spezieller" Informationen dient dann schon mal der Verunsicherung des politischen Gegners. Journalisten können also als taktischer Mitspieler der Gegenseite instrumentalisiert werden.

- Wenn der Chef der Brandenburger Staatskanzlei – einen Tag vor dem Stolpe-Rücktritt – ausgewählte Journalisten einlädt, will er über den „Hintergrund" seine Diktion der Dinge vorab so vermitteln, dass damit die Berichterstattung am nächsten Tag in seinem Sinne geprägt wird.

- Dies gilt auch für den Hintergrundkreis der SPD *vor* dem Berliner Parteitag, wenige Wochen vor der Bundestagswahl. Hier ist – im Mantel der Vertraulichkeit – „Wording" angesagt, um bestimmte Botschaften zu vermitteln und einzelne Argumente zu stärken, andere in der Wahrnehmung zu schwächen. Journalisten nutzen diese Möglichkeiten gerne, weil sie die Arbeit erleichtern und die Komplexität der Berichterstattung reduzieren.

- Offiziell als „Hintergrundgespräche" deklarierte Treffen sind heute oft nur noch „alternative" Pressekonferenzen mit kalkuliertem Verlauf. Wirklich Vertrauliches wird in den Berliner Hintergrundkreisen mit gelegentlich 25 Journalisten nicht mehr vermittelt.

- Wenn der frühere rheinland-pfälzische Staatssekretär und heutige Berliner Finanzsenator Thilo Sarrazin vor den Haushaltsberatungen Journalisten in das Finanz-ABC vertraulich einführt, verfolgt er damit zwei Ziele: Er vermittelt Politik wie ein geduldiger Sozialkundelehrer und stellt gleichzeitig eine Loyalitätsbeziehung zwischen Medien und Politik her. Dieses Arbeitsprinzip ist ein bisher unterbelichteter Faktor in der Kommunikationswissenschaft. Man könnte – allerdings ohne harten empirischen Beweis – zu der Trendaussage kommen, dass Politiker und Wirtschaftseliten einen Kommunikationsvorteil in den Medien genießen, wenn sie selbst mit den Journalisten ein kommunikatives, sachbezogenes Verhältnis pflegen. Wer sich „zugänglich" gibt, baut Wahrnehmungsschranken ab und erleichtert den Medien praktisch die Arbeit.

• Freitags nachmittags kommen die wichtigsten Berliner Journalisten und Hauptstadtstudio-Leiter zur Audienz bei Kanzleramtschef Walter Steinmeier. Hier erhalten sie Informationen zu den Hintergründen der Bundespolitik in den kommenden Tagen und Wochen; gleichzeitig wird ihnen eine gewisse Diktion aus der Sicht des Kanzleramtes vermittelt.

Zwischenfazit: Im Verhältnis zwischen Meinungsmachern und wirtschaftlichen bzw. politischen Kommunikationseliten handelt es sich immer um Austauschbeziehungen. Die Arbeitsgrundlagen werden unausgesprochen akzeptiert: Basis der Kommunikationsbeziehung sind der Marktwert der Autoren und die Relevanz des Mediums, das der jeweilige Autor oder die Autorin vertritt.

8.) Das Misstrauen in Wirtschaft und Politik – auch unter dem Druck der extremen Vereinfachungs-Spirale in den Medien – führt dazu, dass direkte Medienkontakte reduziert werden und es nur selten zu vertraulichen Begegnungen kommt. Auch Hartmut Mehdorn suchte erst die Kameras, als die Krise seines Unternehmens nicht mehr mit Anzeigen übertüncht werden konnte. Die Wirtschaft nutzt die PR als Scharnier für ihre Medienarbeit, denkt aber mehr an Investor-Relationship als an konkrete Informationsvermittlung. Damit sitzt die Wirtschaft aber nicht selten in einer PR-Falle, die den Einflussradius von gesetzter Information nie überschreitet.

So schreibt etwa die Fraport AG in einem internen Strategiepapier zu ihrer Kampagne „Zukunft ausbauen": „Unser primäres Kommunikationsziel ist, eine möglichst breite Akzeptanz für den Ausbau des Flughafens in der Bevölkerung der Region Rhein-Main zu erreichen sowie die tatsächlichen Mehrheitsverhältnisse in der Bevölkerung zum Ausbau, die wir aus Umfragen kennen, zu verdeutlichen." Dieses Kommunikationsziel soll auf allen Kanälen „werblich" vermittelt werden. Das heißt: Unternehmen vertrauen in einer modernen Demokratie nicht auf die Kraft der Argumente und der Überzeugbarkeit der politisch Verantwortlichen im Diskurs. Dieser Weg ist für sie zu unberrechenbar, deshalb wenden sie sich vertrauensvoll den PR-Agenturen zu; deren Marktnische besteht vor allem darin, dass ihre Leistungen nicht oder kaum überprüfbar sind. Auch für die Agenturen gilt der auf den Journalismus bezogene Lehrsatz, dass der „Zusammenhang vor Markterfolg und Qualität völlig ungeklärt ist", so die

Erkenntnis des Dortmunder Kommunikationswissenschaftlers Günther Rager aus dem Jahr 1994.

PR wiederum wirkt gegenüber den Medien – so die Bilanz von Hans-Ulrich Jörges, dem Berliner Büroleiter der Illustrierten Stern – zunehmend massiver: „Sie ist in einer gelassenen Selbstverständlichkeit unverschämter geworden." Die Medien wiederum sind gegenüber dem Einfluss der PR-Agenturen „ergebener geworden". „Politische Journalisten sind leider nicht kritischer als Motorjournalisten, da sie ihnen auch charakterlich nicht überlegen sind." Das Wechselspiel zwischen Medien und Kommunikationseliten etwa aus der Wirtschaft hat sich in den vergangenen Jahren grundsätzlich verändert. „Das Lobbying ist breiter und alltäglicher geworden. Es wuchert aus allen Ritzen der Berliner Republik", fasst Jörges zusammen. Für die Kommunikationsbeziehungen zwischen Wirtschaft und Politik und den Vermittlern in den Medien sind diese Analysen wichtige Markierungen, die in der Branche selbst kaum diskutiert werden.

Stattdessen fallen nahezu alle Schranken in den Medien: Rudolf Matter, Abteilungsleiter Wirtschaft bei n-tv, sieht ebenfalls eine andere Herangehensweise der PR-Industrie gegenüber den Medien: „PR ist professioneller geworden, d.h. der qualifizierte PR-Mensch realisiert, dass er zwei ‚Kunden' hat: einen Auftraggeber und einen Redakteur." Matter hat noch einen weiteren Trend festgestellt, der am Ende auf eine Verschmelzung von Journalismus und PR hinausläuft: „Ebenso wie Redaktionen auf PR reagieren, passt sich PR den Redaktionen an." Im Nachrichtenkanal n-tv ist dies schon längst Praxis. Beiträge werden – über Produktionsfirmen vermittelt oder hergestellt – von Firmen oder Interessengruppen (mit-)finanziert, ohne dass dies den Zuschauern – etwa mit einem Insert (Werbesendung) mitgeteilt würde. Doch die Verschränkung von PR und Journalismus ist nicht nur eine Spielwiese der Privatsender. Auch der Hessische Rundfunk kooperiert mit der „Initiative Neue Soziale Marktwirtschaft" und arbeitet beim Vertrieb von Filmen mit der unternehmernahen Initiative zusammen. Show, Unterhaltung, Serie – auch in fiktionalen Programmen ist Product Placement nicht mehr die Ausnahme, sondern die Regel. Manfred Auer, Autor des Standardwerkes zum zunehmenden Product Placement hat die „neue Kunst der geheimen Verführung" intensiv analysiert. Schleichwerbung, so seine Bilanz, gehört zum Alltag in den Sendern, geschickt in Verträgen zu Hallenveranstaltungen, Sponsoring und Kooperationen getarnt.

Professor Dr. Klaus Kocks, der im Westerwald die Beratungsfirma CATO betreibt, geht noch weiter. Aus seiner Sicht haben sich die Rollen zwischen PR und Journalismus umgekehrt: „Neu ist, dass wir einen sich beschleunigenden Prozess erleben, in dem die Verleger Redaktionskosten rigoros externalisieren. Und zwar auf die Anbieter von Information, also die PR. (...) Das Rollenbild der verführten Unschuld ist mittlerweile eine verlogene Groteske. Es gibt eine Nachfrage nach PR, die von der PR nur noch mit Mühe zu befriedigen ist."

Diese Einschätzungen sind nur noch mit der Erkenntnis vieler junger Journalisten zu „toppen," dass ihre Kollegen in den PR-Ausbildungsstationen „besser trainiert und ausgebildet" werden als die Nachwuchsjournalisten. Zunehmend werden Journalisten und PR-Fachleute in den gleichen Schulen ausgebildet. Aber nicht nur die Ausbildungswege verschmelzen miteinander. Das Geheimrezept der Stabsstellen für Kommunikation in den Konzenzentralen heisst „Medien-Mix". Bestimmte Botschaften, Produkteinführungen und Personalisierungsstrategien laufen demnach nicht mehr getrennt in den verschiedenen Kanälen, sondern bewusst in einer Mischung der verschiedenen Medien. Oft wird die werbliche Kommunikation so konzipiert, dass die redaktionelle Berichterstattung darüber bereits integraler Bestandteil der kommunikativen Konzepte ist.

9.) In Deutschland sind die Akteure in Medien und Politik/Wirtschaft weit davon entfernt, einen gemeinsamen Wärmetod zu sterben. Eher wächst die Entfremdung, die Distanz und das klar abgesteckte Feindesland. Die PR-Industrie expan-diert in rasantem Ausmaß, während der Qualitätsjournalismus eine schwere öko-nomische Krise überleben muss. Diese Kluft birgt für eine vitale Öffentlichkeit – die Grundlage für eine funktionierende Demokratie – durchaus Gefahren, die weder in der Kommunikationswissenschaft noch von den verantwortlichen Politikern wahrgenommen werden.

10.) Für die Pressesprecher in Politik und Wirtschaft gelten zudem die Spielräume, die ihnen von ihren Vorgesetzten eingeräumt werden. Ullrich Fichtner hat am Beispiel der Bundespressekonferenz die Arbeit der „Jongleure mit Wörtern am Abgrund der Lüge" beschrieben. Ihre Pflichten: „1. Schweigen. 2. Mauern. 3. Abstreiten. 4. „Themen setzen." Aber keine falschen Fährten legen! Nicht klar Ja sagen und nicht Nein! Nicht festlegen! Und bloß keine Spekulation nähren!"

Leider steht diese Regieanweisung in keinem journalistischen Lehrbuch. Die Strategien der Kommunikationseliten in Wirtschaft und Politik werden künftig ihren schon heute gültigen instrumentellen Charakter noch verstärken. Mit gezielten Kampagnen und der drohenden Verschmelzung von Politik/Wirtschaft und PR werden sie ihre öffentliche Resonanz noch erhöhen. Gleichzeitig profitieren die Medien vom Sinn-Vakuum und der zunehmenden Deprofessionalisierung des politischen Betriebs, der mit dem Begriff der „Kakophonie" beschrieben wurde. Viele Medien begreifen sich zunehmend als Akteure im politischen Prozess, jenseits der zugewiesenen Rolle vor allem als Kontrollinstanz. Beide Trends – die Verformung der Öffentlichkeit durch einen PR-dominierten Medien-Mix und der Rollenwandel vieler Medien gegenüber einer nach Substanz suchenden Politik – haben einen gewaltigen Einfluss auf den „Strukturwandel der Öffentlichkeit". Die Habermaschen Kategorien, vor mehr als 40 Jahren pub-

liziert, waren beängstigend präzise. Von wichtigen Ausnahmen und publizistischen Nischen abgesehen, wird Journalismus mitten im mainstream immer mehr
zur Kommentierung von Marketing.

Die Öffnung der "black box" - was Theorien zum Verständnis von Politik- und Wirtschaftsjournalismus und deren Beziehungen zur Öffentlichkeitsarbeit beitragen

von Martin Löffelholz

1 Der Relevanzgewinn der Medien - und ihrer Wissenschaft

Als Benjamin Day bei Sonnenaufgang aus dem Fenster blickte, war er überzeugt, dass seine Rechnung aufgehen würde. Heute kam seine neue Zeitung heraus. Sie kostete einen Cent und war damit sechsmal preiswerter als die Konkurrenz. Nicht nur für wohlhabende Zirkel, sondern „für alle" sollte seine New Yorker Sun scheinen. Ihr niedriger Preis machte das Blatt für jene erschwinglich, die sich bislang keine Tageszeitung leisten konnten. Und auf diese Weise, so das Kalkül des Herausgebers, vergrößerten sich sowohl Auflage als auch Gewinnspanne. Das Konzept ging auf – und übertraf sogar deutlich die Erwartungen seines Erfinders. Der Absatz des neuen massenattraktiven Blattes stieg so gewaltig, dass andere New Yorker Zeitungen alsbald ihre Preise drastisch senken mussten und viele Provinzgazetten die Idee kopierten. Der 3. September 1833, als die New Yorker Sun erstmals erschien, gilt seither als „Geburtstag der modernen Massenmedien" (H. Altschull 1990: 55). In der Folge entwickelten sich die Medien zur Industrie, der Journalismus avancierte zum Beruf, und aus ersten trivialen Versuchen, die medial hergestellte Öffentlichkeit zu beeinflussen, entstanden die modernen Public Relations.

Heute gelten der Journalismus und die Öffentlichkeitsarbeit als komplexe und dynamische soziale Systeme, die sich wechselseitig beeinflussen – und so weit reichende Beziehungen geschaffen haben, dass beide sogar strukturell voneinander abhängig sind. Hypothetisch kann zwar die Öffentlichkeitsarbeit ohne Journalismus – und der Journalismus ohne Öffentlichkeitsarbeit – überleben. Faktisch verlassen sich beide Systeme freilich darauf, dass das jeweils Andere so funktioniert, wie es funktioniert. Schon als Benjamin Day seine Zeitung publizierte, gab es Versuche von Interessengruppen, deren Inhalte zu beeinflussen. Keineswegs zufällig wurde in dieser Zeit für solche Aktivitäten der Begriff „Public Relations" geprägt. Thomas Jefferson, zwischen 1801 und 1809 Präsident der USA, soll den Terminus erstmals verwendet haben. Von einer professionellen Öffentlichkeitsarbeit konnte damals freilich kaum die Rede sein. Zwar richteten einzelne Unternehmen, staatliche Institutionen und sogar das Militär schon in der zweiten Hälfte des 19. Jahrhunderts entsprechende Stellen ein (vgl. K. Merten 2000: 95 f.). Diese orientierten sich jedoch bei ihrer Tätigkeit überwiegend an den Konzepten und Instrumenten der Propaganda, welche wiederum auf einem trivialen Kommunikationsverständnis basierte.

Mit dem rasanten Relevanzgewinn der Massenmedien – erst der Presse, später auch Radio und Film – wuchs das Interesse der Public Relations am Journalismus. Viel wusste man jedoch nicht über ihn: Die systematische Reflexion von Öffentlichkeitsarbeit und ihrer Beziehungen zum Journalismus setzte erst nach dem ersten Weltkrieg ein. Alltags- und Berufspraxisbeobachtungen waren dabei die entscheidenden Quellen. Die Anfang des 20. Jahrhunderts begründete Zeitungswissenschaft, stark historisch und normativ ausgerichtet, lieferte jedenfalls keine Unterstützung, um die Beziehungen von zwei Systemen zu verstehen, deren gesellschaftliche Bedeutung seit Benjamin Days Zeiten enorm zugenommen hatte. Erst als in den Sechziger Jahren aus der (behaupteten) Zeitungswissenschaft die (untersuchende) Kommunikationswissenschaft entstand, also die theoretisch begründete empirische Forschung das schwadronierende Palaver verdrängte (vgl. Löffelholz/Quandt 2003: 24 f.), konnten sich anspruchsvollere Theorien zur Beschreibung der Beziehungen von Journalismus und Öffentlichkeitsarbeit entwickeln. Diese behandelten freilich sowohl den Journalismus als auch die Public Relations als black box, vernachlässigten also die Vielfalt interner Strukturen zu Gunsten einer Gesamtbetrachtung. Das machte – zunächst – durchaus Sinn.

Anders als die Alltagstheorien von Laien und die Arbeitstheorien von Berufspraktikern sollen mit Hilfe von wissenschaftlichen Theorien die Gemeinsamkeiten und Unterschiede von Phänomenen entdeckt werden, die bei Einzelfallbetrachtungen kaum in den Blick geraten. Erst Abstraktion, Generalisierung und Verzicht auf (scheinbar) nebensächliche Details ermöglichen Ordnung, Erklärung und Prognose. Wissenschaftliche Beobachtungen stehen damit nicht in Konkurrenz zu Alltags- und Arbeitstheorien, sondern ergänzen sie immer dann, wenn Aussagen auf systematischer und intersubjektiv prüfbarer Basis erforderlich sind. Nicht für alle Probleme – gerade im Kommunikations- und Medienbereich – stehen freilich schon die angemessenen Theorien bereit. Im Gegenteil: Als vergleichsweise junge Wissenschaft, deren institutionelle Wurzeln sich erst Anfang des 20. Jahrhunderts entfalteten, ringt die Disziplin nach wie vor um die Entwicklung eines akzeptierten Kanons theoretischer Ansätze. Das gilt für viele kommunikationswissenschaftliche Fragestellungen – auch für die Beschreibung der Beziehungen von Journalismus und Öffentlichkeitsarbeit.

In diesem Beitrag geht es deshalb um die Frage, wie geeignet die bislang erarbeiteten kommunikationswissenschaftlichen Theorien sind, um spezifische Aspekte des Verhältnisses von Journalismus und Öffentlichkeitsarbeit zu beschreiben, einzuordnen und – möglicherweise sogar – zu erklären. Konkret: Was können die bestehenden Ansätze dazu beitragen, die journalismusbezogene Öffentlichkeitsarbeit (Media Relations) und den PR-akzeptierenden Journa-

lismus näher zu charakterisieren? Erlauben die Theorien gar eine genauere
Analyse der Besonderheiten von Politik- und Wirtschaftsjournalismus und ihren
jeweiligen Beziehungen zur Public Relations? Um diesen Fragen zu beantworten, sind theoretische Ansätze erforderlich, die einen Blick in die black box
ermöglichen, also neben der Ebene des Gesamtsystems die jeweiligen internen
Strukturen von Journalismus und Media Relations berücksichtigen.

2   Vom Gedankenspiel zur Theoriebildung

Das Bemühen um eine wissenschaftlich begründete Erkenntnis der Zusammen-
hänge von Journalismus und Öffentlichkeitsarbeit erhielt erst in den Achtziger
Jahren des 20. Jahrhunderts, also nahezu 150 Jahre nach dem Entstehen der
Massenpresse, einen Schub. Alltagsbeobachtungen und berufliche Erfahrungen
reichten offenkundig nicht mehr aus, um die immer komplexer werdenden Beziehungen zwischen den beiden Systemen angemessen zu beschreiben. Ein
Beispiel für diese erste Phase einer systematischen Auseinandersetzung war die
Idee einer „zunehmenden Verschmelzung der beiden Subsysteme zu einer
hochkomplexen Superstruktur" (Plasser/Sommer 1991: 94). Schon recht schnell
verabschiedete sich die Wissenschaft jedoch von dieser Vorstellung. Dass die
beiden Systeme quasi symbiotisch miteinander verschmelzen, erschien vielen
schlicht nicht plausibel genug. Zwar sind sowohl der Journalismus als auch die
Public Relations auf die Herstellung von Öffentlichkeit gerichtet. Doch ihre
Ziele unterscheiden sich so deutlich, dass die Idee einer integrierten „Superstruktur" bald wieder in der Schublade verschwand.

Ganz anders als dieses akademische Gedankenspiel erzeugte eine 1981 fer-
tig gestellte empirische Studie sowohl in der Wissenschaft als auch in der Berufspraxis erhebliche Resonanz. In ihrer Habilitationsschrift stellte die Kommu-
nikationswissenschaftlerin Barbara Baerns die für Journalisten wie Demo-
kratietheoretiker gleichermaßen provozierende Frage, welches System eigentlich über den größeren Einfluss verfüge: „Öffentlichkeitsarbeit oder Journalismus?" (B. Baerns 1991). Nach Auffassung von Baerns konkurrieren beide Bereiche miteinander und erbringen unterschiedliche Leistungen für die Gesellschaft. Gehe es bei dem einen um die „Funktion des Gesamtinteresses", rich-
te sich der andere auf die „Selbstdarstellung partikularer Interessen" (B. Baerns
1991: 1). Im Wettstreit lägen die Media Relations allerdings weit vorne. Im
Gegensatz zu den demokratietheoretischen Idealen eines unabhängigen Journalismus habe die Öffentlichkeitsarbeit die „Themen" und das „Timing" der Medienberichterstattung unter Kontrolle. Sie könnten Medienangebote effizient beeinflussen und seien sogar in der Lage, die „journalistische Recherchekraft zu
lähmen und publizistischen Leistungswillen zuzuschütten" (B. Baerns 1991: 99
f). Diese Befunde erfreuten die einen – und alarmierten die anderen. Der aufstrebenden, aber stets nach (ökonomischer) Legitimation suchenden PR-

Branche gaben sie hilfreiches Rüstzeug für unternehmensinterne Debatten an die Hand: Öffentlichkeitsarbeit liefert, so die Kernbotschaft, genauso erfolgreiche wie einfache Lösungen von Imageproblemen. Die aufgeschreckte Kommunikationswissenschaft war zunächst ebenfalls beeindruckt, begann dann aber die fortan als „Determinationshypothese" bezeichneten Ergebnisse und Schlussfolgerungen von Baerns genau zu prüfen. Das Resultat war ernüchternd.

Werden die Befunde der verschiedenen empirischen Untersuchungen, welche in der Folgezeit durchgeführt wurden, zusammenfassend betrachtet, erscheinen die Beziehungen zwischen Journalismus und Media Relations als keineswegs so simpel wie der Determinationsansatz suggeriert:

- Der Einfluss der Media Relations auf den Journalismus weist erhebliche Schwankungen auf. Die Determinationsquoten, die zeigen, wie weit die journalistische Berichterstattung auf PR-Angeboten beruht, liegen zwischen 18 und 65 Prozent. Die Selektionsquoten, die angeben, wie viel des PR-Materials journalistisch verwertet wird, bewegen sich zwischen 10 und 86 Prozent (vgl. A. Schantel 2000: 85).
- Wie stark die Media Relations den Journalismus beeinflusst, hängt von vielen Faktoren ab. Dazu gehören: Aktualität und sonstiger Nachrichtenwert des Themas; Aufbereitung der PR-Mitteilungen; Status der PR-Kommuni-katoren sowie der Personen, über die informiert wird; situativer Rahmen (Routine- oder Krisensituation); Verbreitung über Nachrichtenagenturen; organisatorische Bedingungen (vgl. A. Schantel 2000: 83 f.; Barth/Donsbach 1992: 163).

Diese Ergebnisse weisen darauf hin, dass eine allzu generalisierende Beschreibung der Beziehungen von der Öffentlichkeitsarbeit mit dem Journalismus zu kurz greift. Nicht nur in der Studie von Barbara Baerns, auch in vielen weiteren Untersuchungen wurden (und werden!) Öffentlichkeitsarbeit und Journalismus als black box begriffen, also als homogene Institutionen, deren interne Verfasstheit für eine Beschreibung ihrer Umweltbeziehungen keine Rolle zu spielen scheint. Dieses ist eine – folgenschwere – theoretische Fehlannahme. Denn beide Systeme weisen ein in sich erheblich differenziertes Leistungsspektrum auf, welches mit Hilfe entsprechend komplexer Strukturen erbracht wird. Sport-, Wirtschafts- oder Politikjournalismus beispielsweise haben für den Umgang mit und die Nutzung von Media Relations durchaus unterschiedliche Strategien und Konzepte entwickelt. Fernsehjournalisten benötigen andere PR-Dienstleistungen als ihre Kollegen von Printmedien. Der vor allem mit Koordinations- und Repräsentationsaufgaben befasste Chefredakteur eines öffentlich-rechtlichen Rundfunksenders betrachtet die Öffentlichkeitsarbeit anders als der Lokalreporter einer kleinen Regionalzeitung, der jeden Tag – weitgehend alleine – drei Seiten zusammen stellen muss. Ähnliches gilt für die Public Relations: Auch diese sind alles andere als ein homogener Apparat, der in all seinen Teilen den selben Regeln folgt. So ist es nicht gleichgültig, ob sich Media Relations um das Image eines Sportverbandes bemühen, die ökonomischen Interessen eines Unternehmens vertreten oder eine politische Partei in ein wohlwollendes Licht rücken sol-len. Auch Profit- und Non-Profit-Organisationen, um eine weitere Differenzierung herauszugreifen, folgen unterschiedlichen Zielen, verfügen zumeist über unterschiedliche Ressourcen und strukturieren ihre PR-Arbeit daher unterschied-lich. Nur wenn die „schwarzen Kisten" geöffnet, also die internen Strukturen von Journalismus und Öffentlichkeitsarbeit berücksichtigt werden, können ihre Beziehungen angemessen beschrieben werden.

Aus der kritischen Auseinandersetzung mit Baerns´ Studie ergab sich ein zweiter Aspekt, der notwendigerweise zu berücksichtigen ist, wenn die Zusammenhänge zwischen Journalismus und Öffentlichkeitsarbeit differenziert beschrieben werden sollen. Beeinflusst tatsächlich nur die Öffentlichkeitsarbeit den Journalismus, wie in der Untersuchung unterstellt, oder prägt auch der Journalismus die Media Relations? Wie abhängig die Öffentlichkeitsarbeit vom Journalismus sein kann, zeigen schon alltägliche Erfahrungen – wenn etwa kein einziger Redakteur zur wohl vorbereiteten Pressekonferenz erscheint; wenn die Pressemitteilung zwar im lokalen Anzeigenblatt, nicht aber in der überregionalen Wirtschaftszeitung berücksichtigt wird; wenn die eigentlich als „Hintergrundgespräch" vereinbarte Zusammenkunft mit dem Vorstandssprecher zu einer unerwünschten Berichterstattung führt. Media Relations, die sich nicht an den Journalismus anpasst und an seiner spezifischen Rationalität orientiert, kann – darauf weisen die Beispiele hin – nicht erfolgreich operieren. Abstrakter ausgedrückt: Die Beziehungen beider Systeme werden nicht durch Linearität und Kausalität, sondern durch Interdependenz und Reflexivität charakterisiert.

Aufgrund dieser Einsichten entstanden in den Neunziger Jahren zwei anspruchsvollere Beobachtungsperspektiven, mit denen die Unzulänglichkeiten der Determinationshypothese überwunden werden sollten. Gemeint sind der „handlungstheoretische Intereffikationsansatz" und der „systemtheoretische Interpenetrationsansatz" (vgl. zum Folgenden auch M. Löffelholz 2000).

## 3	Beobachtungsperspektiven: Intereffikation und Interpenetration

In bewusster Abgrenzung zur Determinationshypothese entwickelte eine Arbeitsgruppe des Leipziger Kommunikationswissenschaftlers Günter Bentele Mitte der Neunziger Jahre einen Ansatz, der von einer „komplexen Gesamtbeziehung zwischen den publizistischen Teilsystemen Journalismus und Public Relations" (Bentele/Liebert/Seeling 1997: 241) ausgeht. Statt unilineare Kausalbeziehungen zu unterstellen, werden Wechselwirkungen als grundlegend betrachtet. Berücksichtigt werden daher drei Formen von Beziehungen:

- Journalismus und Öffentlichkeitsarbeit beeinflussen sich gegenseitig. Beabsichtigte Kommunikationseinflüsse, die als „Induktionen" bezeichnet werden, führen zu Resonanzen im jeweils anderen Bereich. Die Public Relations regen beispielsweise Themen an oder liefern Detailinformationen für Personen und Sachverhalte.
- Journalismus und Öffentlichkeitsarbeit sind voneinander abhängig. Sie passen sich in ihrer Kommunikation sowie organisatorisch an die andere Seite an. Ein Beispiel für solche Anpassungshandlungen, die „Adaptionen" genannt werden, wäre die Übernahme der zeitlichen Routinen des Journalismus durch die Öffentlichkeitsarbeit.
- Journalismus und Öffentlichkeitsarbeit orientieren sich aneinander. Sowohl beabsichtigte Kommunikationseinflüsse als auch wechselseitige Anpasungshandlungen bauen auf Erwartungen und Erfahrungen auf, die auch aus der Beobachtung des jeweils anderen Systems gewonnen werden.

Anders als bei der Idee einer linearen Abhängigkeit oder der Vorstellung einer symbiotischen Integration werden beide Systeme also weiterhin als weitgehend eigenständig betrachtet. Ihre besondere Beziehung entsteht, weil ihre jeweiligen Kommunikationsleistungen sich wechselseitig ermöglichen. Um das Zusamenwirken von Beeinflussungen, Orientierungen und Abhängigkeiten begrifflich zu charakterisieren, werden die Beziehungen zwischen Journalismus und Öffentlichkeitsarbeit insgesamt als Intereffikation bezeichnet.

Der Terminus „Intereffikation" kennzeichnet – und das ist ein weiterer theoretischer Fortschritt – nicht nur die Gesamtbeziehung (Systemebene), sondern auch die Beziehungen auf der organisatorischen und der individuellen Ebene. Weder der Journalismus noch die Öffentlichkeitsarbeit werden also als black box betrachtet. Trotz der Verwendung des Systembegriffs liegen die Wurzeln des Ansatzes freilich in handlungstheoretischen Überlegungen, bei denen individuelle und korporative Akteure sowie ihre Beziehungen im Mittelpunkt stehen. Vier relevante Akteurgruppen werden dabei unterschieden: die PR-Kommunikatoren, die Journalisten, die Fachkommunikatoren sowie die Rezipienten, deren Aktivitäten in spezifischer Weise verknüpft sind und von bestimmten Strukturen (etwa den jeweiligen Organisationen) geprägt werden (vgl. Bentele/Liebert/Seeling 1997: 227 u. 240 f.).

Zweifellos erleichtert die hier sichtbar werdende Konzentration auf das Handeln von Akteuren im Rahmen bestimmter Strukturen die empirische Prüfung des Intereffikationsansatzes. Wird der Ansatz freilich einer genaueren Analyse unterzogen, zeigen sich theoretische Unsicherheiten. Unklar bleibt beispielsweise, welches System den Counterpart zur Öffentlichkeitsarbeit darstellen soll: Sind es die Medien oder ist es der Journalismus? Da Medien nicht nur journalistische Angebote produzieren, ist dies keine vernachlässigbare

Frage. Unklar bleibt auch, wie Journalismus und Öffentlichkeitsarbeit als Systeme identifizierbar sind. Auf die Theorie sozialer Systeme, die insbesondere von dem Soziologen Niklas Luhmann entwickelt wurde, bezieht sich diese Perspektive jedenfalls nicht. Unklar bleibt schließlich, wie handelnde Akteure und organisatorischer Rahmen aufeinander bezogen werden.

Diese Defizite berühren grundsätzliche Themen der soziologischen Forschung: Auf diese bezieht sich die Leipziger Forschungsgruppe freilich kaum. Ihr Ansatz basiert, wie manch andere kommunikationswissenschaftliche Theorie, auf einer „stand-alone-Lösung", also dem Bemühen um eine eigenständige Konzeptentwicklung auf der Basis von Alltagsbeobachtungen, empirischen Fallstudien und – häufig impliziter – Übernahme von Einzelaspekten bestehender Theorien. Der handlungstheoretische Intereffikationsansatz liefert insofern zwar einen wertvollen Zwischenschritt zum besseren Verständnis der Media Relations und ihrer Beziehungen zum Journalismus. Seine Theoriearchitektur kann jedoch keineswegs befriedigen, solange die differenzierten Debatten in anderen Disziplinen, hier insbesondere der Soziologie, nicht oder nicht explizit berücksichtigt werden.

Dieses Kernproblem vermeidet die zweite theoretische Beobachtungsperspektive, welche die Kommunikationswissenschaft verwendet, um die Beziehungen von Journalismus und Öffentlichkeitsarbeit zu beschreiben. Der „systemtheoretische Interpenetrationsansatz" beruht primär auf den theoretischen Überlegungen von Niklas Luhmann, den die Frankfurter Allgemeine Zeitung in einem Nachruf als „bedeutendsten Soziologen des Jahrhunderts" (FAZ vom 12.11.1998) bezeichnete. In der Tat liefert das Werk Luhmanns eine Sicht auf soziale Zusammenhänge, die sowohl in ihrer theoretischen Tiefe als auch in ihrer thematischen Breite beeindruckt. Obgleich der Begriff „Kommunikation" in diesem Gedankengebilde eine zentrale Rolle spielt, hat Luhmann sich mit Medien- und Kommunikationsthemen kaum beschäftigt. Nicht ihm, sondern dem Bamberger Kommunikationswissenschaftler Manfred Rühl kommt daher das Verdienst zu, systemtheoretisches Denken auf kommunikationswissenschaftliche Fragestellungen übertragen zu haben. Beschäftigt hat er sich dabei sowohl mit dem Journalismus (vgl. M. Rühl 1980) als auch mit der Öffentlichkeitsarbeit (vgl. Ronneberger/Rühl 1992).

Im Kern geht es in der systemtheoretischen Perspektive um eine ganzheitliche Betrachtung sozialer Systeme, deren Strukturen und Funktionen sich zwar unterscheiden, aber gleichwohl mit einem einheitlichen Begriffsapparat beschrieben werden können. Der Journalismus als soziales System beobachtet die Gesellschaft auf der Basis von Realitätstests und stellt seine Beobachtungen öffentlich zur Verfügung. Journalistische Leistungen sind eine wichtige Voraussetzung, damit Politik, Wirtschaft oder Wissenschaft sich selbst beobachten und an neue Situationen anpassen können. Die Public Relations als soziales System regen dagegen im Interesse eines spezifischen Systems liegende Resonanzen an, um systemspezifische Beobachtungen in objektive und öffentlich verfügbare zu transformieren. Beide Systeme werden dabei als operational geschlossen angesehen. Das meint: Journalismus und Öffentlichkeitsarbeit verarbeiten Umweltereignisse im Rahmen ihrer eigener Strukturen und nach ihren eigenen Regeln. Eine Determination oder ein direkter Austausch zwischen ihnen wäre demnach nicht möglich. Damit entsteht die Frage, wie Systeme, die in ihren Operationen nur auf sich selbst bezogen sein sollen, miteinander in Beziehung treten.

Ähnlich wie in der handlungstheoretischen Perspektive gehen Systemtheoretiker nicht von unikausalen Beziehungen zwischen Journalismus und Öffentlichkeitsarbeit aus, sondern von Wechselwirkungen. Gemeint sind damit freilich keine gegenseitigen Beeinflussungen durch aufeinander bezogenes Handeln, sondern strukturelle – das heißt: systeminterne – Anpassungsprozesse an die jeweilige Umwelt. Ein soziales System wie der Journalismus übernimmt demnach Leistungen anderer Systeme, beispielsweise der Öffentlichkeitsarbeit, um seine Effizienz zu erhöhen. Diese Beziehung wird als „Interpenetration" bezeichnet, also ein „privilegiertes Verhältnis zweier operational geschlossener Systeme (...), die in der Lage sind, in einer zirkulären Beziehung gegenseitiger Störung besonders gezielte und wirkungsvolle Reizaktionen auszulösen." (E. Esposito 1998: 88) Ausgelöst werden derartige Reizaktionen aus Eigennutz: Journalismus und Öffentlichkeitsarbeit beobachten sich, um ihre jeweilige Identität als System zu erhalten. Denn nach systemtheoretischen Verständnis entwickelt ein soziales System seine Identität in Form einer Selbstbeschreibung, welche auf der Differenz von System und Umwelt beruht. Dabei kommuniziert der Journalismus nicht mit der Öffentlichkeitsarbeit, sondern beobachtet diese, indem er über sie kommuniziert. So gelingt es dem Journalismus, Offenheit zu erzeugen, also Fremdreferenz einzubeziehen, obwohl er auf seine eigenen Regeln bezogen arbeitet und operativ geschlossen ist. Die Öffentlichkeitsarbeit kann demnach nicht den Journalismus und der Journalismus kann nicht die Öffentlichkeitsarbeit kontrollieren. Damit werden dem Determinismus, aber auch der handlungstheoretischen Prämisse einer direkten Einflussnahme in Form kausal zu interpretierender „Induktionen" klare Absagen erteilt.

Wenngleich der Journalismus die Öffentlichkeitsarbeit nur im Kontakt mit sich selbst beobachten kann, basieren seine Beobachtungen nicht auf beliebigen internen Faktoren, sondern auf einer plausiblen Relation zwischen dem Kommunikat (dem Ergebnis kognitiver und sozialer Konstruktionen innerhalb des Systems) und dem Anlass der Konstruktion. Dabei sucht der Journalismus nach Anlässen zur aktuellen Wirklichkeitskonstruktion (Recherche), um seine Leistungen aufrechtzuerhalten. Der Recherchejournalismus sichert die Kontingenz journalistischer Selektionsentscheidungen, erhält Glaubwürdigkeit als zentrales Kriterium für Selektionsentscheidungen des Publikums und bewahrt den Journalismus als Leistungssystem der Öffentlichkeit. Zu unterscheiden sind darüber

hinaus der Verlautbarungsjournalismus, also die Selektion nicht nachrecher-
chierter PR-Verlautbarungen als Nachrichten, sowie der Überprüfungsjourna-
lismus, also die Selektion journalistisch geprüfter PR-Verlautbarungen. Gleichzeitig plant die Öffentlichkeitsarbeit auf unterschiedlichen Ebenen Anlässe zur
medialen Wirklichkeitskonstruktion: z.b. durch journalistisch aufbereitete Pressemitteilungen; durch die Ausdifferenzierung bestimmter Kommunikationsab-
sichten, die in „PR-Rollen" gebündelt werden; sowie durch formalisierte und
informelle Interaktionen (Pressekonferenzen, Hintergrundgespräche, Rückmel-
dungen auf veröffentlichte Beiträge, etc.).

Dass dabei nicht die Öffentlichkeitsarbeit mit dem Journalismus gekoppelt
ist, beweist eine repräsentative Studie, in der am Beispiel journalistischer Rol-
lenselbstdefinitionen nachgewiesen wurde, dass die Öffentlichkeitsarbeit und
der Journalismus keineswegs homogen, sondern als komplexe Strukturen zu
analysieren sind (vgl. M Löffelholz 1997). Es konnte gezeigt werden, dass die
Beurteilung der Öffentlichkeitsarbeit durch den Journalismus unter anderem
von Medientyp, Ressortzugehörigkeit und journalistischem Selbstverständnis
abhängig ist. Die Befunde weisen darauf hin, dass enge Beziehungen zwischen
Journalismus und Öffentlichkeitsarbeit den Einfluss der Public Relations ver-
größern. Im Sinne eines strategischen Kommunikationsmanagements planen die
Organisationen der Öffentlichkeitsarbeit sehr genau, welche Teilgruppen innerhalb des Journalismus wie intensiv zu „betreuen" sind. Neben der redaktionellen Führungsebene kümmert sich die Öffentlichkeitsarbeit am intensivsten um
Lokal- und Wirtschaftsjournalisten. Erst diese Öffnung der black box ermöglicht ein genaueres Verständnis von Journalismus, Public Relations und ihren
jeweiligen Bezügen Als besonders hilfreich erweist sich dabei die klassische
systemtheoretische Unterscheidung von Funktions-, Organisations- und Inter-
aktionssystemen:

- Journalismus und Media Relations beziehen sich funktional aufeinander.
  Beide Systeme leisten einen Beitrag zur Herstellung von Öffentlichkeit. Ihre Leistungen können sich ergänzen, unterstützen und substituieren sowie
  miteinander konkurrieren.
- Journalismus und Media Relations beziehen sich organisational aufeinander. Die Strukturen der jeweiligen Organisationen, also die Arbeitsrollen
  und Handlungsprogramme, passen sich – soweit es für den eigenen Erfolg
  sinnvoll erscheint – aneinander an.
- Journalismus und Media Relations beziehen sich interaktional aufeinander.
  Journalisten und PR-Akteure konstituieren Interaktionssysteme (u.a. Pressekonferenzen oder Hintergrundgespräche), die eine unmittelbare Abstimmung von Systemleistungen erlauben.

Das systemtheoretische Denken trägt dazu bei, die Argumentation über die Beziehungen von Journalismus und Öffentlichkeitsarbeit zu schärfen. Im Unterschied zu anderen theoretischen Annäherungen fällt in diesem Ansatz der Systembegriff – und damit die Definition von Journalismus und Öffentlichkeitsarbeit – nicht vom Himmel, sondern wird auf einen ausgearbeiteten Rahmen bezogen. Gleichzeitig werden Anschlussmöglichkeiten zwischen der Beschreibung der Innenwelt (System) und der Außenwelt (Umwelt) geschaffen. Mit diesem Blick in die black box werden die Beziehungen von Journalismus und Öffentlichkeitsarbeit durch die Rationalität der jeweiligen Systemorganisation erklärbar. Insgesamt liefert die systemtheoretische Beobachtungsperspektive einen differenzierten Bezugsrahmen, der freilich wegen seiner Komplexität und Abstraktion für die empirische Forschung bislang wenig genutzt wurde.

Werden der eher handlungstheoretisch orientierte Intereffikationsansatz und der systemtheoretisch fundierte Interpenetrationsansatz ohne missionarische Absicht verglichen, fallen – neben den erwähnten Unterschieden – eine Reihe von Ähnlichkeiten in der Argumentation auf, die für die Analyse der Beziehungen von Journalismus und Public Relations aufschlussreich sind:

- Journalismus und Öffentlichkeitsarbeit können auf unterschiedlichen Ebenen analysiert werden. Neben dem Gesamtsystem spielen die Organisations- und die Interaktionsebene eine Rolle. Die Strukturen und Leistungen der drei Ebenen beziehen sich aufeinander.
- Die Aktivitäten handelnder Akteure werden von Strukturen aller Ebenen geprägt. Auch die Systemtheorie, die den Akteur in der Umwelt sozialer Systeme verortet, geht von engen Bindungen („struktureller Kopplung") zwischen psychischen und sozialen Systemen aus.
- Die Beziehungen von Journalismus und Öffentlichkeitsarbeit werden von den internen Strukturen der Systeme beeinflusst – und in ihnen beobachtbar. Als besonders relevante Strukturen gelten Organisationen, Arbeitsrollen und Handlungsprogramme.
- Journalismus und Öffentlichkeitsarbeit benutzen sich wechselseitig. Zumindest streben sie es an, solange es dem eigenen System hilft. Dazu dienen sowohl Einflussversuche („Induktionen", „Irritationen") als auch strukturelle Anpassungen („Adaptionen", „Kopplungen").

Zusammenfassend kann festgehalten werden, dass mit der beschriebenen kommunikationswissenschaftlichen Theoriebildung ein Grundgerüst zur Beschreibung der Beziehungen von Journalismus und Öffentlichkeitsarbeit vorliegt, welches – trotz mancher Unzulänglichkeiten – eine systematische Einordnung spezifischer Phänomene ermöglicht. Das gilt insbesondere, wenn handlungs- und systemorientierte Sichtweisen miteinander verbunden werden. Denn beide

Betrachtungen stehen nicht (nur) in Konkurrenz zueinander, sondern können (auch) als komplementär betrachtet werden: „Stellt man beide Erklärungen nebeneinander, erkennt man, daß jede von ihnen stillschweigend die andere voraussetzt." (U. Schimank 2000: 216).

4   Politik- und Wirtschaftsjournalismus: Kommunikationselite oder Kolonialisierung?

Um den Politik- und Wirtschaftsjournalismus zu verstehen, reicht es – vor dem skizzierten Stand der theoretischen Diskussion – nicht aus, sich mit ihrem jeweiligen Personal zu beschäftigen. Wie wichtig organisatorische Prozeduren – im Journalismus wie in der Öffentlichkeitsarbeit sind – erkannte der US-amerikanische Publizist Walter Lippmann schon Anfang der Zwanziger Jahre: „Reporter sind keine Hellseher, sie blicken in keine magische Kugel, sie betrachten die Welt nicht nach Wunsch, keine Gedankenübertragung unterstützt sie. Und doch wäre der zahlenmäßige Umfang der Gegenstände, den diese verhältnismäßig wenigen Leute zu bearbeiten verstehen, wirklich ein Wunder, wäre es nicht die standardisierte Routine." (W. Lippmann 1922: 230). Organisatorische, technologische und ökonomische Strukturen – wie beispielsweise die redaktionelle Hierarchie, die Ressortgliederung, die Zeit- und Quellenabhängigkeit oder die Arbeitsbedingungen – ermöglichen Manches, verhindern Anderes, schaffen aber in jedem Fall einen Rahmen für journalistisches Handeln. Zu den externen Rahmenbedingungen gehören daneben juristische und politische Normen, die in Deutschland im Grundgesetz und in den Landesmedienengesetzen beschrieben werden, sowie ökonomische und technologische Einflüsse. In dieser Hinsicht unterscheiden sich der politische und der ökonomische Journalismus nicht von anderen journalistischen Arbeitsfeldern.

Anders als der Begriff suggerieren mag, unterliegen Strukturen freilich einem permanenten Anpassungsprozess. Aktuell ist beispielsweise zu konstatieren, dass journalistische Organisationsziele weniger den Kontakt zum politischen Staatsbürger betonen als die Rolle von Rezipienten als Konsumenten. Auf der Ebene journalistischer Programme zeigt sich der Strukturwandel u.a. in einer stärkeren Vermischung informations- und unterhaltungsorientierter Darstellungsformen. Rollenbezogen steht neben dem klassischen Redakteur, der recherchiert, redigiert und schreibt, immer häufiger ein marketinggeschulter Manager, der einen hohen Anteil von Planungs- und Koordinationsarbeiten zu bewältigen hat. In vielen Redaktionen steht darüber hinaus weder die personelle noch die finanzielle Infrastruktur zur Verfügung, um den Ansprüchen eines qualitätsvollen Journalismus zu genügen. Sind Redaktionen aber unterbesetzt, kann kein Personal für Eigen- oder Nachrecherchen eingesetzt werden – und damit steigen die Durchsetzungschancen von Öffentlichkeitsarbeit (vgl. M. Löffelholz 2003). Diese Veränderungen des Journalismus berühren den Politik-

und Wirtschaftsjournalismus in besonderer Weise, denn ihre Leistungen bestehen primär in der seriösen Vermittlung entsprechender Informationen.
    Dass die politische und ökonomische Öffentlichkeitsarbeit ihre Positionen
gegenüber dem Journalismus verbessern konnte, zeigen verschiedene Indikatoren. Die Öffentlichkeitsarbeit, die mit gleichem Recht als „Geheimhaltungsar-
beit" bezeichnet werden kann, hat sich im letzten Jahrhundert zu einem hoch-
gradig differenzierten und (zum Teil) hochprofessonalisierten Berufsfeld
entwickelt. Anspruchsvolle Organisationsstrukturen, vielseitig erprobte Kom-
munikationsinstrumente, ein deutlich verbesserter Ausbildungsstand der PR-
Kommunikatoren: Das sind einige Hinweise darauf, wie stark die Öffentlichkeitsarbeit sich professionalisiert hat (vgl. G. Bentele 2003). Auf der anderen
Seite steht ein Journalismus, der sich weiterhin mit normativen Ansprüchen
schmückt, die ihre Wurzeln in der Aufklärung haben – insbesondere der Anspruch auf Unabhängigkeit. Schon seit längerer Zeit ist jedoch zu bezweifeln,
dass der Journalismus tatsächlich so unabhängig operiert, wie es – demokratie-
theoretisch gesehen – sein müsste (vgl. Altmeppen/Löffelholz 1998).
    Sicherlich: Eine absolute journalistische Unabhängigkeit (im Sinne einer
Autarkie) kann und darf es nicht geben – auch nicht in einer demokratischen
Gesellschaft. Der Journalismus muss bezahlt werden, also sind ökonomische
Einflüsse in Kauf zu nehmen. Der Journalismus übernimmt Funktionen für das
politische System, also sind politische Einflüsse zu akzeptieren. Über diese
unvermeidbare, teilweise sogar notwendige Abhängigkeit des Journalismus geht
die Bedeutung der Öffentlichkeitsarbeit jedoch offenkundig immer stärker hinaus. Zu befürchten ist daher, dass die Public Relations den unter erheblichen
Ressourcenproblemen leidenden Journalismus zunehmend in die Defensive
drängen. Manche Kritiker warnen gar vor einer Kolonialisierung des Journalismus durch Auftragskommunikation. Wenn beispielsweise eine PR-Agentur mit
Firmensitz in Essen im Auftrag des Bundesverbandes deutscher Banken einen
Filmbeitrag produziert, der anschließend ohne nähere Kennung in dem Wirt-
schaftsmagazin eines privaten Nachrichtensenders und dem Mittagsmagazin
eines öffentlich-rechtlichen Kanals gesendet wird, wäre zu vermuten, dass die
normativen Ansprüche an die Unabhängigkeit des Systems Journalismus dadurch ausgehöhlt werden und seine Identität erodiert.
    Systemtheoretisch gesehen, operiert der Journalismus jedoch auch unter die-
sen Bedingungen auf der Basis seiner eigenen Strukturen. Erst wenn das mit
dem Filmbeitrag gesendete Kommunikationsangebot nicht als Journalismus
akzeptiert und eine hohe Zahl entsprechender Fälle zu einer grundlegenden
Verunsicherung der Adressaten führen würde, geriete das System in Gefahr.
Anders formuliert: Die Nicht-Information des Publikums über die (begrenzte)
Leistungsfähigkeit des Journalismus und seine Abhängigkeiten von der Öffentlichkeitsarbeit sorgen für das Überleben des Systems. Einen weiteren Beitrag

zur Identitätssicherung des Journalismus leisten Recherche- und Überprüfungs-
journalismus, die sich – im Unterschied zum Verlautbarungsjournalismus –
nicht von der Öffentlichkeitsarbeit abhängig machen, sondern primär auf journalistischen Auswahlentscheidungen basieren und auf diese Weise Glaubwürdigkeit als zentrales Kriterium für eine positive Bewertung durch das Publikum
erhalten.

Innerhalb dieses strukturellen Rahmens werden Journalistinnen und Journalisten tätig, deren individuelle Einstellungen und Merkmale – anders als manche
streng gläubigen Systemtheoretiker behaupten – durchaus relevant sind, um
Politik- und Wirtschaftsjournalismus zu verstehen. Freilich: Wollen heißt nicht
Können. Von journalistischen Einstellungen kann keineswegs unmittelbar auf
konkrete Handlungen und erst recht nicht auf bestimmte publizistische Produkte
geschlossen werden (vgl. Weischenberg/Löffelholz/Scholl 1994), wie manche
Kommunikationswissenschaftler – vor allem in den Siebziger und Achtziger
Jahren – vermutet hatten. Die Behauptung, dass Wirtschafts- und Politikjournalisten tatsächlich „eine durch Vorbildung, Berufswahl und Berufstätigkeit se-
lektierte Gegenelite zu den Machtgruppen in Politik, Verwaltung und Wirtschaft" (H. M. Kepplinger: 1979: 25) bilden und als linksorientierte Außenseiter
innerhalb des Systems gegen das System arbeiten, wurde jedenfalls durch repräsentative Journalismusstudien nicht bestätigt (vgl. Weischenberg/Löffel-
holz/Scholl 1994). Wie sowohl handlungs- als auch systemtheoretische Ansätze
beschreiben, differenziert sich der Journalismus – auch der politische und der
Wirtschaftsjournalismus – in verschiedener Weise aus. Die Ergebnisse der –
allerdings schon älteren – Studie „Journalismus in Deutschland" zeigen: Weder
alle Journalisten, noch die rund 6.500 festangestellten Politikredakteure in
Deutschland oder die gut 2.000 festangestellten Wirtschaftsjournalisten bilden
eine einheitliche Kommunikationselite. Erst recht gilt das, wenn die ungefähr
6.600 festangestellten Lokaljournalisten und die große Zahl journalistischer
Freiberufler einbezogen wird.

Mehr als drei Viertel aller deutschen Journalisten verstehen sich als „neutrale Vermittler", die ihr Publikum schnell und präzise informieren wollen.
Diese Selbsteinschätzung teilen Wirtschafts- wie Politikjournalisten. Als „Gegenpart zur Politik" versteht sich nur ein Drittel, als „Gegenpart zur Wirtschaft"
sogar nur ein Viertel aller deutschen Journalistinnen und Journalisten. Journalismus als „vierte Gewalt" hat im Selbstverständnis eine untergeordnete Bedeutung, auch wenn Branchenvertreter immer wieder – wie 1982 etwa Henri
Nannen, der langjährige Chef der Zeitschrift Stern – die Kritikfunktion des
Journalismus betonen: „Die Presse ist eine Art Katalysator, die dafür sorgt, dass
die Bäume der Macht nicht in den Himmel wachsen." Faktisch gilt dieser Satz
nur für bestimmte Medien, bestimmte Ressorts und bestimmte Rollen. Belegt
wird das durch einen Vergleich des Selbstverständnisses von Politik- und

Wirtschaftsjournalisten mit den durchschnittlichen Rollenprofilen im deutschen Journalismus. Auf dieser Basis entsteht ein wenig spektakuläres Bild: Wirtschafts- und Politikjournalisten verfolgen überdurchschnittlich häufig die Ziele eines neutralen Informationsjournalismus. Sie wollen zwar auch Kontrollfunktionen ausüben. Dezidiert als „Missionare", die vorrangig ihre eigenen Ansichten präsentieren wollen und neutrale Informationsvermittlung eher ablehnen, verstehen sich aber lediglich 15 Prozent der politischen Berichterstatter und so gut wie keiner der Wirtschaftsjournalisten.

5   Fazit

Auch wenn mit diesen Bemerkungen die Ergebnisse der Erforschung von Politik- und Wirtschaftsjournalismus und ihren Beziehungen zur Öffentlichkeitsarbeit nur kursorisch skizziert wurden, sollte deutlich geworden sein, dass viel zu tun bleibt, um die bestehenden theoretischen Ansätze empirisch zu prüfen. Insbesondere die Schnittstellen zwischen handlungs- und systemtheoretischen Vorstellungen können als sinnvolle Ausgangspunkte für weitere Untersuchungen betrachtet werden. Weitergehende Forschungsorientierungen liefern vor allem die folgenden Leitfragen:

- Wie weit prägen die Funktionen von Journalismus und Öffentlichkeitsarbeit als Systemen die jeweiligen Organisations- und Interaktionsstrukturen?
- Wie können die Aktivitäten der handelnden Akteure empirisch auf die Strukturen von Journalismus und Öffentlichkeitsarbeit bezogen werden?
- Wie weit prägen Organisationen, Arbeitsrollen und Handlungsprogramme die individuellen Aktivitäten von Akteuren - und wie weit prägen sie die Beziehungen von Journalismus und Öffentlichkeitsarbeit?
- Welche Einflüsse und strukturellen Anpassungen werden von Journalismus und Öffentlichkeitsarbeit eingesetzt oder akzeptiert, um das jeweils andere System erfolgreich für die Aufrechterhaltung der eigenen Identität zu nutzen?

Neben einer verstärkten (anspruchsvollen) empirischen Forschung, die gegenwärtig besonderes wichtig erscheint, aber – so wie der Journalismus – erhebliche Ressourcenprobleme hat, entwickelt sich die Theoriebildung weiter. Neuerdings intensiviert sich die Suche nach integrativen Sozialtheorien, mit denen die (scheinbare) Dichotomie von System und Subjekt, Struktur und Handlung überwunden werden kann. Diskutiert und auf kommunikationswissenschaftliche Themen bezogen werden derzeit vor allem das Konzept der Akteur-Struktur-Dynamiken des Soziologen Uwe Schimank, der die Komplementarität von Akteur-, Institutionen- und Systemtheorie betont, sowie die Strukturationstheorie von Anthony Giddens, der Akteur- und Systemtheorien in einem Ansatz verknüpfen will (vgl. M. Löffelholz 2003). Die Beschreibung von Politik- und Wirtschaftsjournalismus und ihrer Beziehungen zur Öffentlichkeitsarbeit kann also auf der Grundlage verschiedener theoretischer Ansätze erfolgen, die beide Systeme keineswegs mehr als black box betrachten. Nach der Öffnung der black box auf der Ebene der Theoriebildung gilt es nunmehr, verstärkt empirische Studien durchzuführen, die dem Stand der theoretischen Debatte auch in methodischer Hinsicht gerecht werden.

Literatur

Altmeppen, Klaus-Dieter/Löffelholz, Martin (1998): Zwischen Verlautbarungsorgan und vierter Gewalt. Strukturen, Abhängigkeiten und Perspektiven des politischen Journalismus. In: Sarcinelli, Ulrich (Hrsg.) (1998): S. 97–123

Altschull, Herbert J. (1990): Agenten der Macht: die Welt der Nachrichtenmedien - Eine kritische Studie. Konstanz

Baerns, Barbara (1991[1985]): Öffentlichkeitsarbeit oder Journalismus? Zum Einfluß im Mediensystem (2. Auflage). Köln

Baraldi, Claudio/Corsi, Giancarlo/Esposito, Elena (Hrsg.) (1998): GLU. Glossar zu Niklas Luhmanns Theorie sozialer Systeme. Frankfurt a.M.

Barth, Henrike/Donsbach, Wolfgang (1992): Aktivität und Passivität von Journalisten gegenüber Public Relations. Fallstudie am Beispiel von Pressekonferenzen zu Umweltthemen. In: Publizistik, 37(2), S. 151–165

Bentele, Günter/Brosius, Hans-Bernd/Jarren, Otfried (Hrsg.) (2003): Öffentliche Kommunikation. Handbuch Kommunikations- und Medienwissenschaft. Wiesbaden

Bentele, Günter (2003): Kommunikatorforschung: Public Relations. In: Bentele, Günter/Brosius, Hans-Bernd/Jarren, Otfried (Hrsg.) (2003): S. 54–78

Bentele, Günter/Haller, Michael (Hrsg.) (1997): Aktuelle Entstehung von Öffentlichkeit. Akteure - Strukturen - Veränderungen. Konstanz

Bentele, Günter/Liebert, Tobias/Seeling, Stefan (1997): Von der Determination zur Intereffikation. Ein integriertes Modell zum Verhältnis von Public Relations und Journalismus. In: Bentele, Günter/Haller, Michael (Hrsg.) (1997): S. 225–250

Dorer, Johanna/Lojka, Klaus (Hrsg.) (1991): Öffentlichkeitsarbeit. Theoretische Ansätze, empirische Befunde und Berufspraxis der Public Relations. Wien

Esposito, Elena (1998): Interpenetration. In: Baraldi, Claudio/Corsi, Giancarlo/Esposito, Elena (Hrsg.) (1998):

Kepplinger, Hans Mathias (Hrsg.) (1979a): Angepaßte Außenseiter. Was Journalisten denken und wie sie arbeiten. Freiburg, München

Kepplinger, Hans Mathias (1979): Angepaßte Außenseiter. Ergebnisse und Interpretationen der Kommunikatorforschung. In: Kepplinger, Hans Mathias (Hrsg.) (1979a): S. 7–28

Lippmann, Walter (1964 [1922]): Die öffentliche Meinung. München

Löffelholz, Martin (2003): Kommunikatorforschung: Journalistik. In: Bentele, Günter/Brosius, Hans-Bernd/Jarren, Otfried (Hrsg.) (2003): S. 28–53

Löffelholz, Martin (Hrsg.) (2000a): Theorien des Journalismus. Ein diskursives Handbuch. Wiesbaden

Löffelholz, Martin (2000): Ein privilegiertes Verhältnis. Inter-Relationen von Journalismus und Öffentlichkeitsarbeit. In: Löffelholz, Martin (Hrsg.) (2000a): S. 186–208

Löffelholz, Martin (1997): Dimensionen struktureller Kopplung von Öffentlichkeitsarbeit und Journalismus. Überlegungen zur Theorie selbstreferentieller Systeme und Ergebnisse einer repräsentativen Studie. In: Bentele, Günter/Haller, Michael (Hrsg.) (1997): S. 187–208

Löffelholz, Martin/Quandt, Thorsten (Hrsg.) (2003a): Die neue Kommunikationswissenschaft. Theorien, Themen und Berufsfelder im Internet-Zeitalter - eine Einführung. Wiesbaden

Löffelholz, Martin/Quandt, Thorsten (2003): Kommunikationswissenschaft im Wandel. Zur Orientierung in einer dynamischen, integrativen und unüberschaubaren Disziplin. In: Löffelholz, Martin/Quandt, Thorsten (Hrsg.) (2003a): S. 13–42

Merten, Klaus (2000): Das Handwörterbuch der PR. Frankfurt a.M.

Plasser, Fritz/Sommer, Franz (1991): Politische Öffentlichkeitsarbeit in informationsgesellschaftlichen Demokratien. In: Dorer, Johanna/Lojka, Klaus (Hrsg.) (1991): S. 93–110

Ronneberger, Franz/Rühl, Manfred (1992): Theorie der Public Relations. Opladen

Rühl, Manfred (1980): Journalismus und Gesellschaft. Bestandsaufnahme und Theorieentwurf. Mainz

Sarcinelli, Ulrich (Hrsg.) (1998): Politikvermittlung und Demokratie in der Mediengesellschaft. Opladen

Schantel, Andrea (2000): Determination oder Intereffikation? Eine Metaanalyse der Hypothesen zur PR-Journalismus-Beziehung. In: Publizistik, 45. Jg., S. 70–88

Schimank, Uwe (2000): Theorien gesellschaftlicher Differenzierung. Opladen

Weischenberg, Siegfried/Löffelholz, Martin/Scholl, Armin (1994): Merkmale und Einstellungen von Journalisten. Journalismus in Deutschland II. In: Media Perspektiven 4/1994, S. 154–167

Wirtschaft gegen Politik – die Konkurrenz der Redaktionen

von Martin Kessler

1 Bestandsaufnahme

Lang genug hatte die Recherche gedauert. Am Ende hatte die Redakteurin für Sozialpolitik die Fakten beisammen. Der Vorstandsvorsitzende der Bundesanstalt für Arbeit, ein vehementer Befürworter einer verlängerten Lebensarbeitszeit, will im eigenen Haus ältere Beamte und Angestellte rücksichtslos aussteuern. Eine runde Geschichte, als Aufmacher im Wirtschaftsteil geplant – dafür hatte das Wirtschaftsressort bei der Blattplanung sogar noch zusätzlichen Platz bestellt. Große Geschichten groß – so lautet einer der Grundsätze der neuen Leitlinien fürs Zeitungsmachen bei der Rheinischen Post. Zur eigentlichen Geschichte recherchierte die Sozialpolitik-Expertin die derzeitige Lage für ältere Arbeitnehmer im Arbeitsmarkt, die derzeitigen Frühverrentungsprogramme und die faktische schrittweise Absenkung des Renteneintrittsalters – zu Lasten der Beitragssätze.

Zur gleichen Zeit in der Politikredaktion. Vom Anti-Terror-Kampf derzeit keine Neuigkeiten, auch eine Koalitionskrise nicht in Sicht, selbst notorische Störenfriede wie Jürgen W. Möllemann gaben Ruhe. Mit einem Wort: Es fehlte der Aufmacher. Gut, dass die Kollegin eine eigene Geschichte recherchiert hatte. Das passt zum zweiten Grundsatz der Zeitung: selbst geschriebene Geschichten der eigenen Autoren. Die Story über die rücksichtslose Aussteuerung älterer Arbeitnehmer in der Arbeitsverwaltung wanderte auf die Titelseite der Zeitung. In der Wirtschaft klaffte ein großes Loch.

Die Konkurrenz um Themen ist nur eines der Felder, die zwischen Politik- und Nachrichtenredaktion auf der einen und der Wirtschaftsredaktion auf der anderen Seite für Spannungen sorgt. Mindestens genauso häufig geht es um Einschätzung der gleichen Phänomene, ihre Wirkung beim Leser, die Herangehensweise (bottom up oder top down) oder die Glaubwürdigkeit der Quellen.

1.1 Einschätzung gleicher Phänomene

Politik hat viel mit Veränderung in der Machtbalance zu tun. Für einen Politikredakteur ist es eine Nachricht, wenn ein junges Talent den erfahrenen Parteichef herausfordert, wenn Minister desselben Kabinetts um Einfluss beim Bundeskanzler kämpfen, wenn Koalitionspartner unruhig werden, weil sie fürchten, die nächste Wahl zu verlieren. Das sind die Stoffe für Politik-Storys. Die Redakteure recherchieren die Stimmung in der Gefolgschaft, die Pläne der Abweichler, das Drehbuch des Herausforderers – innerhalb derselben Partei oder in der Parteienkonkurrenz.

Wirtschaftsredakteuren ist eine solche Herangehensweise nicht fremd. Schließlich finden in Unternehmen ähnliche Machtkämpfe statt wie in der Politik – zunehmend sogar in aller Öffentlichkeit. Trotzdem interessiert den Wirtschaftsredakteur weniger die Machtverschiebung innerhalb eines allseits bekannten Personenkreises, so reizvoll für den Leser dieses Machttheater auf der politischen Bühne auch sein kann. Der Wirtschaftsredakteur fragt auch nach den Folgen dieses Handelns.

Eine gute Rentenreform mag den Arbeitsminister in der Popularitäts-Skala nach oben bringen, seine Stellung im Kabinett stärken, ihn sogar für höhere Aufgaben ausweisen. Den Wirtschaftsredakteur interessiert aber auch die Frage, ob die Rentenreform wirklich die Kassen saniert, die Lohnnebenkosten senkt, wirtschaftlich und sozial angemessen ist und das Land im internationalen Systemwettbewerb voranbringt.

Die Analyse des Politikredakteurs bezieht sich auf Machtkonstellationen, Wahlchancen und innerparteilichen Aufstieg, die Analyse des Wirtschaftsredakteurs auf ökonomische Folgen, auf Wirkungen auf Arbeitsmarkt oder Wachstum. Beide Ansätze haben in der Zeitung, aber auch in den anderen Medien ihre volle Berechtigung. Konkurrenz tritt dann auf, wenn Politik- oder Wirtschaftsredaktion auf einen Alleinvertretungsanspruch pochen. Dann geht es darum, dass sich eine Sichtweise durchsetzt – zum Nachteil des Mediums.

1.2   Wirkung beim Leser

Wirtschafts- und Politikredakteure haben oft unterschiedliche Wahrnehmung, wenn es um die Wirkung beim Leser geht. Endlose Koalitionsstreitereien mögen den Leser ermüden, kleine Verschiebungen in der Machtbalance ihn langweilen, unterstellen oft die Wirtschaftsredakteure. Für den Politikredakteur ist das die politische Bühne, das Theater der Welt. Und manchmal geht es ja um Krieg und Frieden (Gott sei Dank nicht zu oft). In diesem farbigen Theater spielen Menschen mit ihren Vorzügen und Schwächen, argumentieren die Politikredakteure.

Umgekehrt glauben Politikredakteure, dass ihre Kollegen der Wirtschaft oft zu abgehoben über ökonomische Zusammenhänge berichten. Ihnen mutet das oft genug rein akademisch an. Zudem berücksichtigen Wirtschaftsredakteure in der Meinung ihrer Kollegen in den Politikressorts zu wenig die sozialen Folgen ihrer Analysen und Empfehlungen. Schließlich meinen nicht wenige Wirtschaftsredakteure, dass nur sie etwas von Wirtschaft verstünden, sie also einen Aufklärungsauftrag für den Leser hätten. Das, was in der unmittelbaren Nachkriegszeit die politischen Redakteure für sich reklamierten, als es noch darum ging, den Deutschen demokratische Regeln und Verhaltensweisen beizubringen.

1.3   Herangehensweise – bottom up oder top down

Politikredakteure, besonders Korrespondenten in den Landeshauptstädten, in der Bundeshauptstadt oder den Hauptstädten der wichtigsten Partner der Bundesrepublik, leben in einer Politikerwelt. Sie jagen hinter Politikerstatements her, leben von Hintergrundkreisen mit mehr oder weniger prominenten Politikern und sprechen bestenfalls mit den vielen Lobbyisten, die in dieser Welt versuchen, Politikermeinung und -handeln zu beeinflussen. Die Welt der Politikredakteure ist also ziemlich abgeschlossen. Ihre Recherchen funktionieren nach der Methode top down. Es gilt, was Spitzenpolitiker zu den wichtigen Themen sagen.

Wirtschaftsredakteure arbeiten bottom up. Sie recherchieren gern den Einzelfall, den arbeitslosen älteren Arbeitnehmer, den Betriebsrat, den Facharbeiter, den Unternehmer, natürlich auch den Spitzenmanager großer Konzerne. Hier ist die Arbeitsweise ähnlich wie jene des Politikredakteurs. Aber Unternehmensberichterstattung – vor allem der Industrie- und Dienstleistungsriesen – ist nur ein Segment der Arbeit des Wirtschaftsredakteurs. In der Verbraucherberichterstattung geht er explizit vom einzelnen Kunden aus und stellt für ihn Preis- und Konditionenvergleiche an, geht unlauteren Praktiken nach oder warnt vor Abzockern oder irreführender Werbung.

Ähnlich wie in der Lokalredaktion ist in der Wirtschaftsredaktion Platz für Leseraktionen. Hier – wie bei der Beantwortung von Leseranfragen und -beschwerden – lernt der Wirtschaftsredakteur die Bedürfnisse „seiner Kunden" kennen. Sie geben ihm Material für weitere Geschichten.

Die Gefahr besteht freilich, dass der Wirtschaftsredakteur bei seinem Bottom-up-Ansatz in die Beliebigkeit abgleitet. Nicht jeder Leserhinweis ist der Beginn einer spannenden Geschichte, leider sind es die wenigsten. Auch die Beschreibung des arbeitslosen Ausländers oder des Lehrstellenbewerbers kann leicht ein wenig relevanter Spezialfall sein. Unternehmen, die gut laufen, aber nichts Außergewöhnliches herstellen, langweilen den Leser. Trotzdem würde der Unternehmenschef gerne in der Zeitung stehen, macht Druck – insbesondere dann, wenn er im Verbreitungsgebiet einer Regionalzeitung etwas zu sagen hat. Das sind die Nachteile des Bottom-up-Ansatzes.

1.4   Glaubwürdigkeit der Quellen

Politikredakteure liefern dann authentische Berichte ab, wenn sie sich glaubhaft auf Aussagen von wichtigen Politikern beziehen können. Sie beweisen dann, dass sie „nah dran" sind. Der Kanzler gibt nur wenigen ausgewählten Journalisten Einblicke in seine Ziele und Vorgehensweisen, er gibt nur wenigen Medien Interviews und ist auf allgemeinen Pressekonferenzen – etwa bei der Bundespressekonferenz – nur ein paar Mal im Jahr zu Gast. In abgewandelter Form gilt dies auch für andere Spitzenpolitiker. Politikredakteure sprechen deshalb scherzhaft von A-Quellen, wenn sie wirklich wichtige Politiker vor die Flinte bekommen und ihnen auch wichtige Aussagen entlocken können. Die Aussagen von A-Quellen kombinieren die Politikredakteure zu einer nachvollziehbaren Analyse zusammen.

Der Wirtschaftsredakteur, insbesondere wenn er über große Konzerne berichtet, lebt auch von A-Quellen. Die kann er aber nicht allein nach dem gesunden Menschenverstand zu einer großen Unternehmensgeschichte kombinieren. Er braucht dafür betriebswirtschaftliche Kenntnisse, muss Konkurrenten, Banken, Analysten, Gewerkschafter oder Verbraucherverbände befragen. Auch Meinungen, die von der Führungsebene innerhalb eines Unternehmens geäußert werden oder von Führungsleuten, die das Unternehmen mehr oder weniger freiwillig verlassen haben, sind wichtig.

Anders als in der Politik sind solchen Quellen allerdings oft diffus. Es gibt zwar unternehmensinterne Papiere. Im Gegensatz zu Gesetzentwürfen oder unveröffentlichten Parteiprogrammen sind die oft viel schwieriger zu beschaffen. Der Wirtschaftsredakteur ist deshalb viel stärker als der Politikredakteur auf den eigenen Sachverstand, seine betriebs- und volkswirtschaftlichen Kenntnisse angewiesen. Er wertet eine Unzahl von Quellen aus, belegt sie, fasst sie aber wieder neu zusammen.

2   Gemeinsame Themen – getrennte Themen

Bei so viel Unterschiedlichkeit grenzt es schon fast an ein Wunder, dass Politik- und Wirtschaftsredaktionen trotz aller Rivalität in vielen Medien gut zusammenarbeiten. Ein umfassendes Band sind sicher die gemeinsamen Themen. In den meisten Medien, die über eine Politik- sowie eine Wirtschaftsredaktion verfügen, gibt es in der Berichterstattung häufig überschneidende Themen. Ob eine Rentengeschichte im Politik- oder Wirtschaftsteil einer Zeitung steht, ist beinahe tägliches Brot in der Abstimmung der beiden Redaktionen.

Um sich dem Problem zu nähern, geht man am besten von den Extremen aus. Welche Politikgeschichten können auf keinen Fall im Wirtschaftsteil stehen und welche Wirtschaftsgeschichten auf keinen Fall im Politikteil? Beginnen wir im rein Politischen. Es leuchtet unmittelbar ein, dass ein Bericht über einen Spendenskandal in einer Partei oder über eine Verschwörung gegen den Vorsitzenden oder den Regierungschef immer im Politikteil stehen wird.

Wenn es also um reine Parteienberichterstattung geht, um Personalfragen in Partei oder Regierung, sodann um Politikbereiche, die nur sehr mittelbar mit Wirtschaft zu tun haben – wie die Innen-, Verteidigungs- oder Justizpolitik, dann hören auch schon die reinen Politikthemen auf. Das weite Feld der Sozialpolitik, der Finanzpolitik, aber auch der Familien- oder Migrationspolitik haben ihren Platz sowohl im Politikteil wie im Wirtschaftsteil. Das Gleiche gilt für die

Wirtschaftspolitik im engeren Sinne, etwa Diskussionen über die Energiewirtschaft, die Regulierung (Handwerksordnung, Freie Berufe, Ladenschluss, Wohnungspolitik), die Tarifpolitik oder die Stabilisierungspolitik haben ihren Raum ebenfalls sowohl im Wirtschafts- wie im Politikteil. Bei der ersteren Gruppe waren die Themen traditionell im Politikteil angesiedelt, bei der zweiten eher im Wirtschaftsteil. Aber diese strenge Einteilung gilt nicht mehr. Beide Gruppen gehören zu den gemeinsamen Themen.

Reine Wirtschaftsthemen sind das weite Feld der Unternehmensberichterstattung, der neu entdeckten Zuwendung zum Verbraucher (Themen: Geld, Steuern, Altersvorsorge, Erbe, Konsumartikel) sowie der Geld- und Währungspolitik.

Wenn die Grenzen nun fließender werden, was zeichnet den Wirtschafts-, was den Politikteil aus? Neben rein pragmatischen Überlegungen, wer hat wie viel Platz, kommen durchaus auch inhaltliche Punkte zur Geltung.

Häufig sind Politikinhalte, vor allem in der Sozial- und Finanzpolitik, für karriereorientierte Politiker (und die sind in allen Parteien mittlerweile in der überwiegenden Mehrheit) Mittel zum Zweck. Ein aktuelles Beispiel ist die Agenda 2010 von Bundeskanzler Gerhard Schröder. Die Inhalte der Agenda sind fast rein wirtschaftspolitisch: Es geht um den Arbeitsmarkt, die Lohnnebenkosten, die Abspeckung der Sozialsysteme, einen gelockerten Kündigungsschutz, Investitionen der Kommunen und vieles mehr. Mit der Agenda hat Schröder gleichzeitig seine politische Zukunft verbunden. Hier geht es um den Bestand der Regierung, also ein rein politisches Thema.

Es wird klar, dass die frühere Unterscheidung künstlich war. Politik- und Wirtschaftsressort müssen sich gemeinsam um ein solches Thema kümmern. Es gilt herauszuarbeiten, was bei einem bestimmten Thema zur Machtfrage gehört und was eine inhaltliche Diskussion erfordert.

Damit geht natürlich eine gewisse Künstlichkeit einher. Denn so genau lässt sich ein Thema nicht immer auseinander dividieren. Schon gar nicht zu Bedingungen von Tages- oder Wochenaktualität. Viele Zeitungen (etwa Kölner Stadt-Anzeiger, Süddeutsche Zeitung, Rheinische Post) haben deshalb Themenseiten eingerichtet. Hier können gemeinsame Themen (auch solche aus dem Feuilleton oder der Wissenschaft) fachübergreifend dargestellt werden. Der Vorteil für den Leser ist evident: Er findet alles zu einem wichtigen Thema komprimiert auf einer Seite – und hat gleichzeitig Tiefgang, der nötig ist, um komplexere Themen angemessen zu behandeln.

3   Überwindung der Grenzen

Bei der Darstellung des vorangegangenen Kapitels wurden bereits Lösungsansätze für die Rivalität zwischen Wirtschafts- und Politikredaktion herausgearbeitet. Zweifellos ist die übergreifende Themenseite eine Antwort auf das

Zusammenwachsen der Ressorts. Sie ist aber nicht die einzige. Und eine völlige Überwindung der Ressortgrenzen wird von den meisten Medien nicht angestrebt. Gleichwohl gibt es Überlegungen, Politik- und Wirtschaftsredaktionen zusammenzulegen, Synergien zu nutzen sowie die Macht- und Inhaltsaspekte gerade politischer Fragestellungen zusammenzuführen.

Weniger radikale Lösungsansätze beziehen sich mehr auf die Zusammenarbeit der Redaktionen untereinander. Neben der Gesamtkoordination der aktuellen Berichterstattung müssen Politik- und Wirtschaftsredaktion eng zusammenarbeiten. Sie sind das Herz der politischen Berichterstattung, dem Feuilleton kommt hier in jüngerer Vergangenheit (siehe Frankfurter Allgemeine Zeitung, Süddeutsche Zeitung) eher die reflektierende Rolle zu, die auch Außenseiter zu Wort kommen lässt (Beispiel: Arundhati Roy zu den Anschlägen am 11. September).

Die Rheinische Post hat das Problem der engen Abstimmung und Zusammenarbeit etwa räumlich gelöst. Politik und Wirtschaft sind in einem Trakt zusammengefasst, die einzelnen Büros durch Glastüren verbunden. Um zum Wirtschafts-Chef zu kommen, muss der Politik-Chef nicht mehr auf den Flur. Der Chefredakteur oder der Chef vom Dienst muss das sehr wohl. Damit ist gegenseitiger Bunkermentalität ein Riegel vorgeschoben.

Aber räumliche Nähe ist bestenfalls ein Instrument zur besseren Koordination. Gemeinsame Absprachen müssen institutionalisiert werden. Gemeinsame Ressortkonferenzen sind dafür ein Vehikel, die schnelle Absprache der Redakteure untereinander gehört auch dazu.

Hilfreich ist auch, die Korrespondenten – egal, ob aus der Hauptstadt oder den Zentralen anderer Länder, aber auch aus den Wirtschaftszentralen Frankfurt, Mailand oder New York – nicht mehr als exklusive Schreiber für das jeweilige Ressort aufzufassen. Die Rheinische Post verfügt etwa über Wirtschaftskorrespondenten in Frankfurt, München, Berlin und New York, über Politikkorrespondenten in den wichtigsten Industrieländern und in Brüssel. Der Korrespondentenpool wird gemeinsam genutzt. So schreiben die Auslandskorrespondenten regelmäßig im Wirtschaftsteil, die Wirtschaftskorrespondenten auch im Politikteil, wenn das angebracht erscheint.

Schließlich schreiben auch die Politikredakteure für die Wirtschaft und die Wirtschaftsredakteure für die Politik. Damit werden die Grenzen durchlässiger. Es gibt keine Exklusiv-Themen mehr. Noch hilft das Ordnungsschema Wirtschaft und Politik dem Leser. Aber die Grenzen werden durchlässiger. Vielleicht wird am Ende doch eine Auflösung der beiden Teile stehen, zumindest der Redaktionen. Die Frage, ob ein Aufmacher der Wirtschaft dann in die Politik wandert, wäre dann eine Frage, die nur noch redaktionsintern zu behandeln wäre. Ein Loch würde nicht mehr entstehen.

Ansichten der Politiker

Provozieren und Popularisieren als tägliche Politikerpflicht

von Klaus-Peter Schmidt-Deguelle

1 Politik unter den Bedingungen der Mediengesellschaft

Politik in der Mediengesellschaft bedeutet Kampf um die begrenzt verfügbare Aufmerksamkeit der Bürger. Vor allem in den westeuropäischen Demokratien hat es in den letzten beiden Jahrzehnten durch die Vervielfachung der TV-Programme eine Atomisierung des gesamtgesellschaftlichen Diskurses gegeben, die die Politik vor immer größere Vermittlungsprobleme stellt.

Diese Amerikanisierung gilt – neben Italien, Frankreich, Belgien, Spanien und Großbritannien – vor allem auch für die Bundesrepublik. Tageszeitungen haben noch mehr an Bedeutung verloren, in vielen Großstädten gibt es Quartiere, in denen – wenn überhaupt – gerade noch Anzeigenblätter oder die BILD-Zeitung gelesen werden. Es sind viele Teilöffentlichkeiten entstanden, die systematisch und permanent nur äußerst schwer abzudecken sind.

Aus diesem Grund sind komplizierte politische Zusammenhänge kaum noch darstellbar, politische Entscheidungsprozesse uninteressant, deren Ergebnisse überwiegend erst dann relevant, wenn sie sich vorgeblich negativ für die Bürger auswirken. Erst die Überzeichnung dieser Ergebnisse bis hin zur Skandalisierung (durch die politischen Gegner und/oder die Medien) sichert oft die nationale Aufmerksamkeit und damit eine gewisse Rückkehr des gesamtgesellschaftlichen Diskurses.

Verstärkt wird diese Entwicklung durch die zum Teil äußerst schwierige wirtschaftliche Situation der Printmedien, der Nachrichtenagenturen und der meisten privaten Sender. Zum ersten Mal seit Gründung der Bundesrepublik schlägt eine solche Krise direkt bis zu den Journalisten durch. Hauptstadt-Büros werden aufgelöst, Heimat-Redaktionen ausgedünnt, betriebsbedingte Kündigungen sind an der Tagesordnung. Gerade jüngere, ehrgeizige Redakteure sind bedroht, weil sie erst kurz im Unternehmen sind. Sie müssen ihre Existenzberechtigung quasi täglich unter Beweis stellen. Dies gelingt am besten durch Exklusiv- und/oder Skandalstories, die von anderen Medien zitiert werden (müssen?). Der alte Journalisten-Lehrsatz: „only bad news are good news" erfährt inflationäre und dramatische Bestätigung.

Auflage- und Quoten steigernd sind aber vor allem andere Inhalte als Politik. Privat-Medien, beileibe nicht nur BILD, brauchen vor allem Herz, Schmerz, Gefühle, Emotionen, Sex und Crime, um schwarze Zahlen schreiben zu können. Politik hat in den letzten Jahren gegenüber solchen Themen an Bedeutung verloren und muss, von den ganz großen Themen (Krieg, Flut, höhere oder niedrigere Steuern und Ähnliches.) abgesehen, um ihren Platz kämpfen. Es sei denn, durch Politiker selbst werden diese Genres bedient (Barschel, Scharping, Möllemann, Friedman). Politik und Politiker müssen damit leben und sich darauf einstellen.

2   Politik muss personalisierbar sein

Für Inhalte wie Personen gilt deshalb: In der oben beschriebenen Konkurrenzsituation reicht es nicht, qua Amt oder Funktion eine Botschaft an die Bürger bringen zu wollen.

Inhalt, Verpackung und Performance müssen für das jeweilige Zielmedium vorbereitet und gegebenenfalls inszeniert werden. Inhalte, die nicht streitbefangen sind oder zumindest so erscheinen, haben wenig Verbreitungschancen. Politiker, die kein Charisma und/oder Aggressionspotential haben, sind wenig interessant.

Politische Inhalte sind ohne Personalisierung sowieso kaum noch vermittelbar. Erst der Streit des Regierungschefs mit dem/der Oppositionsführer/in erhebt ein Politik-Vorhaben zum Top-Thema. Erst die Personalisierung eines innerparteilichen Streits macht die Entscheidungsprozesse in einer Partei zur Nachricht (Entscheidung über die Agenda 2010 bei der SPD, Entscheidung über die Haltung der CDU/CSU zum Vorziehen der Steuerreform).

Es mag manchen verwundern, dass bereits 1957 ein gewisser Richard M. Nixon feststellte, dass Medien und damit die Öffentlichkeit „Namen und Gesichter kaufen und keine Parteiprogramme" und dass diese Namen und die dazugehörenden Gesichter „auf fast die gleiche Weise in den Handel gebracht werden müssen wie irgendein anderes Produkt" (zit. n. E. Wangen 1983: 48).

Die „Amerikanisierung" der Politik und vor allem der Wahlkämpfe ist bei uns längst angekommen. Die beiden Kandidatenduelle zwischen Gerhard Schröder und Edmund Stoiber im letzten Bundestagswahlkampf waren der bisherige Höhepunkt und zugleich der unschlagbare Beweis, dass dies so ist und meines Erachtens auch unumkehrbar bleibt.

Natürlich ging es auch um Inhalte, aber wer kann die wichtigsten Streitpunkte (Irak-Krieg, Steuerreform, Zuwanderung etc.) heute, nur ein Jahr später, überhaupt noch nennen? Die Performance der Kandidaten, wie gut sie „drauf" waren, wer aggressiver, freundlicher, höflicher (zu den Moderatorinnen) war, wer seine Themen emotionaler „rüberbrachte", das war das wichtigste Thema der Journalisten (und dadurch auch der Öffentlichkeit) schon direkt nach den Duellen und ist es bis heute geblieben.

Peter Radunski, in vielen Wahlkämpfen für Helmut Kohl erfahrener Haudegen der politischen PR, hat bereits 1980 konstatiert, dass der Wähler nicht den

Politiker interessant findet, wie er wirklich ist, sondern er wähle das, wofür er ihn hält (vgl. P. Radunski 1980: 15ff).

Im Konkurrenzkampf der Parteien untereinander – soweit er nicht reaktiv geführt werden muss – und der politischen Themen mit denen der anderen Genres (s.o.) kommt es auf die Inszenierung, auf das „Agenda setting" an. Dazu ist viel und Kluges – auch in diesem Buch – an anderer Stelle geschrieben worden. Selbst die negative Begleitung einer Inszenierung durch die Medien kann das „setting" befördern, wenn die politischen Akteure geschickt „nachsteuern", den richtigen „spin" setzen, also das Thema – zumindest seine Rezeption – „drehen" können (z. B. Irak-Festlegung von Gerhard Schröder auf einer Wahlkampfveranstaltung in Goslar).

Politik muss dabei auch eigentlich fremde Vermittlungsebenen nutzen. Peter Radunski hat aus der Ignoranz seines Ex-Chefs gegenüber diesen fremden Vermittlungsebenen längst Konsequenzen gezogen: „Politiker müssten sich zunehmend darauf einstellen, „im Rahmen des Unterhaltungsprogramms ernsthafte politische Gedanken zu äußern" (P. Radunski 1996: 34), fordert der ehemalige CDU-Bundesgeschäftsführer, allerdings nicht ohne Warnung vor Nebenwirkungen, die er bereits vor 23 Jahren formulierte: „Politische Kommunikation hat ihren Auftrag verfehlt, wenn sie durch die Personalisierung von Wahlkämpfen die kommunikative Komponente des Wahlkampfes soweit isoliert, dass nur noch Images statt politischer Substanz Gegenstand des Wahlkampfes werden."(P. Radunski 1980: 23).

Dass diese Warnung berechtigt ist, belegte der Bundestagswahlkampf 2002 der FDP (s. u.). Spiegelbildlich lässt sich die Richtigkeit von Radunskis Warnung aber auch an einem Fehler der SPD-Kampa zu Anfang des Jahres 2002 belegen. Die Nominierung Stoibers zum Kanzlerkandidaten und sein außerhalb Bayerns eher negativ konnotiertes Image ließen die Kampa-Strategen auf einen massiv negativen „news value" hoffen. Das „bad image" des Kandidaten sollte – durch auf verschiedenen medialen Ebenen transportierte – höchst konservative bis reaktionäre Positionen Stoibers aus der Vergangenheit verstärkt werden. Dass die Gegenseite dies natürlich auch ahnte und entsprechende „Weichspülgänge" für ihn vorbereitete, wurde erst relativ spät bemerkt. Die Überzeichnung des „bad image" Stoibers durch die Kampa machte es der Sprengschen „Weißwäscherei" auf der anderen Seite leichter, als sie selbst dachten.

3   Politische Inhalte müssen popularisierbar sein

Mindestens genauso wichtig wie die Personalisierung war aber in diesem wie in allen anderen Wahlkämpfen, das populärste Thema zu finden.

Nachdem die Bewältigung der Flutkatastrophe an der Elbe und ihren Zuflüssen medienwirksam – aber eben nur *reaktiv* – organisiert war, bot sich mit dem Verhalten der US-Regierung gegenüber dem Irak ein für das rot-grüne Wählerklientel *aktiv* instrumentalisierbares und sogar über die eigene Wählerschaft hinaus popularisierbares Politikfeld.

Popularisierbar heißt immer auch, dass der politische Gegner gegen das benutzte Thema, aber vor allem gegen seine Behandlung, nur unter „Verlusten" auch bei der eigenen Klientel agieren kann. Je länger sich der Gegner wehrt, desto größere Chancen bieten sich, durch die Popularität des Themas – „keine deutsche Beteiligung" – die eigene Popularität zu steigern.

Es ist verwunderlich, wie lange die politischen Konkurrenten in solchen Fällen manchmal brauchen, bis sie eine halbwegs glaubwürdige Gegenposition in den eigenen Reihen und kommunizierbar durchgesetzt haben.

Dasselbe Bild bot sich im Juni 2003 bei der Entscheidung der Bundesregierung, die für 2005 geplante dritte Stufe der Steuerreform um ein Jahr vorzuziehen. Nachdem der innerparteiliche und innerkoalitionäre Entscheidungsprozess – relativ – geräuschlos verlaufen war, der Bundesfinanzminister am 13. 6. die Bedingungen für ein Vorziehen – und damit natürlich die im Grundsatz gefallene Entscheidung für die Kabinettsklausur in Neuhardenberg – genannt hatte, hätte jedem in der Union klar sein müssen, dass die Popularität dieser Maßnahme nur eine Antwort zuließ: grundsätzliche Zustimmung, mit – für das Wahlvolk jedenfalls – zweitrangigen Bedingungen. Doch statt die 16 Tage zwischen Ankündigung und Vollzug seitens der Regierung zu nutzen, vollführte die Union einen „Eiertanz", der nicht nur von den Medien, sondern von den eigenen Leuten öffentlich als „Hühnerhof-Gegacker" (F. Merz) abqualifiziert wurde. Ob dies, wie manche prognostizieren, der Beginn des – öffentlichen – Machtkampfes um die nächste Kanzlerkandidatur in der Union war, wird man erst später entscheiden können.

Beide Inhalte (Irak und Steuerreform) belegen aber zwei – banale – Grundthesen politischer PR, dass reaktive Politik immer der schwierigere Part ist, und dass ab einem bestimmten Grad von Popularisierung, Sachargumente völlig nebensächlich werden können. Zahlreiche solcher Beispiele finden sich für die US-Politik der Clinton-Jahre in der gerade erschienenen Autobiographie von Hillary Clinton.

4   Provozieren führt zu Schlagzeilen, aber manchmal auch ins Abseits

Ohne gezielte Provokation kann vor allem Opposition nicht erfolgreich sein. „X fordert Rücktritt von Y", „Z ist ein Lügner", „der Haushalt ist verfassungswidrig", „Geheimplan der Regierung zu …", „nahm auch NN Geld?", … die Liste solcher „bad news" und der damit versuchten Herabsetzung politischer Gegner ließe sich ellenlang fortsetzen. Sie ist ein Alltagsmittel der politischen Auseinandersetzung, und sie sichert in der Regel eine Schlagzeile an prominenter Stelle in der täglichen Nachrichten-Spirale. Der Wahrheitsgehalt ist relativ unwichtig geworden, die Konkurrenzsituation der Medien (s. o.) verlangt die

möglichst reißerische Schlagzeile. Die Inflation solcher Meldungen relativiert
zwar ihre Bedeutung und damit die Wirksamkeit, aber der „Nachrichten-Hype"
gerade unter den Hauptstadt-Medien braucht sein tägliches, ja bisweilen stünd-
liches Futter/Opfer.

Zunehmend kreieren aber auch Journalisten eigene „Provokationen", um eine Schlagzeile in der eigenen Zeitung zu bekommen, damit die eigene Wichtigkeit (im internen Konkurrenzkampf) zu unterstreichen und, wenn man Glück hat,
auch noch die Konkurrenz zur „Nachberichterstattung" zu bringen. Besonders
in den Politik-Redaktionen der Springer-Presse und der Sonntags-FAZ ist die
Unsitte frei erfundener Stories eingerissen, weil die meisten Journalisten dort
seit dem Regierungswechsel 1998 keine oder kaum noch wirklich informierte
Quellen im Regierungsapparat haben.

Provokation kann und muss gelegentlich auch ein Mittel in den eigenen Reihen sein. So wollte und musste der Bundesfinanzminister während der Beratun-
gen für den Bundeshaushalt 2004 mit einem offenen „Brand-Brief" an die Mitglieder der SPD-Bundestagsfraktion auf die Entwicklung der Renten-
finanzierung im Bundeshaushalt mit „Worst case"-Szenarien hinweisen. Nur
über den durch die öffentliche Debatte ausgeübten Druck waren die Sozialmini-
sterin und die Sozialpolitiker in der Fraktion für notwendige, schnelle Struktur-
reformen des Rentensystems zu sensibilisieren. Ob dies ausgereicht hat, ist im
Moment noch nicht entschieden.

Dass Popularisierung, gepaart mit Provokation, auch zum „overkill" oder
zumindest zum „overexposure" führen kann, belegt der FDP-Wahlkampf des
letzten Jahres. Angesichts der für die FDP-Existenz bedrohenden (Bundes-)
Umfragewerte Ende 2001 erfand J. Möllemann mit seinen NRW-Strategen,
nach den relativ erfolgreichen Landtagswahlen in Hessen und Niedersachsen,
das „Projekt 18" plus FDP-Kanzlerkandidat. Gerade angesichts der Umfragewerte eine bis an die Lächerlichkeit reichende Provokation. Die beabsichtigte
oder unbeabsichtigte kontroverse Diskussion in den eigenen Reihen verstärkte
die Wirkung dieser Provokation in den Medien. Möllemanns geschickte weitere
innerparteiliche Provokation, Westerwelle zur Annahme der „FDP-Kanzler-
kandidatur" zu zwingen (halb zog es ihn, halb sank er hin), brachte aber in der
Öffentlichkeit sehr wahrscheinlich den „overkill". Beides war selbst für hartge-
sottene Politik-Medien ein „spin" zu viel. Die nächste Eskalationsstufe Möllemanns, durch den gegen Israels Nahost-Politik und deren Unterstützung durch
Juden in Deutschland gerichteten „Wahlkampf-Flyer" – jeweils personifiziert
durch vermutet negativ konnotierte Repräsentanten wie Scharon und Friedman
–, brachte das mediale Desaster; verstärkt durch das inkonsequente, weil vielleicht doch auf eine antisemitische Note setzende, zögerliche Agieren Wester-
welles und des FDP-Bundesvorstandes.

Das tragische Ende Möllemanns, nach Parteiaustritt, politischer Ächtung,
Herzattacke, den massiven staatsanwaltschaftlichen Aktivitäten gegen ihn und

damit dem – für ihn wahrscheinlich entscheidenden – Verlust seiner Ehre, kann man heute noch nicht abschließend einordnen. Mit Sicherheit wird der Politikertyp Jürgen Möllemann als Lehrbeispiel dafür in die Geschichte eingehen, dass die Gratwanderung zwischen notwendiger medialer Provokation und „overkill" im tragischen Wortsinn tatsächlich bis zu Letzterem führen kann.

Literatur

Bertelsmann Stiftung (Hrsg.) (1996): Politik überzeugend vermitteln. Gütersloh

Radunski, Peter (1980): Wahlkämpfe. Moderne Wahlkampfführung als politische Kommunikation. München

Radunski, Peter (1996): Politisches Wahlkampfmanagement. Die Amerikanisierung der Wahlkämpfe. In: Bertelsmann Stiftung (Hrsg.) (1996): S. 33 – 52

Wangen, Edgar (1983): Politmarketing. Das Marketing-Management der politischen Parteien. Opladen

Campaining 2002 – die Inszenierung der Inszenierung

von Miriam Meckel

Die Entlarvung geschah im ersten von zwei „Akten": Wochenlang hatten die Bürgerinnen und Bürger, die journalistischen Beobachter und natürlich vor allem die Politiker darüber spekuliert, wie sich die beiden Fernsehduelle in den Wahlkampf zur Bundestageswahl 2002 einfügen, wie sie wirken und welche Konsequenzen sie zeitigen würden. Bereits im ersten Duell gab es vielfältige Hinweise darauf, dass in diesem Wahlkampf einiges anders war als die Beteiligten es aus vorherigen Wahlkämpfen gewohnt waren und in diesen praktiziert hatten.

Einer der aussagekräftigsten Momente im Verlaufe des ersten Fernsehduells ergab sich aus einem Antwort-Frage-Antwort-Spiel zwischen Bundeskanzler Schröder und N24-Chefredakteur Peter Limbourg. Der Bundeskanzler, offensichtlich entnervt durch das enge Regelkorsett des Fernsehduells, versuchte eine spontane Antwort auf seinen Herausforderer, Edmund Stoiber, zu geben, wurde aber durch den Moderator gestoppt, der verlangte, zunächst die passende Frage zur bereits begonnenen Antwort zu stellen, damit diese Antwort das Zeitkontingent des Bundeskanzlers nicht unnötig belaste („Das geht von Ihrer Zeit ab, Herr Bundeskanzler!"). Und so geschah es dann auch. Günther Jauch, einer von zahlreichen Gesprächspartnern in der Fernsehanalyse nach den Duellen, charakterisierte die Veranstaltung durchaus hintersinnig als „Augsburger Puppenkiste" (vgl. FAZ v. 10.09.2002: 38).

Dies war eines von zahlreichen Beispielen, die andeuten, worin die andere Qualität der Wahlkampfkommunikation im Vorfeld der Bundestagswahl 2002 lag: Die Regeln der Inszenierung bestimmten die Kommunikationsstrategien. Und das ist in entscheidenden Nuancen ein qualitativer Unterschied zu den bislang bekannten und bewährten Formen der Wahlkampfkommunikation. Kommunikationsinhalte wurden in ihrer Anlage und Ausprägung an die jeweilige Vermittlungsform angepasst. Die Regeln bestimmten nicht nur das Spiel, sondern auch die Berichterstattung darüber. Auf diesem Wege wurden sogar basale Gewissheiten außer Kraft gesetzt: z. B. die, dass im Verhältnis zwischen Journalismus und Politik die Frage üblicherweise vor der Antwort erfolgt, dass journalistisches Erkenntnisinteresse nicht im vorausschauenden Gehorsam dem vermuteten politischen Aussageinteresse unterworfen wird, und dass eine Diskursdramaturgie nur dann faszinierend ist, wenn sie auch einen politischen

Dialog als dynamischen oder gar emergenten Prozess zulässt, dessen Ausgang
erst einmal offen ist.

All das haben aufmerksame Beobachter des ersten Fernsehduells verfolgen
und schlussfolgern können. Die Besonderheiten der Wahlkampfkommunikation
2002 waren damit „herausgearbeitet" und wurden in den Folgeschritten lediglich weiter verdeutlicht bzw. vertieft. Das zweite Fernsehduell – von vielen
Beobachtern als „gelungener" empfunden – war ein Beispiel für die Professionalisierung der Regeln auf Seiten der Politiker wie der Moderatorinnen, nicht
aber ein Beispiel für die Professionalisierung der inhaltlichen Auseinandersetzung.

1   Alle Politik ist medienvermittelt

Der Bundestagswahlkampf 2002 hat einmal mehr bewiesen, was unter Kommunikationsprofis unstrittig und akzeptiert ist: Die Politik ist auf die Medien angewiesen, um sich zu artikulieren, zu vermitteln und um Akzeptanz zu werben.
Die Medien brauchen die Politik, um ihre Tagesagenda zu „füttern" und zu
gestalten. Dieses Zusammenspiel zwischen Medien und Politik lässt sich auf der
operativen, pragmatischen Ebene analysieren, hat aber eine darüber hinaus
reichende Bedeutung, die für die Grundwerte und Funktionsfähigkeiten einer
demokratischen Gesellschaft garantiert, die schon Thomas Jefferson, einer der
Gründerväter der Vereinigten Staaten, beschrieben hat: „Were it left to me to
decide whether we should have a government without newspapers, or newspapers without a government, I should not hesitate a moment to prefer the latter."
Jefferson betonte damit den besonderen Wert der Meinungs- und Medienfreiheit
für eine funktionierende Demokratie. Er referierte auf die bekannten Funktionen
von Medien, die als eine „vierte Gewalt" den Mächtigen einen Spiegel vorhal-
ten, Kritik und Kontrolle ausüben sollen, um so die Demokratie funktionsfähig
und in der Balance zu halten. Medien und ihre Thematisierung des Politischen
sind also wesentlicher Bestandteil unseres demokratischen Systems.

Die Regeln unserer Demokratie basieren nicht mehr allein auf der Erkenntnis, dass Meinungs- und Medienfreiheit Verfassungsrang haben und deshalb
zum demokratischen Fundament gehören. Dies ist heute unmittelbar verbunden
mit der Erkenntnis, dass es sich hierbei nicht nur um Theorie, sondern um stetig
herausgeforderte Praxis handeln muss, wenn die Demokratie als Mediendemokratie funktionieren soll. Der einprägsame Satz von David Hume – „All government rest on opinion" – müsste dementsprechend heute ein wenig umfor-
muliert werden und lauten: „All government rest on published opinion". Unsere
heutige politische Öffentlichkeit unterscheidet sich eklatant von der antiken
Öffentlichkeit. In Massendemokratien ist demokratische Teilhabe eben nicht
mehr nach dem Vorbild der griechischen „Agora" als permanentes Präsenzpro-
jekt realisierbar. Politik braucht die öffentlichen Thematisierungsprozesse, den

Marktplatz der Meinungen, um gesellschaftliche Konsensfindung und auch gesellschaftliche Streitkultur möglich zu machen. Politik muss sich mit professionalisierten Strategien der politischen Kommunikation um die Erzeugung von Aufmerksamkeit beim Publikum bemühen, um so Bürgerinnen und Bürger, Wählerinnen und Wähler zu gewinnen. Beschreibt man die Prozesse politischer Kommunikation in der Mediengesellschaft, dann geht es heutzutage also nicht mehr um das „Ob" medieninszenierter Wahlkämpfe, sondern um das „Wie". Diese Veränderungen im „Wie" lassen sich anhand einiger Indikatoren herausarbeiten.

2   Professionalisierung

Wer heute auf dem Marktplatz der Meinungen eine Rolle spielen will, etwas „verkaufen" will, der muss für die eigenen Angebote, Informationen und Botschaften Aufmerksamkeit erzeugen. In einer Mediengesellschaft avanciert Aufmerksamkeit zu einem generalisierten Tauschwert (vgl. G. Franck 1998). Dem Tausch von Aufmerksamkeit und Beachtung kommt in der Mediengesellschaft eine ähnliche Bedeutung zu wie dem Tausch von Geld und Gütern in der Wirtschaftsgesellschaft. Dieser permanente kommunikative Tauschhandel ist nur zu bewältigen, wenn auf allen Seiten professionelle Kommunikationsstrategien entwickelt und angewandt werden. Das ist bei uns längst der Fall. In allen Zusammenhängen – von der Politik über die Wirtschaft bis hin zu den Nichtregierungsorganisationen – finden wir professionelle PR-Leute, Kommunikationsmanager, Medien- und Imageberater, Spin Doctors und wie sie alle heißen. In den USA übersteigt die Zahl der PR-Leute die der Journalisten inzwischen um ein Vielfaches. In Deutschland sind die Verhältnisse derzeit noch anders, aber die Entwicklung weist in die selbe Richtung. Diese Entwicklung lädt viele Beobachter immer wieder zu zum Teil scheinheiligem Wehklagen ein. Um es deutlich zu sagen: Anders geht es nicht mehr! Eine Mediendemokratie kann nur funktionieren über ein organisiertes und professionell kommuniziertes „Angriffs- und Verteidigungsspiel" gesellschaftlicher Akteure.

Wichtig ist dabei allerdings, dass im permanenten „medialen Nahkampf" alle Beteiligten die Spielregeln kennen, nach denen das Spiel üblicherweise abläuft. Und die meisten kennen diese Regeln ausgesprochen gut. Dennoch gilt auch in diesem Zusammenhang: Wo Chancen wachsen, wachsen auch Probleme. Das trifft besonders das Verhältnis von Politikern und Journalisten. In unserer Medienkonkurrenzgesellschaft entsteht im Verhältnis von Politik und Medien eine paradoxe Mischung aus Symbiose und Antagonismus, aus Nähe und Distanz. Diese Mischung ist dann gefährlich, wenn sie die Protagonisten dazu veranlasst, gelegentlich ihre Spielhälften zu verlassen, Grenzen zu überschreiten und unter Missachtung der sonst bekannten Spielregeln einen Seitenwechsel vorzunehmen. Zu viel Nähe und Verständnis kann mitunter zum Problem im Beziehungsfeld Politik und Medien werden.

Eine ganze Reihe von Studien belegt, dass eine übergebührliche Annäherung zwischen Politik und Journalismus auch in der Mediengesellschaft die Ausnahme bleibt (vgl. W. Schulz 1997: 225 ff.). Auf Seiten der Journalisten liegen sie vor allem im Übergang von der Politikbeschreibung und -analyse zur Politikgestaltung. Diese Versuchung hat die damalige Vorsitzende der Bundespressekonferenz und Welt-Redakteurin, Tissy Bruns, im Dokumentarfilm „Die Meute" von Herlinde Koelbl, beschrieben: „Ich bestehe noch mal darauf, dass Journalisten nicht zuständig sind für die Verbesserung der Welt, sondern dafür zuständig sind, Menschen in die Lage zu versetzen, ihre eigenen Angelegenheiten so in die Hand zu nehmen, dass sie die Welt am Ende vielleicht verbessern können. Und Politik machen ist nicht Sache des Journalismus. Die Versuchung allerdings ist groß."

Ähnliches gilt für das Verhältnis von Politikern zu den Medien. Die permanente Vergewisserung, dass die Medien Kontrolleure und nicht Kollaborateure der politischen Akteure einer Gesellschaft sind, setzt bei manch einem Politiker angesichts der Verlockungen von Aufmerksamkeitsgewinnung aus. Verbündungsstrategien zwischen Politikern und Journalisten und Rollentausche (Finanzminister Eichel geht einen Tage als Chefredakteur zur BILD-Zeitung, FDP-Generalsekretär Westerwelle besucht den Big Brother Container usf.) sind Beispiele für mangelnde Distanz im beiderseitigen Beziehungsgeflecht (vgl. M. Meckel 2002: 75 f.). Dies wird in Wahlkampfsituationen zum Problem, wenn die Beobachtungen schärfer, die Messlatten höher und die Beziehungen angespannter werden. Wer dann versucht, sich auf vermeintliche Gemeinsamkeiten zu berufen, hat schon im Vorfeld verloren.

3   Markenorientierung 1: Personalisierung

Insbesondere in Wahlkampfzeiten setzen die Kommunikationsprofis der Parteien auf Strategien und Methoden, die sich im Marketing bewährt haben. Parteien und Politiker entwickeln sich zu Marken. Dies ist keine Entwicklung der vergangenen fünf Jahre, sondern ein Langzeitprozess, der vor Jahrzehnten begonnen hat (vgl. H. Rudolph 2002). Im Wahlkampf 1957 wurde innerhalb der CDU darüber gestritten, ob die Parteimitglieder Knöpfe mit einem Adenauer-Portrait tragen sollten. Willy Brandt rollte 1961 im Mercedes-Cabriolet in Homburg ein. Der Wahlkampf 1972 wurde gar unter dem Claim „Willy wählen!" geführt. Helmut Schmidt und Helmut Kohl durchpflügten Deutschland 1976 mit ihren Wahlkampf-Sonderzügen. Mit Peter Radunski und Gert Bacher machte sich die CDU im Wahlkampf zum ersten Mal externe Wahlkampfberater zunutze, deren „Wiedergänger" es in Folge zahlreich gab – zuletzt im Bundestagswahlkampf

2002 Michael Spreng für Edmund Stoiber und Matthias Machnig (als Bundesgeschäftsführer und damit interner Berater) für Gerhard Schröder.
Das Konzept der Markenbildung funktioniert in der Politik nicht überall
gleich, vor allem gleich gut. Im Wahlkampf 2002 wurde das „image marketing"
weitreichend und zum Teil erfolgreich ausgeschöpft. Die Protagonisten der
konkurrierenden Parteien, Bundeskanzler Gerhard Schröder und sein Herausforderer Edmund Stoiber, wurden als Menschen-Marken aufgebaut – mit unter-
schiedlichem Erfolg (vgl. P. Kruse 2003).
In der Bewertung der beiden Spitzenpolitiker durch die Bürgerinnen und
Bürger als Wähler und Medienkonsumenten ergab sich ein interessanter Über-
kreuzverlauf, der insbesondere an den beiden Fernsehduellen deutlich wurde.
Zwar boten die unterschiedlichen Meinungsforschungsinstitute zahlreiche Daten
zum Ausgang der Duelle, so dass empirisch kein eindeutiger Sieger ermittelt
werden konnte (vgl. Neue Züricher Zeitung v. 27.08.2002): 1). Ein „gefühltes"
Ergebnis aber kristallisierte sich heraus: Während der Bundeskanzler im ersten
Duell enttäuschte und als nicht so überzeugend wie erhofft wahrgenommen
wurde, schnitt der bayerische Ministerpräsident besser ab als von vielen erwartet. Die Spin Doctoren beider Seiten gingen also an die Arbeit und bereiteten
das zweite Duell konsequenter nach den Kernimages der beiden Protagonisten
vor. Im Ergebnis schnitt Gerhard Schröder im zweiten Duell besser, Edmund
Stoiber schlechter ab (vgl. Financial Times Deutschland v. 10.09.2002: 12).
Zahlreiche Medien konstatierten in der Analyse des zweite Duells den
„Nixon-Effekt" (vgl. Financial Times Deutschland v. 10.09.2002: 30): Im be-
rühmten Rededuell zwischen John F. Kennedy und Richard Nixon 1960 kürten
die Fernsehzuschauer Kennedy zum Sieger, und zwar im wesentlichen begründet durch die gelassenere, souveränere und freundlichere Ausstrahlung Kenne-
dys über den Bildschirm. Nixon wirkte demgegenüber angespannt, müde und
verbissen. Er argumentierte zwar besser als Kennedy, vernachlässigte aber die
Mechanismen des Mediums Fernsehen: Schein schlägt Sein!
In den professionell vorbereiteten Verläufen der Fernsehduelle 2002 offenbart sich eine qualitative Nuance des politischen Kommunikationsmanagements: Während die Berater Gerhard Schröders ganz auf das kommunikative
Talent des Kanzlers setzten, es für das zweite Duell noch stärker pointierten und
mit der Ausrichtung nach den Regeln des Leitmediums Fernsehen Erfolg er-
zielten, hatten es die Berater Edmund Stoibers schwerer. Der Bayer, der sich mit
den Inszenierungsregeln des Fernsehens schwerer tat und dieses Problem gleich
zu Beginn der Wahlkampfphase während seines Auftritts bei „Sabine Christiansen" eindrücklich unter Beweis stellte, konnte den Bundeskanzler nicht unter
gleichen Startbedingungen durch das Spiel mit den Möglichkeiten des Mediums
Fernsehen herausfordern. Also griffen seine Berater zu einer auf den ersten
Blick klugen Meta-Strategie: Sie ließen Edmund Stoiber seine Abneigung gegen die Scheingefechte der Mediengesellschaft zur Schau stellen; sie insze-

nierten ihn als Inszenierungs-Abstinenzler, als Vertreter der „pure politics" („kantig, echt"). Kurzum: Sie überhöhten den Inszenierungscharakter der politischen Kommunikation in Wahlkampfzeiten unter negativen Vorzeichen zur Meta-Strategie. Das bezeichnet eine neue Qualitätsstufe: die öffentliche Dekonstruktion von Inszenierung, die nichts anderes ist als eine Inszenierung der Inszenierung.

4   Markenorientierung 2: Parteienprofile

Diese Prozesse lassen sich nicht nur im politischen Marketing von Personen, sondern ebenso in dem von Parteien entdecken. Durch den Import amerikanischer Wahlkampfmethoden veränderte sich das Erscheinungsbild von Parteien und Kandidaten im Laufe der achtziger und neunziger Jahre deutlich sichtbar (vgl. Dörner/Vogt 2002): rituelle Inszenierungen, immer wieder am Beispiel des „SPD-Krönungsparteitags" in Leipzig 1998 diskutiert und kritisiert, professionelles Eventmanagement nach dem Vorbild amerikanischer Conventions, das Einbeziehen unterhaltender Elemente in die Politikvermittlung innerhalb und außerhalb des Wahlkampfs und das Erschließen aller Kommunikationsplattformen, auch des Internet, prägen heute die politische Kommunikation. Diese Prozesse haben dazu beigetragen, dass politische Kommunikation, insbesondere in Wahlkampfzeiten, einem professionellen Management unterliegt, das dem der Wirtschafts- und Markenkommunikation in nichts mehr nachsteht.

Gerade bei der Markenkommunikation lohnt es sich, etwas genauer hinzuschauen, um die Möglichkeiten und Grenzen ihrer Übertragbarkeit auf die Politik auszuloten (vgl. M. Meckel 2003). Eine Marke ist ein gedankliches Konstrukt, ein emotionales Bild für ein bestimmtes Produkt. Nach Meffert (H. Meffert 2002: 6) definiert sich eine Marke „... als ein in der Psyche des Konsumenten und sonstiger Bezugsgruppen der Marke fest verankertes, unverwechselbares Vorstellungsbild von einem Produkt oder einer Dienstleistung [...] Die zu Grunde liegende Leistung wird dabei in einem möglichst großen Absatzraum über einen längeren Zeitraum in gleichartigem Auftritt und in gleich bleibender oder verbesserter Qualität angeboten". Eine klare Markenidentität vermittelt Kompetenz und erzeugt Vertrauen beim Konsumenten oder Kunden. Die Marke bietet aus verhaltenstheoretischer Sicht eine Orientierungshilfe, ihr kommt darüber hinaus eine Entlastungsfunktion zu: Es ist keinem Menschen möglich, sich permanent und jeweils aktualisiert alle Informationen über ein Produkt oder ein Angebot zu beschaffen. Die Marke reduziert diese Komplexität, indem sie als ganzheitliches Signal für die im Produkt oder Angebot enthaltenen „Features" steht. Starke Marken gehen daher einher mit einer hohen Markentreue.

Konsummarken und Politikmarken lassen sich allerdings nicht 1:1 übertragen oder vergleichen. Politik ist nicht Persil, und die gesellschaftlichen und ökonomischen Wirkungen politischer Entscheidungsprozesse sind nicht mit

Nutzen oder Nichtnutzen von Kaufentscheidungsprozessen gleichzusetzen. Dennoch lassen sich Analogien zum Nutzen einer Marke auch in der politischen Sphäre erkennen. Die Nutzung des in der Werbewirtschaft eingeführten Markenbegriffs in der Politik ist keineswegs neu. In der Vergangenheit waren Politikmarken allerdings zum Teil enger mit konkreten Inhalten und politisch klar unterscheidbaren Auffassungen verknüpft. Glaubwürdigkeit und Beständigkeit galten als spezifische Kennzeichen solcher langfristig angelegter Grundpositionierungen. So stand beispielsweise der Claim „Wandel durch Annäherung" als allgemein kommunizierte Politikmarke für die in den siebziger Jahren unter Willy Brandt geführte Ostpolitik und das damit verbundene spezifische Politikprofil der SPD.

Politikmarken dienen der klaren Profilierung gegenüber politischen Alternativkonzepten. Sie bilden Leitlinien für die praktische Politik und ermöglichen eine einprägsame mediale Vermittlung komplexer Sachverhalte mit hohem Wiedererkennungswert. Ähnlich der Nutzung in der kommerziellen Werbewirtschaft zielen langfristig angelegte Politikmarken auf die Förderung von „Markentreue" in der traditionellen Wählerschaft. Das ist auch die Begründung dafür, dass die politische Kommunikation sich in den vergangenen Jahrzehnten immer konsequenter des Markenkonzepts bedient hat. Insbesondere für Wahlkämpfe hat sich eine Dreistufenentwicklung von der „candidate orientation" über die „sales management orientation" bis hin zur „marketing orientation" vollzogen (vgl. A. Shama 1976), deren einzelne Stufen in den USA allerdings feiner zu differenzieren sind als in Deutschland.

Die bereits genannten Beispiele zeigen: Die politischen Parteien arbeiten über ihre Führungspersonen, Claims und Programmelemente schon lange mit *Politikmarken*. Wenn aber Politikmarken zur *Markenpolitik* werden sollen, erhält die praktische Umsetzung der aufgebauten Politikmarke – also das „Produkt- und Leistungsversprechen" – einen zentralen Stellenwert. Parteien und Kandidaten bieten den Wählerinnen und Wählern ein Versprechen an, das Interessenvertretung, aber auch Wertebewahrung umfasst. Mit der Abgabe ihrer Stimme fordern die Wähler von Parteien und Kandidaten die Einlösung dieses Versprechens ein. Häufen sich die Diskrepanzen zwischen gegebenem Versprechen und tatsächlicher Einlösung, schwindet die Glaubwürdigkeit der Marke. Sie wird beliebig. Mögliche Folgen sind die Abwanderung der Stammwählerschaft und – wenn diese Diskrepanz bei allen Parteien auftritt – Politikverdrossenheit.

Während die Wahlkampfkommunikation im Bundestagswahlkampf beim Image-Marketing der Protagonisten neue Standards setzte, blieb die Markenbildung der Parteien und ihrer Programme weit dahinter zurück. Beiden „Volksparteien" gelang es über die Zeit des Wahlkampfs nicht, das eigene Profil, die eigenen Prioritäten und das Programm für die bevorstehende Legislaturperiode so herauszuarbeiten, dass die Wählerinnen und Wähler griffige Unterschiede, klare historisch kontextuierte Leitlinien und differenzierte politische Perspektiven erkennen konnten. So verwunderte es auch kaum, das der Wahlabend am 22. September 2002 zu knappen Ergebnissen und einem medialen Interpretationsdurcheinander geriet. Über Stunden galt Edmund Stoiber als Wahlsieger und wurde als solcher vermeldet. Tatsächlich gewann die SPD mit einem Vorsprung von 6.027 Stimmen die Bundestagswahl.

Auch diese Entwicklung mag man als symptomatisch werten: Wenn die Probleme groß und komplex sind, fällt die Differenzierung der Lösungsansätze schwer. Wenn viel politische Programmatik über die „Neue Mitte" erfolgt ist, lässt sich nur mühsam wieder zu Positionen „rechts" und „links" dieser Mitte finden. Wenn die Kommunikation über emotionale Faktoren und die Imagebildung über die Personalisierung von Politik erfolgversprechend scheint, fällt es schwer, die Bürde der programmatischen Vermittlung auf sich zu nehmen. Und so gilt auch für die Parteienprofilierung im Bundestagswahlkampf 2002: Die Wahlkampfkommunikation überhöhte Inszenierungseffekte und vernachlässigte politische Inhalte. Der Auftritt des Bundeskanzlers in den Flutgebieten in Ostdeutschland (und das Zögern und Zaudern Edmund Stoibers mit einem solchen Auftritt) hat vermutlich entscheidend zum (knappen) Wahlergebnis beigetragen, ebenso wie die Emotionalisierung der Anti-Irak-Kriegshaltung in Deutschland. Diese Inszenierungen fallen unter die „Theatralisierung" von Politik, die im wesentlichen durch „Eventpolitik", „Imageprojektionen" und „Scheinhandlungen" geprägt ist (vgl. T. Meyer 2001: 111 ff.).

5   Formen und Funktionen der Inszenierung

Inszenierungsstrategien prägen seit einigen Jahren ebenso stark die Politikvermittlung wie die politischen Programme von Parteien und Kandidaten. Neu an den Bundestagswahlkämpfen 1998 und 2002 war, dass sie sogar Bestandteil und dann sogar eigentliche Aussage der politischen Programmatik wurden. Das mag man als konsequente historische Entwicklung in der Professionalisierung politischer Kommunikation interpretieren. So gehört die Inszenierung seit der Antike als wichtiger Bestandteil zur Politik. Politik als öffentliche Auseinandersetzung über Gemeinwohlinteressen und als Aushandlungsprozess um den Faktor „Macht" braucht die öffentliche Thematisierung über inszenierte Ereignisse und Diskussionsprozesse. So empfahl Niccolò Machiavelli im Jahre 1513, der Fürst müsse sehr darauf achten, dass er, wenn man ihn sieht, ganz von Milde und Treue, Aufrichtigkeit, Menschlichkeit und Frömmigkeit erfüllt scheine. Man könnte heute sicher darüber diskutieren, ob die Charakteristika und Tugenden der politischen Persönlichkeiten etwa 500 Jahre später die selben geblieben sind. Wenig hat sich jedenfalls daran geändert, dass die grundsätzliche Inszenierung zur politischen Repräsentation gehört. Dennoch: Im Wahlkampf 2002 gab es darüber hinaus Neues.

In dieser neuen Phase liegt die andere Qualität in der Inszenierung von Politik eben nicht mehr darin, dass Politik nach Regeln des Theater präsentiert und vermittelt wird. Sie liegt vielmehr darin, dass die Inszenierungsregeln Bestandteil der politischen Kommunikation und Vermittlung werden. Das Drehbuch bestimmt nicht mehr nur das Geschehen auf der politischen Bühne, sondern die Inszenierungsregeln werden Teil der Aufführung.

Der Umgang mit Augenscheinlichkeiten in der politischen Kommunikation, die Betonung ästhetischer Elemente und die Konzentration auf (vermeintliche) Authentizität in der Politikvermittlung – all dies sind Signale dafür, dass wir es mit einer Dominanz der Präsentationsmodi zu tun haben, die in dieser Form doch etwas Neues ist. Und diese neuen Elemente werden offenbar bewusst in die politische Kommunikation integriert. Wenn der Medienberater des Kanzlerkandidaten Edmund Stoiber seinen gewählten Slogan „Kantig und Echt" als einen Darstellungsmodus interpretiert, der durch im Kandidaten angelegte Inszenierungsmängel begründet wird, dann geht es nicht nur um die Inszenierung des Politischen, sondern um die Inszenierung der Inszenierung des Politischen. Ähnliches gilt für die Fernsehduelle. Wenn in der Folge beider Duelle die Medien vornehmlich den Darstellungsmodus und die Präsentationsregeln thematisieren, so beschäftigen sie sich nicht mehr generell mit der Inszenierung des Politischen über das Duell, sondern mit der Inszenierung der Inszenierung des Politischen anhand der Regeln des Duells.

Aus soziologischer Perspektive signalisiert dies einen interessanten Paradigmenwechsel, der sich auf die Wiederkehr des Formalprinzips bezieht. In verschiedenen wissenschaftlichen Disziplinen vollzog sich in den 70er Jahren ein Paradigmenwechsel von der strukturell-funktionalen Systemtheorie Talcott Parsons („function follows form") zur funktional-strukturellen Systemtheorie Niklas Luhmanns („form follows function"). In der Wahlkampfkommunikation können wir geradezu einen „roll back" beobachten. Damit tritt die funktionale Dimension politischer Kommunikation hinter die Formalisierung ihrer Operationalisierung zurück.

Die kommunikativen Prozesse zwischen Politik und Bürgern über Medien sind dann nicht mehr in erster Linie als „Funktion", als Beziehung zwischen Problem und Problemlösung im politischen Prozess angelegt, sondern sie erreichen bereits in ihrer Formalisierung ihren eigentlichen Zweck. Man kann dies als Professionalisierung politischer Kommunikation bezeichnen oder auch als postmodernen Wahlkampf. Festzuhalten bleibt: Es ging in diesem Bundestagswahlkampf zuweilen nicht mehr um die Inszenierung, sondern um die Inszenierungsinszenierung. Ziel des Wettstreits der politischen Kräfte war in den einzelnen Phasen der kommunikativen Schlacht dann nicht mehr der Wahlsieg, sondern der Wahlkampfsieg.

6   Die Inszenierung der Inszenierung des Politischen – oder: Beobachtungen dritter Ordnung

Für die nicht professionell, sondern profan am politischen Geschehen Beteiligten oder dasselbe Beobachtenden ergibt sich daraus wohl eine neue Qualitätsstufe der Habermas'schen „Unübersichtlichkeit". Systematisieren wir einmal: Die Entwicklung der Mediengesellschaft begann mit der durchdringenden und später allumfassenden Beobachtung des Politischen durch die Medien (1. Ordnung). In einer nächsten Qualitätsstufe folgte die Beobachtung der Thematisierung des Politischen durch die Medien als Selbstreflexion der Medien mit selbstreferentiellem Charakter (2. Ordnung). Die neue Qualitätsstufe des postmodernen Wahlkampfs umfasst die Beobachtung der Inszenierung der Thematisierung des Politischen (3. Ordnung). Nur auf dieser Stufe ist es auch im 2002 erfahrenen Maße erklärbar, dass mediale Interpretationen des Inszenierungsscheins der Fernsehduelle die öffentliche Meinungsbildung zu der präsentierten Politik stärker beeinflussen als diese selbst. Anders formuliert: Die öffentliche Bewertung der beiden Duellanten und die Entscheidung über den vermeintlichen Sieger wurde im wesentlichen in der kurzen, durch Spin-Doctors und Medienberichterstattung geprägten Phase direkt nach den Duellen geprägt.

Diese Aufteilung in Eskalationsstufen der Professionalisierung und Stufung politischer Kommunikation mag man als systemische Fingerübung abtun. Tatsache ist, dass die dritte Stufe viele Beobachter unter den Bürgerinnen und Bürgern ratlos lässt. Hat sich doch die Distanz zwischen politischen Inhalten, den damit verbundenen konkreten Wahlversprechen und deren Darbietung auf der medialen politischen Bühne so vergrößert, dass es vielen schwer fällt, die Verbindungen zwischen beiden Enden noch herzustellen. So formulierte manch ein Beitrag in der analytischen Medienberichterstattung zu diesem Phänomen die Hoffnung auf „eine Chance für die Wiedergeburt des Primär-Politischen aus der Enttäuschung über diese Art von Sekundär-Politik" (Süddeutsche Zeitung v. 27.08.2002: 4). Man muss nicht einmal ein machiavellistisches Naturell haben, um zu wissen, dass dies wohl frommer Wunsch bleiben wird. Allein weil die Mediengesellschaft sich den Anachronismus einer Dominanz der Inhalte bei Abstinenz von Verpackungskunst gar nicht mehr leisten kann. Und allein weil es inzwischen nicht mehr um Sekundär-, sondern um Tertiär-Politik geht.

Literatur

Dörner, Andreas/Vogt, Ludgera (Hrsg.) (2002): Wahl-Kämpfe. Betrachtungen über ein demokratisches Ritual. Frankfurt/Main

Franck, Georg (1998): Ökonomie der Aufmerksamkeit. Ein Entwurf. München

Kruse, Peter (2003): Menschen sind Marken. Der wachsende Einfluss emotionaler Faktoren muss auch in der Wahlforschung berücksichtigt werden. In: politik&kommunikation 6, S. 22–24

Meckel, Miriam (2002): Prêt-à-penser, Prêt-à-présenter. Zur Konfektionierung politischer Kommunikation. In: Merten, Klaus/Zimmermann, Rainer/Hartwig, Helmut Andreas (Hrsg.) (2002): S. 73–80

Meckel, Miriam (2003): Politikmarken und Markenpolitik. Kommunikationsstrategien in Politik und Wirtschaft. In: forum medienethik 1: 8–16

Merten, Klaus/Zimmermann, Rainer/Hartwig, Helmut Andreas (Hrsg.) (2002): Das Handbuch der Unternehmenskommunikation 2002/2003. München

Meffert, Heribert/Burmann, Christoph/Koers, Martin (2002): Grundlagen der Markenführung. In: Meffert, Heribert/Burmann, Christoph/Koers, Martin (Hrsg.) (2002): S. 3–15

Meffert, Heribert/Burmann, Christoph/Koers, Martin (Hrsg.) (2002): Markenmanagement. Grundfragen der identitätsorientierten Markenführung. Wiesbaden

Meyer, Thomas (2001): Mediokratie. Die Kolonisierung der Politik durch die Medien. Frankfurt/Main

Rudolph, Hermann (2002): Das Unsichtbare tritt ins Rampenlicht. Wie sich der Wahlkampf amerikanisierte. In: Der Tagesspiegel v. 22.09.2002, S. 7

Schneider, Helmut (2002): Identitätsorientierte Markenführung in der Politik. In: Meffert, Heribert/Christoph Burmann/Martin Koers (Hrsg.) (2002): S. 353–373

Schulz, Winfried (1997): Politische Kommunikation. Theoretische Ansätze und Ergebnisse empirischer Forschung. Opladen, Wiesbaden.

Shama, A (1976): The Marketing of Political Candidates. In: Journal of the Academy of the Marketing Science 4/1976, S. 764–777

Das Kanzlerduell 2002 – Learnings

von Walter Bajohr

Das nächste Duell kommt bestimmt. Wenn sonst nichts sicher scheint in der Einschätzung des TV-Schlagabtauschs der Kandidaten im Wahlkampfendspurt 2002 – das schon! Das Format habe sich durchgesetzt, sagen die Medienmacher, natürlich durchaus eigennützig, denn die Einschaltquoten zumindest beim zweiten Duell in ARD und ZDF lassen sich gewöhnlich nur noch durch Gottschalk oder die deutsche Fußball-Nationalmannschaft toppen. Zwischen 15 und 16 Millionen Zuschauer sind im Vergleich zu teilweise grottenschlechten Quoten bei anderen Fernsehdiskussionsrunden im Wahlkampf jedenfalls ein schwer zu ignorierendes Argument. So viele Wähler erreichen die Matadore mit keinem anderen Event oder Instrument. Die mediale Bedeutung des Duells steht damit außer Frage.

Daran können auch nach wie vor vorhandene Skeptiker in den Parteizentralen von Union und SPD nicht vorbei, denen aus mancherlei Gründen der zugespitzte Showdown-Effekt eines hochgejubelten Duells nicht ganz geheuer ist. Denn ist der eigene Kandidat am besagten Abend gerade nicht in bester Form, was selbst noch so viele professionelle Trainingsmaßnahmen nicht mit letzter Sicherheit verhindern können, verwandelt sich die mediale Chance schnell in ein mediales Desaster. Bei der SPD hatte man dieses Gefühl nach dem ersten Duell, bei der Union nach dem zweiten. Allerdings hat auch nach dem Medienereignis niemand empirisch sauber nachweisen können, dass und welche Auswirkungen die Kandidatenduelle tatsächlich auf den Wahlausgang gehabt haben. Oder, wie Bettina Gaus in der taz formulierte: „Sähe das Ergebnis der Bundestagswahl anders aus, wenn die Sendungen niemals ausgestrahlt worden wären?" (B. Gaus 2002).

Duelle entscheiden keine Wahlen, sagt – nicht nur – der Politikwissenschaftler Claus Leggewie vom Zentrum für Medien und Interaktivität der Universität Gießen, der ansonsten TV-Duelle wichtig findet. Der Kölner Medienwissenschaftler Dietrich Leder ist skeptischer: „In den beiden Fernsehduellen hat sich damit zunächst nur eines entschieden: Wer für die Zuschauer die bessere Figur im Fernsehen abgegeben hat. Der von den Meinungsforschungsinstituten erkorene Sieger kann sich freuen. Aber nur über eine Art Fernsehpreis als politischer Entertainer. Für den Wahlausgang besagt sein Triumph nichts." (D. Leder 2002). Und Mathias Jung von der Forschungsgruppe Wahlen weiß aus den Untersuchungen seines Instituts, dass diejenigen, die sich die TV-Duelle angesehen haben, überdurchschnittlich Anhänger der beiden Spitzenkandidaten

waren und ihren jeweiligen Favoriten nur einmal im Duell sehen wollten. „Die Wirkung ist da in erster Linie konfirmatorisch." (Tagesspiegel 10. 9. 2002).
    Zwischen diesen Einschätzungen bewegen sich die meisten nach dem Ereignis angestellten Expertisen. Es wird wohl so sein: Im komplizierten Prozess der Meinungsbildung sind TV-Duelle eine Station unter vielen, möglicherweise nicht einmal eine entscheidende. Lohnt dafür der ganze Rummel? Immerhin, in einer Pilotstudie der Münsteraner Wissenschaftler Klaus Merten und Edith Wienand, die in der Fachzeitschrift „Message" veröffentlicht und anschließend auch von dpa verbreitet wurde (WELT 2. 11. 2002), ist nachzulesen, dass das Duell nicht nur vorhandene Einstellungen und Wahlpräferenzen der Zuschauer noch verstärkt habe, was auch die Forschungsgruppe Wahlen bereits erkannt hatte. Vor allem ging laut Merten und Wienand auch der Anteil der unentschiedenen Wähler bei den Zuschauern der beiden Duelle im Vergleich zu denjenigen, die den Schlagabtausch nicht sahen, deutlich zurück. „Zwar geht man bislang davon aus, dass TV-Duelle nicht wahlentscheidend sind. Doch angesichts der knappen Mehrheiten kann auch wenig viel sein." (Merten/Wienand 2002: 14). Zu dem Verdikt, man solle den ersten Versuch von 2002 nicht wiederholen, weil das Duell völlig irrelevant sei, mag sich denn auch niemand durchringen. Denn ganz so genau weiß man es dann doch nicht.
    Zweifel am Format des Duells hat es in Deutschland immer gegeben. Das Vorbild USA sei nicht übertragbar, sagen die Politikwissenschaftler. Was stimmt – und doch auch wieder nicht. Natürlich lässt der Unterschied im politischen System zwischen den Vereinigten Staaten und Deutschland eine direkte Vergleichbarkeit nicht zu. Die amerikanische Bevölkerung wählt ihren Präsidenten direkt, und die Beurteilung der zur Wahl stehenden Persönlichkeiten wird für viele Amerikaner nicht zuletzt von den Fernsehduellen maßgeblich beeinflusst. Daraus hat sich für die deutsche Situation immer das Hauptargument gegen das Duell-Format abgeleitet: Deutschland ist keine Präsidialdemokratie. Gewählt wird nicht der Kanzler, gewählt werden Parteien.
    Mit diesem Argument hatte sich der FDP-Spitzenkandidat Guido Westerwelle in die Sendung einzuklagen versucht – und scheiterte genau damit vor dem Bundesverfassungsgericht. Das wertete in diesem Fall die Rundfunkfreiheit höher als die Chancengleichheit. Fernseh-Muffel Helmut Kohl hatte sich in der Zeit seiner Kanzlerschaft dem stets aufs Neue von seinem jeweiligen SPD-Herausforderer verlangten Spitzenduell mit dem sturen Argument entzogen, dann müsse der Vorsitzende seines Koalitionspartners FDP ebenfalls mit von der Partie sein – und schon saß wieder eine Elefantenrunde mit unterschiedlich ausfallendem Informations- und Unterhaltungswert zusammen.
    Westerwelles Ärger war also politisch völlig verständlich, und dennoch ist die zwischen den verfassungsrechtlichen Urteilszeilen durchschimmernde politische Güterabwägung des Karlsruher Gerichts nicht zu beanstanden. Denn es wird sich trotz des TV-Duells der beiden „großen" Kandidaten mit all seinen

marktschreierischen Begleitumständen vermutlich nichts grundlegend daran ändern, dass sich die übergroße Mehrheit der deutschen Wähler nach wie vor an den Parteien orientieren wird. Allerdings widmet man den Spitzenkandidaten der beiden großen Parteien naturgemäß mehr Aufmerksamkeit, denn einer von ihnen wird ja nach der Wahl deutscher Kanzler sein, und da schaut man schon etwas genauer hin als beim Spitzenkandidaten eines potenziellen kleinen Koalitionspartners, auch wenn er sich Kanzlerkandidat nennt.

Sympathiewerte, Kompetenz, Auftreten und Ausstrahlung eines Kanzlerkandidaten oder Kanzlers haben vor allem dann herausgehobene Bedeutung, wenn die Partei deutlich weniger beliebt ist als ihr Spitzenmann. Das war zum Beispiel die durchgängige Umfragesituation Schröder – SPD im Jahr 2002. Und es ist völlig klar, dass das Bild, welches sich die Wähler von der Person des Kanzlers oder seines Herausforderers machen, kaum nachhaltiger gefestigt oder korrigiert werden kann als durch einen spektakulären Fernsehauftritt, zum Positiven wie zum Negativen hin. Deshalb muss trotz aller Unterschiede zum amerikanischen Persönlichkeitswahlkampf das TV-Duell auch in Deutschland als ein nicht ganz einflussloser Faktor im Wahlgeschehen mit eingerechnet werden. Insoweit, aber nicht darüber hinaus, lassen sich auch ein paar Lehren aus den amerikanischen Erfahrungen ableiten.

In den USA gehören die Fernsehduelle der Präsidentschaftskandidaten seit 1960 zum Bestandteil der Wahlkämpfe. Damals hatte der jugendliche Newcomer John F. Kennedy gegen den erfahrenen Politiker Richard Nixon den eindeutig besseren Auftritt und schaffte es damit, die Prognosen zu seinen Gunsten umzudrehen. Seither sind einige Modalitäten der Duelle geändert worden, seit 1987 kümmert sich eine eigene Kommission, die *Commission on Presidential Debates*, um die Durchführung, aber durchaus zum Vorteil. Wichtige Kriterien, die sich auf die Perzeption der Zuschauer und auf das Verhalten der Kandidaten auswirken können, sind das Format und der Durchführungsmodus der Debatte. Im Groben kann man zwischen drei unterschiedlichen Austragungsmodalitäten unterscheiden: ein Moderator im Gespräch mit den Kandidaten, ein Panel von Moderatoren befragt die Kandidaten und der so genannte *Town-Hall-Meeting*-Stil, bei dem neben dem Moderator auch das Publikum Fragen an die Kandidaten richten kann. Die Themenkomplexe, die aufgegriffen werden, basieren auf Umfragen in der Bevölkerung durch die Kommission.

Die amerikanischen Erfahrungen nähren auf den ersten Blick das Klischee von der ausschlaggebenden Bedeutung von Äußerlichkeiten. Im legendären Duell mit dem jungen Kennedy sollen Nixons Bartstoppeln den Herausforderer auf die Siegerstraße gebracht haben. Auch beim deutschen Duell 2002 war es den Gazetten Schlagzeilen wert, dass Stoiber nicht gelächelt und Schröder schlaffe Tränensäcke unter den Augen gehabt habe. Die Krawattenfrage wurde ebenso thematisiert wie nervöses Kopfnicken oder verkrampfte Haltung. All das macht keinen Kandidaten zum besseren oder schlechteren Präsidenten respektive Kanzler. „Unpolitische Merkmale wie die Frisur oder Bekleidung eines Kandidaten, seine Eloquenz oder sein familiäres Umfeld werden ... in politischen Kommentaren maßlos überschätzt", schreibt der Augsburger Kommunikationswissenschaftler Frank Brettschneider. „Die Wähler unterhalten sich zwar über solche Fragen, für die Stimmabgabe sind sie aber weitgehend irrelevant." (F. Brettschneider 2002). Aber sind sie wirklich ganz unwichtig? Amerikanische Experten wagen zu vermuten, dass Millionen von Zuschauern sich im Nachhinein wohl nicht mehr über inhaltliche Aspekte äußern können, das äußere Erscheinungsbild der Kandidaten jedoch in den Köpfen haften geblieben sei. Fernsehzuschauer seien kritische Beobachter, die genau darauf achteten, ob ein Diskussionsteilnehmer sympathisch und der Situation gewachsen sei.

Natürlich werden auch in Deutschland solche Bewertungen vorgenommen, aber anders als in den USA immer auf der Folie der hinter den Kandidaten stehenden Parteien. Das relativiert die Durchschlagskraft auf das tatsächliche Wahlergebnis erheblich. Gleichwohl schaffen und bilden die Auftritte im TV-Duell Vertrauenskapital oder minimieren es. Stoibers vermeintliches Kapital, nämlich die ihm zugemessene höhere Sachkompetenz, die ihm im ersten Duell noch den Punktsieg über Schröder beschert hatte, war in dem Augenblick nicht mehr viel wert, als er im zweiten Duell „zwangsläufig in die Rolle des Nörglers, des Überbringers der schlechten Botschaft gedrängt" wurde, resümiert der Dresdener Kommunikationswissenschaftler Wolfgang Donsbach. „Gegen Stoibers Fakten, Fakten Fakten – deren Stakkato-Rhetorik oft die Eleganz fehlte – setzte Schröder mal ein Lächeln, mal einen Spritzer Ironie. Er präsentierte sich als der Kanzler des leichteren und leichtlebigeren Deutschland." Im Vergleich zu Schröders gelassener, heiter-jovialer Streitlust habe Stoibers ernste Bissigkeit defensiv und bedrängt gewirkt. (W. Donsbach 2002).

Da hätten die amerikanischen Langzeitstudien der dortigen TV-Duelle lehrreich und Warnung sein können. Denn die bisherigen Debatten weisen eindeutig darauf hin, dass Kandidaten mit einer einfachen und schlichten Wortwahl das Publikum ansprechen und ein hohes Maß an Zustimmung finden. Es bevorzugt die klare Sprache, ohne komplizierte Termini und kann sich automatisch dann mit dem Kandidaten besser identifizieren, wenn er die Sprache des Volkes spricht. Eine patriotische Wortwahl tut in den USA eine übrige Wirkung. Ronald Reagan und George W. Bush haben das meisterhaft verstanden.

Dass Wähler nicht mit negativen Aspekten konfrontiert werden mögen, die Zukunftsängste schüren könnten, ist ebenfalls eine Erkenntnis aus den langjährigen amerikanischen Erfahrungen, es sei denn, der glorreiche Ausweg wird sogleich und verständlich mitgeliefert. Betonung auf verständlich: Zu viele Informationen und Detailwissen seitens eines Kandidaten können nämlich dazu führen, dass die Zuschauer verwirrt werden und die eigentliche Botschaft nicht wahrgenommen wird. Das ist beispielsweise Al Gore zum Verhängnis geworden, den seine Wahlkampfexperten im Blick auf sein damaliges Amt als Vizepräsident vergeblich davor gewarnt hatten, sich des Washingtoner Fachjargons zu bedienen: „... *don't over-explain things* ...".

Vor dem Hintergrund dieser zuletzt beschriebenen amerikanischen Erfahrungen erweist sich die mediale Begabung Gerhard Schröders. Er war im ersten Duell ersichtlich nicht gut drauf, im zweiten jedoch spielte er seine Vorteile voll aus. Den offenkundigen Mangel an Sachkompetenz hat er durch sein sympathischeres Auftreten und die schlichte, verständliche Art zu formulieren nahezu kompensieren können. Dazu hat freilich auch die Lockerung des im ersten Duell noch strengen Reglements beigetragen, das die Kandidaten in ein festes Frage-Antwort-Korsett mit vorgegebenem Zeitrahmen pro Antwort und ohne gegenseitige Interventionsmöglichkeit gezwängt hatte. Eine „Kommission zu den ‚Kanzlerdebatten'", in der sich so unterschiedliche Experten wie Claus Leggewie (Universität Gießen), Bernd Gäbler vom Grimme-Institut, Lutz Hachmeister (Juryvorsitzender Deutscher Fernsehpreis), die Hamburger Politikwissenschaftlerin Christine Landfried und Roland Schatz vom Bonner „Medientenor" zusammengefunden hatten, beklagte denn auch – nicht ganz uneigennützig – vor allem beim ersten Duell den „Verlust journalistischer Autonomie bei der Formatkonstruktion", weil „die Sendeverantwortlichen die Regeln wie die Rahmenbedingungen des Streitgesprächs wesentlich von den Medienberatern und ‚Spindoctors' der Kandidaten sowie den Generalsekretären der Parteien hatten bestimmen lassen. So wirkten die Aspiranten auf das Kanzleramt auf dem Bildschirm wie Probanden einer Quiz-Show ... Das Korsett eines bis in alle Details austarierten Diskurses lähmte die politischen Hauptdarsteller selbst, womit auch die Kandidaten in die Falle der Beraterkaste gegangen waren." (Gäbler/Hachmeister/Landfried/Leggewie/Schatz 2002).

Bliebe anzufügen, dass sich die „Kommission" gern selbst als Berater für die Ausrichtung künftiger Duelle sähe, wenn nicht sogar in der Rolle der amerikanischen *Commission on Presidential Debates*, mit dem Anspruch, für mehr Inhalt beim Kandidaten-Messen zu sorgen. Immerhin hat sie mit einer Feststellung Recht: „TV-Debatten von dieser Bedeutung dürfen weder reine Wahlkampfveranstaltungen sein noch als Politainment abgespult werden, sie dienen der in die Breite und die Tiefe gehenden politischen Wählerbildung und sollten deshalb von einer neutralen Instanz ausgerichtet sein ... Die ‚Kanzlerdebatten' müssen insgesamt dem Primat politischer Information und Wählerbildung gehorchen und dabei ein breites Medien-Setting ansteuern." Darüber lohnt es jedenfalls, intensiver nachzudenken, wenngleich das amerikanische Modell, dem diese Vorschläge entlehnt sind, gerade nicht die Medienberater der Kandidaten ausgrenzt, sondern vorsieht, dass die *Commission on Presidential Debates* eng mit ihnen zusammenarbeitet.

Würde man die insgesamt interessanteste Frage, nämlich die nach der Wirkung der beiden Duelle, allein und unmittelbar auf die jeweilige Sendung beschränken, käme nach nahezu übereinstimmender Ansicht aller Kommunikationsexperten nichts sonderlich Bewegendes heraus: viel Bestätigung für bereits Überzeugte, die spontane Zumessung des Punktsieges an den einen oder den anderen Duellanten, vielleicht hier und da ein wenig Kritik am eigenen Favoriten und viel Negatives über den anderen. Es ist dann wie bei einem Fußballspiel: Man hält mit der eigenen Mannschaft, übersieht gerne deren Schwächen, bejubelt frenetisch jedes Tor. Und wenn dann am Ende doch die anderen gewonnen und die Punkte entführt haben, weiß man sich zu beruhigen: Abgerechnet wird zum Schluss. „Das TV ist nicht die Realität", sagt Wolfgang Donsbach. „Es ist wie im Kino. Beim Rausgehen steht man auf Kosten von Wirklichkeitsverlusten noch ganz unter dem Eindruck des schönen Happyends. Spätestens am nächsten Morgen ist alles verflogen. Die Zahl der Wähler, die von den schönen Bildern bis in die Wahlkabine verfolgt werden, wird sich in Grenzen halten." (W. Donsbach 2002).

Umso wichtiger ist, wie man die Wirkung eines TV-Duells verstärken und vielleicht sogar nachhaltig in eine gewünschte Richtung verändern kann. Die Stunde der „Spindoctors" sei dann gekommen, heißt es gemeinhin. Die Deutungshoheit über Sieg oder Niederlage gelte es zu erobern, denn nicht die Taten bewegten die Menschen, sondern die Worte über die Taten. Elisabeth Noelle-Neumann zitiert gerne das Beispiel des Präsidentschaftskandidaten-Duells zwischen Ford und Carter im Jahr 1976 in den USA. Unmittelbar nach der Fernsehübertragung hatten die Zuschauer überwiegend den Eindruck, beide Kombattanten hätten ungefähr gleich gut abgeschnitten, allenfalls ein leichter Vorsprung für Ford. „In den folgenden Tagen aber änderte sich das Bild. Die umfangreiche Berichterstattung über das Zusammentreffen der beiden Kandidaten, auch die persönlichen Gespräche darüber trugen dazu bei, dass sich die Wahrnehmung des Kandidaten Carter änderte. Einige Tage später hatte sich das Bild von Carter erheblich verschlechtert. Die unmittelbare Wirkung der Debatte war gering, aber langfristig erwies sich das Duell als Niederlage für Carter – der die Wahl dennoch gewann." (E. Noelle-Neumann 2002)

Soweit man daraus nach der deutschen Duell-Premiere Parallelen auch für künftige Fälle ziehen kann, sind sicher zwei Erkenntnisse besonders interessant: Zum einen muss der Sieger des TV-Duells nicht zwangsläufig auch der Sieger der Wahl sein. Zum Zweiten können es die begleitende Berichterstattung und die durch sie erzeugten Strömungen im Meinungsklima offenbar schaffen, die Urteile über das Abschneiden der Kandidaten zu verändern. TV-Duelle wären folgenlos, so hat es ein kluger Beobachter formuliert, wenn sie nicht so beflissen bewertet würden. Das allerdings wurden sie bei der Deutschland-Premiere 2002.

Kann also für die Wahlurne doch etwas bewegt werden? Wohl nur dann, wenn sich genügend Unentschlossene in die eine oder andere Parteirichtung bewegen lassen. Hierin liegt die Herausforderung für die „Spindoctors". Der im politischen Meinungsklimakampf psychologisch wichtige Sieg im Duell und vor allem in der Nacharbeit kann nämlich insoweit einen Sogeffekt auslösen. Im günstigsten Fall kann dieser sogar so stark sein, dass er bei den nicht ganz so eingefleischten Anhängern des Verlierers demobilisierend wirkt – Elisabeth Noelle-Neumanns Begriff von der Schweigespirale beschreibt etwas davon. Und von der hinreichenden Mobilisierung der eigenen Wählerschaft hängt gerade bei einem offenen Rennen zwischen den großen Parteien am Ende fast alles ab.

Im Fall des Duells Stoiber – Schröder war bei der ersten TV-Sendung ein Phänomen sichtbar geworden, das in der zweiten bereits seine Wirkung völlig verloren hatte. Stoiber ging als „Underdog" in die erste Debatte. Aufgrund früherer, als mäßig bis desaströs empfundener Fernsehauftritte des Herausforderers und der bekannten medialen Souveränität des Kanzlers, hatten selbst die Stoiber-Fans nicht allzu viel Hoffnung in das Abschneiden ihres Kandidaten gesetzt. Das war auch der unterschwellige bis offene Tenor in der Medienberichterstattung im Vorfeld. Umso überraschter waren Publikum und Kritiker, dass der Unionskandidat sich überaus gut schlug und sich gegen einen grantelnden und unkonzentrierten Kanzler vor allem mit den Themen Wirtschaft und Arbeitslosigkeit vorteilhaft in Szene setzen konnte. Der Sieg war seiner, da brauchte sich Stoibers oberster „Spindoctor" Michael Spreng nach der Sendung gar nicht mal so sehr anzustrengen, um die Deutungshoheit zu erobern.

Dafür strengten sich in der Zeit bis zum zweiten Duell die Helfer des Kanzlers umso mehr an, begünstigt durch die in diesen Tagen spürbar auf das Meinungsklima durchschlagenden Themenverschiebungen. Die „Kampa" der SPD mobilisierte zunächst so viele kritische Stimmen gegen das starre Reglement des ersten Duells – das ihrer wohlweislich nicht öffentlich geäußerten Meinung nach Schröders Fernsehtalent nicht zur Entfaltung kommen ließ –, dass auch ohne eine formale Änderung dieses festgelegten Reglements beim zweiten Duell von vornherein klar war, dass es diesmal etwas lockerer zugehen würde. Wer konnte auch schon etwas dagegen haben, wenn nach der steifen und als langweilig empfundenen ersten Sendung nun mehr Spannung zu erwarten war? „Gute Unterhaltung" wünschte denn auch sinnigerweise Moderator Thomas Roth am Ende der Vor-Duell-Sendung. Die Showdown-Atmosphäre war durch einen schon ans Lächerliche grenzenden Begleitrummel samt wuchernder Expertenkultur jedenfalls bestens vorbereitet. RTL hatte sogar vom Kölner Medienwissenschaftler Gary Bente 40 Testpersonen an verschiedene Gerätschaften zur Messung von Puls, Blutdruck und Durchblutung anschließen lassen, um psychophysiologisch herauszufinden, wie sie mit Kopf und mit Bauch auf die Duellanten reagieren, und aus den Differenzen zwischen Verstand und Gefühl kommunikationswissenschaftlich verwertbare Rückschlüsse zu ziehen.

Das Feld für den „Medienkanzler" war auch thematisch besser vorbereitet. Die Flutkatastrophe in Ostdeutschland hatte ihn nach der von Wirtschaftsflaute und Arbeitslosigkeit beherrschten Sommerflaute mit dramatisch abstürzenden

Umfragewerten in den Tagen vor den Duellen bereits als verantwortlich handelnden Regierungschef neu ins öffentliche Bewusstsein geschwemmt. Stoiber konnte da nur am Rande punkten. Mit der Debatte über das richtige Vorgehen gegenüber dem Irak und der deutschen Haltung gegenüber Amerika drängte sich ein zweites Thema in den Vordergrund, bei dem Schröder kraft Amtes präsent sein konnte – und sich dabei auch noch in Übereinstimmung mit der Mehrheitsmeinung der Deutschen wiederfand. Stoiber erwischte es auf dem falschen Fuß.

Die noch stärkere Konzentration der Medienberichterstattung auf die Spitzenkandidaten vor dem zweiten Duell und die Verschiebung der thematischen Schwerpunkte waren für Stoiber und die Union im Ergebnis von Nachteil. Da half es dem Unionskandidaten auch wenig, wenn einige wohlmeinende Kritiker ihm nach der Sendung attestierten, er sei jedenfalls nicht schlechter als beim ersten Duell gewesen – Schröder war einfach in allen Belangen besser.

So jedenfalls las, sah und hörte man den Tenor nahezu aller Medien in den Tagen danach. Die einschlägigen Sätze hatten die Helfer Schröders noch vor Ende der Sendung der versammelten Journaille in die Notizblöcke diktiert. Der Befund der Umfragen unmittelbar nach der Sendung bestätigte das, wenngleich dort noch die eine oder andere inhaltliche Differenzierung zwischen den beiden Duellanten spürbar war. Die nachrichtliche Information über Sachaussagen der Kandidaten, das, was eigentlich das Wichtige und Interessante hätte sein sollen vor einer Bundestagswahl, nahm am Tag nach der Sendung eher spärlichen Raum ein. Und schon drei Tage später hatte das Medienbild die Wahrnehmung zu Lasten der Inhalte völlig eingeebnet: Sieg für Schröder, Sieg für einen sympathischen Kanzler. Der tapfere Versuch von Stoibers Helfern, dagegenzuhalten und zumindest die Kompetenzfrage zu Gunsten ihres Kandidaten beantworten zu lassen, ging ins Leere, weil er offenbar den medial verstärkten subjektiven Empfindungen der meisten Beobachter zuwiderlief.

Elisabeth Noelle-Neumann hält es wie die meisten anderen Experten dennoch für unwahrscheinlich, dass dieses zweite Duell Stoiber den Wahlsieg gekostet habe. Wohl aber habe es Trends verstärken helfen, die bereits länger spürbar gewesen seien. Schließlich habe sich schon vor der letzten TV-Debatte gezeigt, dass die Umfragezahlen für die Union zurückgingen und die der SPD anstiegen. In ihrer Analyse nach der Bundestagswahl 1998 hatte die Forschungsgruppe Wahlen geschrieben: „In der Endphase des Wahlkampfs, in dem die beiden großen Parteien und die beiden Kandidaten die Wählerschaft deutlich polarisierten, hat es jedoch Gerhard Schröder geschafft, die traditionelle Klientel der SPD hinter sich zu scharen, ohne neugewonnene Anhänger zu verlieren. Gerhard Schröder wurde zum Siegertyp." (Jung/Roth 1998) Ähnliches ließe sich 2002 konstatieren, wenngleich der Wahlsieg außerordentlich knapp ausfiel und der „Siegertyp Schröder" weitaus weniger eindrucksvoll dastand. Aber zu dem einen, entscheidenden Quäntchen Mehr könnte das zweite TV-Duell ein wenig beigetragen haben. Empirisch nachweisbar ist es nicht. Die erfahrene Elisabeth Noelle-Neumann hatte bereits am 11. September, also unmittelbar nach dem zweiten TV-Duell, in der *FAZ* auf diese mögliche Wirkung hingewiesen: „Es ist eine der ältesten und am besten gesicherten Erkenntnisse der Wahlforschung, dass diejenigen Wähler, die sich stark für Politik interessieren und die sich eingehend mit Sachfragen und Parteikompetenzen auseinandersetzen, dazu neigen, sich früh für eine Partei zu entscheiden. Diejenigen dagegen, die sich erst spät entscheiden, sind in der Tendenz weniger an Sachfragen interessiert. Sie neigen eher dazu, nach Gefühl, also auch nach Sympathie zu entscheiden. Die emotionale Komponente wird am Ende des Wahlkampfes wichtiger." (E. Noelle-Neumann 2002). Die Wahlforschung behauptet, dass diese Gruppe stetig wächst.

Schon alleine deshalb wird es auch beim nächsten Mal ein Kanzlerduell geben. Denn wenn die Chance auch noch so vage ist, sie zu ignorieren wäre leichtsinnig. Dennoch sollte das Präjudiz von 2002 nicht komplett kopiert werden. Der Ablauf des Duells muss geöffnet werden. Die amerikanischen Erfahrungen sind da hilfreich. Wichtiger noch ist, ernsthaft darüber nachzudenken, ob und in welcher Weise das Duell-Format mehr inhaltliche Information vermitteln kann. Das ist nicht zuletzt eine Frage der Moderation und der Themenauswahl. Der deutschen Journalisten liebstes Spekulationsvehikel, nämlich Personalfragen, sollte künftig außen vor bleiben. Denn auch das wissen wir aus der Wahlforschung zur Genüge: Die Wähler entscheiden primär unter dem Gesichtspunkt, wem sie die Lösung der als besonders dringlich empfundenen Probleme am ehesten zutrauen. Welche das sind, weiß man aus der Meinungsforschung. Mit den ersten fünf Themen auf der Liste lassen sich intensive Sachdiskussionen für mindestens zwei TV-Duelle bestreiten. Und wenn kluge Moderatoren klug nachfragen, sollte der Zuschauer am Ende wissen, welcher der Matadore zusammen mit seiner Partei tatsächlich die besseren Konzepte hat.

Der erste Versuch 2002 war es wert, gemacht worden zu sein. Und wenn wir uns für den nächsten Versuch vornehmen, das TV-Duell seiner mythischen Bedeutung für Wahlsieg oder Wahlniederlage zu entkleiden und es als das zu nehmen, was es tatsächlich ist, nämlich ein wichtiges, aber kein wahlentscheidendes Ereignis, dann könnte es sogar richtig informativ werden.

Literatur

„Das Rennen ist genauso offen wie vorher" – Interview mit Matthias Jung von der Forschungsgruppe Wahlen. In: Der Tagesspiegel, 10. 9. 2002

„TV-Duell hat den Wahlausgang stark beeinflusst. In: Die Welt, 2. 11. 2002

Brettschneider, Frank (2002): Die Medienwahl 2002: Themenmanagement und Berichterstattung. In: Aus Politik und Zeitgeschichte B 49 – 50/2002, S. 36 – 47

Donsbach, Wolfgang (2002): Schröders Spiel. In: Frankfurter Neue Presse, 11. 9. 2002

Gäbler, Bernd/Hachmeister, Lutz/Landfried, Christine/ Leggewie, Claus/ Schatz, Roland (2002): TV-Duelle sind nicht das Eigentum von Sendern und Parteizentralen – Stellungnahme der „Kommission zu den ‚Kanzlerdebatten'". In: Frankfurter Rundschau, 17. 9. 2002

Gaus, Bettina (2002): Die große Stunde der Medienberater. In: Die Tageszeitung, 10. 9. 2002

Jung, Mathias/ Roth, Dieter (1998): Wer zu spät geht, den bestraft der Wähler. Analyse der BT-Wahl 1998. In: Aus Politik und Zeitgeschichte B 52/1998, S. 3 – 18

Leder, Dietrich (2002): Der mediale Schein. In: Kölner Stadt-Anzeiger, 9. 9. 2002

Merten, Klaus/Wienand, Edith (2002): Neue Beeinflussungsquellen. Wie das TV-Duell vom Publikum verstanden wurde. In: message 3/2002, S. 14 – 18

Noelle-Neumann, Elisabeth (2002): Spannung auf der Zielgeraden. In: Frankfurter Allgemeine Zeitung, 11. 9. 2002

Absichten der Manager

Wie der kreative Umgang mit den Medien echte Wettbewerbsvorteile schafft

von Klaudia Martini

Die Überschrift des Beitrags entspringt einer These, die von den Herausgebern dieses Buches als Arbeitstitel vorgeschlagen wurde. Die folgenden Überlegungen werden deutlich machen, dass in dieser These eine klare Grenze zwischen gewollter Provokation und sachlicher Richtigkeit verläuft.

Diese Demarkationslinie führt in den nachfolgenden Überlegungen zu fünf Thesen der modernen Medienarbeit. Beispiele der Unternehmenskommunikation der Adam Opel AG machen dabei deutlich, was dies für die Praxis eines Unternehmens bedeutet, das sich auf die Herausforderungen eines erfolgreichen Umgangs mit den Medien einstellt.

Zunächst einige grundsätzliche Bemerkungen, denn in dem Titel stecken Prämissen, die nicht kommentarlos stehen bleiben dürfen. Der Begriff „kreativer Umgang" ruft Assoziationen hervor, die zumindest zwiespältig sind. Denn in jüngster Zeit ist das Wörtchen „kreativ" ein wenig anrüchig geworden, etwa wenn es in Zusammenfügungen wie „kreative Buchführung" benutzt wurde.

Und gerade der Automobilindustrie wurde in der Vergangenheit vorgeworfen – teils offen, teils hinter vorgehaltener Hand –, ihre Kreativität erschöpfe sich darin, besonders exklusive Produktpräsentationen für Journalisten zu organisieren: Teure Fernreisen und Hotels, angebliche Luxus-Geschenke und Blanko-Schecks auf dem Zimmer oder gefüllte Geldkuverts im Handschuhfach von Testautos - mithin Mauscheleien aller Art, um die Gunst der Medienvertreter zu gewinnen.

Derart verstandene Kreativität soll und darf hier nicht zur Rede stehen, zumal in jüngster Zeit eine besondere Sensibilität für das korrekte Handeln und Verhalten von Unternehmen, Journalisten, PR-Beratern und Personen des öffentlichen Lebens Platz greift. Eine Entwicklung, die übrigens von allen Beteiligten sehr positiv gesehen wird. Deshalb ganz einfach und ganz konkret: Geld und materielle Zuwendungen haben mit einem kreativen Umgang mit den Medien rein gar nichts zu tun.

Opel selbst hat per Richtlinie eine eindeutige Obergrenze für Journalistengeschenke festgesetzt. Das sind klipp und klar 35 Euro pro Journalist pro Jahr. Da gibt es keinen Zweifel: Präsente in dieser Preiskategorie sind nicht mehr als eine kleine Aufmerksamkeit. Auch im Hinblick auf die erwähnten Luxus-Reisen geht Opel einen anderen Weg. Produktpräsentationen vor der eigenen Haustür liegen im Trend – und die Vorstellung unseres neuen Vectra GTS im Sommer

2002 am Tegernsee ist bei den Journalisten ebenso auf ausgezeichnete Resonanz gestoßen wie die Präsentation unseres Top-Modells Signum im Frühjahr 2003 in Berlin.

Eine zweite grundsätzliche Bemerkung betrifft den Begriff des „echten Wettbewerbsvorteils". Zunächst einmal haben wir es doch mit einem schwer messbaren Faktor zu tun – jedenfalls insofern er im Zusammenhang mit der Medienpräsenz eines Unternehmens verwendet wird.

Da ist es eher amüsant als hilfreich, wenn Kommunikationsabteilungen in Unternehmen die Print-Clippings addieren, dann in Spalten und Millimeter umrechnen und schließlich etwa folgende quantitative Rechnung aufmachen: Wenn man den kostenfreien Abdruck von Artikeln in den redaktionellen Teilen von Zeitungen und Zeitschriften in Anzeigenplatz umrechnet, hätte die Marketing-Abteilung XY-tausend Euro bezahlen müssen. Ähnliches lässt sich natürlich auch für Sendeminuten in den audiovisuellen Medien berechnen.

Das sind völlig unzulängliche Methoden, um den Erfolg von Medienarbeit zu bewerten. Einerseits ist damit noch gar nichts über die Qualität der Abdrucke gesagt; andererseits sind Werbung und Unternehmenskommunikation zwei völlig verschiedene Paar Schuhe. Die funktionellen Unterschiede von Werbung und Unternehmenskommunikation werden gleich noch ausführlicher diskutiert.

Soviel ist allerdings richtig: Unternehmenskommunikation und PR-Arbeit können wettbewerbs*relevant* sein. Denn Produkt-PR etwa schafft Aufmerksamkeit für neue Fahrzeuge. Die Adam Opel AG hat das beim neuen Vectra sehr deutlich wahrgenommen. Das neue Auto kannten durch die Berichterstattung rund um unsere Pressevorstellung über 40 Prozent der potentiellen Autokäufer in Deutschland. Dies war übrigens noch vor Beginn der klassischen Werbung für den Vectra. Und Aufmerksamkeit für ein neues Produkt ist nun einmal die Vor-aussetzung dafür, Kunden zu gewinnen.

Ein ähnliches Beispiel ist der Opel Speedster, den die Öffentlichkeitsarbeit durch umfassende Medieninformation bekannt machte - bereits ein bis zwei Jah-re bevor er an die Händler ausgeliefert wurde. Das hat eine überaus positive Berichterstattung über das Auto und die Marke Opel insgesamt ausgelöst. Der besondere Vorteil: Solange ein neues Automodell von Journalisten noch gar nicht Probe gefahren und getestet werden kann, liegt die Kommunikation voll in der Hand des Unternehmens. Ich bestimme als Hersteller, worüber und mit welchem Tenor geschrieben wird.

Andere Beispiele für die Wettbewerbsrelevanz von PR-Arbeit sind beispielsweise die Entwicklung und Besetzung von Themen, die zuvor gar nicht öffentlich wahrgenommen wurden. Man denke an den Begriff des „geringen Spaltmaßes" als Qualitätsindex in der Automobilindustrie – das war das Lieblingsthema eines norddeutschen Wettbewerbers. Bevor es durch kontinuierliche Medienarbeit zu einem Qualitätssymbol wurde, nahm es die Öffentlichkeit im Grunde gar nicht wahr, und nur die wenigsten Nicht-Ingenieure konnten sich etwas unter einem Spaltmaß vorstellen. Nebenbei bemerkt sind die Spaltmaße ein zumindest unzureichendes Kriterium für die Qualität eines Fahrzeuges.

Und das wohl spektakulärste Beispiel für die Wettbewerbsrelevanz von Medienarbeit in den letzten Jahren war die Euphorie, die von den Unternehmen des so genannten Neuen Marktes entfacht wurde. Ein Beispiel übrigens, das auch zeigt, was passieren kann, wenn PR-Arbeit mit der Faktenlage zu „kreativ" umgeht. Denn vieles, was mit dem vermeintlichen Gütesiegel „New Economy" dekoriert war, hat sich mittlerweile als Luftblase entpuppt, und nicht wenige Menschen haben dabei ihr Geld oder ihren Arbeitsplatz verloren.

Das heißt, der kreative Umgang mit den Medien kann wettbewerbsrelevant sein. Aber: Wie groß sind die Wettbewerbsvorteile, die die Medienarbeit erreicht? Oder im Sinne der Überschrift formuliert: Gibt es *echte* Wettbewerbsvorteile, also etwas Einzigartiges, das nur die Medienarbeit schafft; etwas, das als ihre originäre Leistung zur Verbesserung der Wettbewerbssituation zu verstehen wäre?

Es wäre vermessen, die Frage unumwunden mit „ja" zu beantworten. Vielmehr ist eine gewisse Skepsis im Bezug auf so genannte *echte* Wettbewerbsvorteile angebracht. Denn Unternehmenskommunikation, ja gute PR-Arbeit im Allgemeinen und Produkt-PR im Besonderen, können nie besser sein als das Unternehmen oder das Produkt selbst. Medienarbeit und PR sind Transmissions-Leistungen: Sie können bei der Information der Öffentlichkeit Trends setzen und verstärken. Selbstverständlich! Aber sie können nichts originär Neues schaffen, was nicht im Produkt oder im Unternehmen selbst angelegt beziehungsweise vorhanden ist. In diesem Sinne gibt es *echte* Wettbewerbsvorteile nur durch qualitativ exzellente Produkte und Unternehmensleistungen.

1   Wozu dann überhaupt Medienarbeit? Die Antwort auf die Frage lässt sich in fünf Thesen fokussieren.

1.1   Medien- und PR-Arbeit muss informativen Mehrwert anbieten, statt Schlagzeilen zu produzieren.

Sowohl im Umgang mit der Öffentlichkeit als auch mit Journalisten gilt es zu bedenken, dass wir in einer Zeit des Überangebots von Neuigkeiten und Schlagzeilen leben. Auch wenn es beinahe schon zu einem Allgemeinplatz geworden ist, so ändert das doch nichts an der Richtigkeit des aus dem Amerikanischen kommenden Satzes „We are overnewsed and underinformed". Und das gilt für Journalisten nicht weniger als für andere Medienkonsumenten.

Vor diesem Hintergrund muss PR-Arbeit das Angebot eines Unternehmens an die Journalisten und an die breite Öffentlichkeit sein, einen echten informativen Mehrwert zu erhalten. Das kann ganz verschiedene Themen und Sachgebiete betreffen: das soziale Verhalten des Unternehmens ebenso wie eine technische Innovation, die Eingang in ein Produkt findet, oder eine Verbesserung der Umweltleistungen. Wichtig ist: Unternehmenskommunikation darf nicht bloß mit knackigen Headlines und spannenden Lead-Texten der Pressemitteilungen glänzen, sondern muss dem Journalisten ein faires Angebot zur Vertiefung und Erweiterung seines Wissens machen.

1.2   Medien- und PR-Arbeit muss wirkliche Transparenz schaffen.

Der Schriftsteller Hugo von Hofmannsthal hat den poetischen Satz zu Papier gebracht: „Wenn das Haus durchsichtig wird, gehören die Sterne mit zum Fest."
Dieses Bild ist nicht nur sehr schön, sondern auch passend für unser Thema. Denn natürlich wollen Unternehmen am liebsten nur mit hell leuchtenden Sternen, will sagen: mit positiven Informationen, in der Öffentlichkeit erscheinen. Dass aber die Medien die Sterne eines Unternehmens, oder im Falle von Opel: den Blitz des Unternehmens, erstrahlen lassen, setzt voraus, dass man sein Haus öffnet und durchsichtig macht. Dass man Einlass gewährt und sich nicht abschottet – auch dann, wenn die Nachrichten aus dem Unternehmen einmal nicht positiv sind.
Der Wunsch eines Unternehmens, sich in schwierigen Situationen bedeckt zu halten, ist gleichsam ein natürlicher Reflex. Die Adam Opel AG hatte in den vergangenen Jahren wahrlich die eine oder andere unerfreuliche Nachricht zu kommunizieren. Aber es war wichtig und richtig, den Journalisten und der Öffentlichkeit unsere Situation transparent zu machen. Das zahlt sich jetzt aus. Denn wie die Medien in der Vergangenheit über Verluste im operativen Geschäft der Adam Opel AG berichteten oder über Probleme bei der Produktqualität, so vermelden sie nun, dass wir auf dem besten Weg sind zurück zur Profitabilität und zurück an die Spitze des Automobilbaus.
Und das Wichtigste: Die Journalisten wissen, dass wir bei unseren aktuellen Erfolgsmeldungen nicht tricksen oder versuchen, sie aufs Glatteis zu führen. Denn Transparenz schafft Vertrauen, und das Vertrauen der Öffentlichkeit ist eine wichtige Voraussetzung für eine erfolgreiche Unternehmenskommunikation.

1.3   Medien- und PR-Arbeit ist ein Dialog und keine kommunikative
Einbahnstraße

Ziel der Öffentlichkeitsarbeit ist es, die Medien umfassend über Unternehmen und Produkte zu informieren. Aber Journalisten und Medien sind auch wichtige Indikatoren für die Stimmungslage in der Öffentlichkeit und im Markt. Unternehmen brauchen ihre Meinungen, Stellungnahmen, ihr kritisches Wort, denn dadurch erhalten sie wichtige Informationen.

Systeme, die sich abschotten, die nur in eine Richtung kommunizieren, aber selbst keine Informationen an sich heranlassen, sind zum Scheitern verurteilt. Das gilt für politische Systeme ebenso wie für Wirtschaftssysteme und Unternehmen. Die Geschichte ist voll von Belegen für das traurige Schicksal derjenigen, die nicht dialogfähig sind.

Opel – wie jedes Unternehmen – erhält von den Medien täglich einen Spiegel vorgehalten – und das ist manchmal anstrengend, vielleicht auch unangenehm, aber es ist außerordentlich wichtig für das Unternehmen. Denn es braucht diese Spiegelung und den Dialog, zum Beispiel um die Inhalte und Strategien seiner Kommunikation zu prüfen und gegebenenfalls auch zu korrigieren. Deshalb wertet das Opel-PR-Team die Medienresonanz sehr differenziert aus, untersucht die Medienpräsenz des Unternehmens und der Produkte, ermittelt Themenschwerpunkte, schaut genau die Produkt-Bewertungen an und sucht selbstverständlich auf verschiedenen Ebenen den direkten und kontinuierlichen Austausch mit Journalisten, zum Beispiel im Rahmen von Medien-Events und Präsentationen, aber auch in Hintergrundgesprächen.

Übrigens: Einen funktionierenden Dialog mit den Medien kann man wirklich und dauerhaft nur dann etablieren, wenn man die in der 2. These angesprochene Transparenz und Offenheit schafft.

1.4   Unternehmenskommunikation muss von Marketing und Werbung getrennt sein.

Es gibt neuerdings einen erkennbaren Trend zur Vermischung von Marketing und Werbung einerseits und PR-Arbeit andererseits. Dafür wurde das trügerische Wort von der „integrierten Kommunikation" in Umlauf gebracht. Da werden dann zum Beispiel redaktionelle Flächen gekauft, und in Pressetexten regiert das Marketing-Deutsch. Und über all dem steht eine Leitidee: Öffentlichkeitsarbeit hat in erster Linie Wettbewerbsvorteile zu schaffen.

Darin liegt das enorme Risiko, durch diese Vermischung Glaubwürdigkeit bei den Medien zu verlieren. Und wer als Unternehmen bei Journalisten seine Glaubwürdigkeit einbüßt, der gibt ein wichtiges unternehmerisches Steuerungsinstrument aus der Hand. Von der Steuerungsfunktion der Unternehmenskommunikation wird gleich noch in der 5. These die Rede sein.

Ganz klar: Werbung ist wichtig und notwendig für ein Unternehmen. Und es wäre unsinnig und unfair, den Kolleginnen und Kollegen in Marketing und Werbung zu unterstellen, sie seien von Berufs wegen weniger an Transparenz, Offenheit und Dialog interessiert als die Öffentlichkeitsarbeiter.

Worauf es aber ankommt, ist klar zu sagen: Marketing und Werbung sind Vertriebsinstrumente, die andere Zielvorgaben haben als die Medien- und PR-Arbeit. Marketing und Werbung müssen dem Verkauf von Produkten dienen. Medienarbeit hingegen muss informativen Mehrwert produzieren.

*1.5   Medien- und PR-Arbeit hat eine zentrale Steuerungsfunktion für die
strategischen Ausrichtung von Unternehmen*

Automobile kann man nur an Autofahrer verkaufen. Aber sollte die Adam Opel
AG daraus die Konsequenz ziehen, ihre Unternehmenskommunikation auf die
Zielgruppe der potentiellen Autofahrer zu beschränken? Das ist natürlich unsinnig. Denn Opel hat als Teil unseres Wirtschafts- und Gesellschaftssystems nicht
nur die Rolle des Automobilherstellers, sondern Opel ist unter anderem auch:

1. Arbeitgeber von 34.000 Beschäftigten in Deutschland,
2. ein Geschäftpartner von Tausenden von Lieferanten und Händlern,
3. Teil des weltweit größten Automobilkonzerns General Motors,
4. mit seinen Werken in Bochum, Eisenach, Kaiserslautern und Rüsselsheim
    ein guter Nachbar der dort lebenden Menschen und aktiver Teilnehmer am
    kommunalen Leben,
5. ein engagierter Förderer von Sport, Kultur, Wissenschaft und gemeinnützi-
    gen Initiativen,
6. ein Unternehmen, dessen Produktion und Produkte Umweltauswirkungen
    im lokalen und globalen Maßstab haben.

Diese Aufzählung ließe sich selbstverständlich fortsetzen und noch weiter differenzieren. Doch schon diese Beispiele genügen, um zu verdeutlichen, dass Opel
nicht auf die Rolle des Automobilbauers zu reduzieren ist. Und das wiederum
stellt die Unternehmenskommunikation vor die Aufgabe, die strategische Ausrichtung von Opel insgesamt ins Auge zu fassen. Ganz konkret bedeutet das:
Die Medien- und PR-Arbeit muss die verschiedenen Rollen des Unternehmens
in Wirtschaft und Gesellschaft identifizieren und in kommunikative Strategien
umsetzen. Sie muss die Zielgruppen ihrer Informationen richtig erkennen und in
angemessener Weise bedienen. Und sie muss dafür sorgen, dass das Unternehmen trotz seiner vielfältigen Rollen ein klares Profil behält und dass seine
Kommunikation kohärent ist.
     Und nur nebenbei bemerkt: Dies sind Aufgaben, die nun wirklich nichts
mehr mit Marketing und Werbung zu tun haben.
     In diesem Sinne ist Public Relations in bedeutender Weise an der strategi-
schen Ausrichtung des Unternehmens beteiligt. Vor allem muss sie durch die
Zielgruppen-orientierte Steuerung der Informationen dafür sorgen, dass der
Dialog mit wirklich allen gesellschaftlichen Gruppen funktioniert, die einen
berechtigen Anspruch an das Unternehmen formulieren. Dieser so genannte
Stakeholder-Dialog hat wachsende Bedeutung für die Öffentlichkeitsarbeit und
eröffnet ein Feld, das weit über die Medienarbeit hinausgeht.

Die fünf Thesen lassen sich ganz einfach auf den Begriff bringen:

- Informativer Mehrwert,
- Transparenz,
- Dialog,
- Trennung von PR und Werbung,
- strategische Steuerung,

das sind zentrale Elemente einer zeitgemäßen Medien- und Öffentlichkeitsarbeit, mit denen zugegebenermaßen hohe Ansprüche verbunden sind. Natürlich ist es im Tagesgeschäft der Unternehmenskommunikation nicht immer ganz einfach, diesen Ansprüchen im vollen Umfang zu genügen. Aber ganz ohne Zweifel: Sie sind eine Richtschnur, die zu verfolgen sich lohnt. Darauf wird die Öffentlichkeitsarbeit – zumindest bei der Adam Opel AG – alle Kreativität verwenden. Ob sich damit *echte* Wettbewerbsvorteile erzielen lassen? Auf jeden Fall leistet PR damit einen Beitrag zur Medien- und Kommunikations-Kultur in unserem Land – und auch das hat ja nicht unerhebliche Vorteile. Und im Übrigen - es ist einfach wichtig.

Kommunikationspolitik im Spannungsfeld von Unternehmen, Medien und Politik

von Werner Preusker

Menschen orientieren sich an den Eindrücken, die ihnen ihre Sinne vermitteln. Wir machen uns ein Bild von etwas. Wir setzen den anderen von etwas ins Bild. Wir geben ein Bild ab. Andere machen sich ein Bild von uns. Das heißt: Jeder hat ein Image. Aber woher kommt es? Wer sagt uns, was wir sind? Natürlich die anderen. Das funktioniert nicht nur bei Madonna und Maradona, Bohlen und Gottschalk, Schröder und Stoiber, sondern auch bei Unternehmen und Managern. Jeder Konzern, jede Branche hat ihr Image, ob es ihr passt oder nicht. Image, Ansehen, neudeutsch „Corporate Reputation"[1], ist wichtig für den Erfolg von Produkten und wird (so sieht es aus) in Zukunft immer wichtiger werden. Gerade im globalen Wettbewerb werden anerkannte Marken zum Verkaufsvorteil gegen preiswerte „no name"-Konkurrenz.

Reputation ist ein Kernelement des Unternehmens, die sich zwar, wie beim Blick in den Spiegel, nur indirekt vermittelt, aber direkt in den Bilanzen niederschlägt. Börsennotierungen, erzielbare Verkaufspreise, Kreditwürdigkeit, Attraktivität für neue Arbeitnehmer und nicht zuletzt Akzeptanz in den Medien und für politische Anliegen am Standort oder in der Gesetzgebung hängen entscheidend vom Auftreten eines Unternehmens beziehungsweise von der öffentlichen Wahrnehmung dieses Auftretens ab. Denn nicht das Auftreten selbst, sondern die Wahrnehmung ist entscheidend für die Bewertung des Auftritts.

Für den Unternehmer ist bereits die erste Stufe der Eskalation erreicht, wenn ein Schadensereignis öffentlich wahrgenommen wird, wenn sich also die Kommunikation nicht nur an einzelne Kunden oder Mitarbeiter, sondern eine breitere Öffentlichkeit richten muss. Wenn dem Unternehmer also das erste wichtige Ziel nicht gelingt, ein Problem innerhalb des Werkszauns zu lösen, gelangt er in die Arena der öffentlichen Meinung, die eher von anderen Akteuren als ihm beherrscht wird.

Als Meinungsmacher gelten in unserer Informationsgesellschaft in erster Linie die Medien, Politiker, aber auch Prominente. Sie haben ohne Frage einen großen Einfluss, ein Image – positiv wie negativ – zu multiplizieren. Wenn die Meinungsmacher ein negatives Image bei einem Unternehmen ausmachen,

---

1 Den Begriff "Corporate Reputation" verwendet unter anderem Walter von Wartburg in einem äußerst lesenswerten Beitrag. vgl.:Wartburg, Walter von (2003): Das Ansehen verbessern – den Ruf schützen. In: Frankfurter Allgemeine Zeitung, Sonderausgabe vom 7. April 2003.

bedeutet das zumeist, dass für die Betroffenen die Stunde der Krisenkommunikation geschlagen hat.

Damit der Einsatz für den eigenen guten Ruf nicht ein Kampf gegen Windmühlen bleibt, müssen Manager lernen und verstehen, dass die Wahrnehmungen auf den anderen Seiten zum Teil gleich, zum Teil aber grundlegend verschieden von denen der Wirtschaft sind. Unternehmer schauen auf Fakten wie ihre monatlichen Umsätze, bewerten Kosten, messen finanziellen Aufwand und Ertrag – und übersehen gern, dass sie – zum Beispiel in der Werbung – gerne auch mit Emotionen arbeiten. Meinungsmacher in Politik und Medien setzen auf Emotionen und Aufmerksamkeiten und glauben häufig, sie könnten so die Fakten verdrängen.

Meiner Erfahrung nach bedeutet erfolgreiche Kommunikationspolitik im Spannungsfeld von Unternehmen, Medien und Politik, die Gefahren und Risiken zu managen, die der Umgang mit den Akteuren und den Logiken der jeweils anderen Seite in sich birgt. Es sind das unter anderem Instrumente von Public Affairs und Krisenkommunikation, die in der Unternehmens-PR oft nur verschüttet anzutreffen sind. Dazu gehört die Frage, wie Unternehmen auf die Macht der Medien reagieren sollten, bevor eine Krise eintritt. Und eine Krise kann jedes Unternehmen treffen, das sollte Allgemeingut werden. Immer wieder kann man dabei erleben, dass weniger der Unfall, das schadhafte Produkt oder sonstiges Ereignis selbst zu einer ernsthaften Existenzkrise führen, sondern die falsche Reaktion nach dem Ereignis, auch wegen unzureichender Vorbereitung auf den möglichen Krisenfall.

Warum Manager lernen können und müssen, wie man erfolgreich seine Reputation managt, möchte ich vor dem Hintergrund meiner Erfahrungen bei der Arbeitsgemeinschaft PVC und Umwelt e.V. (AgPU) aufzeigen. Sie wurde gegründet, um eine Antwort der Industrie auf die öffentliche Debatte über den Werkstoff PVC zu entwickeln und zu kommunizieren. Begeben wir uns auf der Suche nach einem prominenteren Beispiel auf einen kleinen Exkurs in die bundesdeutsche Vergangenheit – zunächst ins Jahr 1995.

1   Angst-Industrie: Die Rolle der Medien

1995, da war doch was. Wer erinnert sich noch an den kollektiven Aufschrei, der durchs Land zog? Auf der Anklagebank: der Ölkonzern Shell. Der Ankläger: die Umweltaktivisten von Greenpeace. Das Delikt: die geplante Versenkung der Ölplattform Brent Spar in der Nordsee. Der Verlauf der Geschichte ist ein Beispiel, freilich ein musterhaftes, für die Macht von Emotionen in der medienvermittelten Öffentlichkeit[2]. Einigen Bürgern, die damals so rigoros pro-

---

2 Brent Spar ist wohl der prominenteste, keinesfalls aber der einzige Fall, in dem ein Unternehmen oder eine Branche zu Unrecht in öffentlichen Verruf geraten ist. Die Liste der haltlosen Vor-

testierten, Tankstellen mit dem gelb-roten Logo mieden, ist bis heute jedoch kaum bewusst, welch traurige Leistung sie vollbracht haben: Sie waren einem Vorwurf gefolgt, der einseitig, voreilig und unberechtigt war. Schließlich wurde ein Konzern an den Pranger gestellt, der - nach Abschluss aller Untersuchungen - augenscheinlich als unschuldig im Sinne der Anklage gelten kann. Greenpeace entschuldigte sich im Nachhinein öffentlich dafür, falsche Zahlen in Umlauf gebracht zu haben. Doch das Image eines überführten Täters wurde die Shell AG lange Zeit nicht los. Viele Energien und jede Menge Geld musste der Konzern investieren, um den beschädigten Ruf zu reparieren[3]. Heute hat Greenpeace, Ironie hin, Umfragewerte her, im Anschluss an die Brent-Spar-Kampagne immer noch an seinem eigenen angeschlagenen Image zu knabbern.

Merke: Nicht immer ist der, der am lautesten brüllt, auch im Recht. Doch hat der, der laut tönt, oft willige Ausführungsgehilfen: etwa in den Medien. Journalisten, die falsche Zahlen bringen, unzureichend recherchieren, Tatbestände verdrehen, um eine gute Story zu bringen, wirken an einem Geschäft mit der Panik, einer „Angst-Industrie", wie ich sie nennen möchte, mit. Vor allem die journalistische Kreativität im Umgang mit Zahlen und Fakten ist immer wieder beeindruckend. Auch wenn nur selten darüber berichtet wird: Augenfällig ist die Abkehr der Medien von einer Faktentreue und einem seriösen Umgang mit unbestätigten Aussagen. Es ist nicht mehr durchgängige Praxis, zu Behauptungen auch eine Stellungnahme der Gegenseite einzuholen - das könnte ja die „Story" zerstören. Selbst dpa muss man gelegentlich darauf hinweisen, dass Behauptungen von Campaignern nach dem eigenen Anspruch der Agentur in indirekter Rede wiedergegeben werden. Geschrieben wird häufig, was gefällt und was in die eigene Story passt. So wundert es kaum, dass der Buchautor Guardian Ketteler 1998 über fünfhundert Artikel mit fehlerhaften Zahlenangaben in den führenden Tageszeitungen entdeckte[4].

---

würfe ist lang: Gift in Fußballtrikots, Gift in Planschbecken, Gift in Naturlacken sind nur einige der Anschuldigungen, die dem Anbieter das Image kosten und damit auch materiell erheblich schaden können.

3 Unter anderem richtete die Shell AG ein transparentes Dialogforum zwischen Unternehmern, Wissenschaftlern und Vertretern von NGOs ein, um die Diskussion über die Brent Spar zurechtzurücken, siehe u.a. Hecker, Silke (1997): Kommunikation in ökologischen Unternehmenskrisen - Der Fall Shell und Brent Spar, Deutscher Universitätsverlag.

4 Oftmals unterschieden sich gar die Zahlen in ein und derselben Ausgabe einer Zeitung. Bei manchem Zahlen fragt man sich zudem, wie sie überhaupt ermittelt worden sein können. Ein typisches Beispiel: Die Berichterstattung über das Phänomen "Sextourismus" wurde angereichert mit Schätzungen "ungenannter Experten". "Politische Zahlen" nennt Ketteler so etwas, Zahlen, die einzig dazu dienen, als alarmierend hoch empfunden zu werden und so den Leser für die gute Sache oder jedenfalls zunächst einmal für den Artikel zu gewinnen. vgl.: Allmaier, Michael (1998): Verlier die vier. Dann ist das ja noch wenig: Wie Journalisten zählen. In: Frankfurter Allgemeine Zeitung vom 14. September 1998, Nr. 213, S. 9.

In einer Zeit, in der „News" und „Stories" - unabhängig vom Wahrheitsgehalt – Quote versprechen und vermeintliche, wenn auch schlecht recherchierte Neuigkeiten die Auflagenhöhe bestimmen, sinken die Hemmschwellen bei jenen, bei denen Unternehmer annehmen, sie sollten eigentlich neutral über Vorkommnisse berichten. Für einen Teil der Medien scheint immer öfter die Devise zu gelten: je spektakulärer, desto besser. Da werden im Namen eines Enthüllungsjournalismus Skandale aufgedeckt, die die Menschen in Staunen, Angst und Wut versetzen: ein probates Mittel, Leser und Zuschauer zu mobilisieren und für die eigene Auflage etwas Gutes zu tun. Doch viele der angeblich aufgedeckten Skandale entpuppen sich bei näherem Hinsehen als haltlos. Das gilt nicht nur für Brent Spar.

Diese Feststellung gilt nicht für „die" Medien, die es genauso wenig monolithisch gibt wie „die" Politiker oder „die" Unternehmer. Ich möchte hier keine generelle Medienschelte üben und auch nicht über die Zwänge und Nöte im härter gewordenen Kampf um den Leser und Zuschauer sinnieren. Das mag an anderer Stelle geschehen. Auch stehe ich mit der Feststellung einer medialen „Macht ohne Verantwortung" keinesfalls alleine da. In den Medien selbst werden Stimmen laut, die diese Entwicklung kritisch begleiten. Wenn der Journalist Thomas Leif die Formel „Informationsverdünnung bedeutet Quotensteigerung" benutzt, dann nennt er im Grunde dasselbe Kind bei einem anderen Namen. Wenn er den nachlässigen Umgang mit journalistischen Qualitätsmerkmalen als „subsystemische Antwort auf die steigende Komplexität von Prozessen" tadelt, dass bedeutet das „einen stillen – nicht reflektierten – Konsens gegen das Anspruchsvolle, das Sperrige, das Komplexe. Statt des Sachberichts hat sich – passend zu dieser Entwicklung – ein neues Genre etabliert: der so genannte ‚Aufreger', der Themen ‚anheizt', über die man sich eigentlich gar nicht aufregen muss", so Leif bereits 2001 (T. Leif 2001). Dass diese Entwicklung heute vorbei ist und wir heute wieder beruhigt TV und Zeitungen konsumieren können, möchte ich bezweifeln. Erste Indizien deuten darauf hin, dass immerhin auch Qualitätsjournalismus und die persönliche Begegnung als Reaktion auf die abgeleitete Realität der Medien wieder an Bedeutung gewinnt.

Manager müssen also lernen, dass ein wesentlicher Teil der Medien als „Angst-Industrie" nicht sachliche Aufklärung, sondern Auflage, Einschaltquoten, Reichweite und andere wirtschaftliche Interessen im Auge haben – wie andere Unternehmer auch. Dieses Geschäft hat auch seine Regeln – und die sollte man kennen, um erfolgreich mitzumischen.

2   Das Zeitalter der Aufklärung ist beendet

Erschreckende Uninformiertheit in der Bevölkerung ist die eine Sache, Manipulierbarkeit von Meinungen durch Panikmache die andere. Die wiederkehrenden Debatten um die Stoffe des Monats (heißen sie nun Acrylamid, Phthalate,

Dioxin oder Dioxan) zeigen regelmäßig die Unkenntnis toxikologischer Bin-
senwahrheiten: Nicht die Existenz eines Stoffes kennzeichnet eine Gefahr, sondern eine Exposition in gefährlicher Dosis. Der Nachweis eines Stoffes ist zunächst nur der Beleg einer guten Analyse. Entscheidend für die Bewertung ist
dann der Vergleich der gefundenen Dosis mit bekannten Daten über eine Wirkung dieser Dosis. 26 Prozent der Europäer glauben, dass sich die Sonne um die
Erde bewegt; 44 Prozent wissen nicht, dass unsere Erde ein Jahr für einen Umlauf um die Sonne benötigt; das sind Ergebnisse eine Erhebung der Europäischen Union aus dem Jahr 2001. (EU-Studie 2001).

Ein anderes plakatives Beispiel ist die öffentliche Diskussion um das Thema
Gentechnik. Im Zusammenhang mit der Gentechnik bezeichnen sechs von zehn
Bundesbürgern (62 Prozent) ihren Wissensstand als „eher schlecht". Nur eine
verschwindende Minderheit von 1,5 Prozent fühlt sich hier zu Lande über die
Gentechnik „sehr gut" informiert. So weit, so schlecht: Dass gar 44 Prozent der
Deutschen die Ansicht vertreten, eine normale Tomate habe überhaupt keine
Gene, lässt zwar tief blicken (K. Klewes 2000: 41), hindert die große unwissen-
de Mehrheit jedoch nicht daran, gentechnische Verfahren in der Nahrungsmit-
telherstellung generell abzulehnen (76 Prozent). Wie auch immer man zu den
Positionen der verschiedenen Lager stehen mag, die Frage, wie ein Normalbürger sich auf Basis dieser allgemeinen „Un-Kenntnislage" ein vernünftiges Bild
von der Situation machen soll, ist mir schleierhaft. Es scheint vielmehr, als
weiche das Zeitalter der Aufklärung immer stärker dem des emotionalen Info-
tainments – mit leeren Blasen und Phrasen, zerhackten, zusammenhanglosen
Wissensstücken. Leicht verdaulich und nach dem Abschalten der Glotze mental
schon wieder ausgeschieden. Das Phänomen „The Flight from Science and
Reason" war bereits 1995 Gegenstand eines Kongresses der New York Academy of Sciences und auch damals schon als nicht wirklich neu bewertet
(Gross/Levitt/Lewis (1996), H. Schuh 1996: 40-41).

Die Wirkung von Panik machenden Berichten und die Verantwortung der
Medien kann vor diesem Hintergrund nur schwer eingeschätzt werden. Je weniger ein Tatbestand aus eigener Erfahrung beurteilt werden kann, desto eher
prägen Zeitungen, Zeitschriften und Fernsehen das Wissen und die Einstellungen – mit oftmals schwer wiegenden Konsequenzen. Menschen erhalten ihre
Erfahrungen immer häufiger nur aus zweiter Hand, können alarmierenden Berichten immer weniger eigenes Wissen entgegensetzen[5].

Die Wirkung der Panikberichterstattung auf den Endverbraucher scheint begrenzt, wobei schon Absatzverluste über mehrere Monate hinweg, wie bei den

---

5 In der Soziologie und Medienforschung wird das Phänomen kaum bestritten: Meist schätzen die
  Menschen Faktoren, die ihre direkte Umgebung betreffen, in der Regel positiver ein als die
  gleichen Faktoren auf gesamtgesellschaftlicher Ebene, etwa wenn es um die Situation der
  Wirtschaft oder Umwelt geht.

Nematoden in Fischen, Weinen unter Glykol-Verdacht oder bei Birkel-Nudeln, durchaus existenzbedrohend sein können. Noch unberechenbarer sind die Auswirkungen in den Medien. Panikberichterstattung wird schnell zum Selbstläufer, denn was „alle" berichten, kann ja nicht falsch sein. Und unberechenbar ist die Auswirkung auf die Politik. Ob die Politiker die Berichterstattung für bare Münze nehmen oder nur glauben, sie müssten – ohne nähere Prüfung der Fakten – ein Thema der Berichterstattung aufgreifen, spielt dann keine Rolle mehr. Das heißt: Mit der fehlenden Informiertheit steigt die potenzielle Manipulierbarkeit. Der Einfluss von Emotionen, die Bereitschaft, Angst machender Berichterstattung Glauben zu schenken, nimmt zu. Wenn wir jedoch davon ausgehen, dass die Medien – vom Fachjournalisten zum breiten Publikumsblatt – die Reputation eines Unternehmens entscheidend in die Öffentlichkeit tragen, in dem sie ihre Außenwahrnehmung einer Unternehmensdarstellung kundtun, spätestens dann müssen bei den Managern die Alarmglocken schrillen. Mit „Fakten, Fakten, Fakten" allein meistert man eine Krise auf keinen Fall, wenn – und davon ist auszugehen – festgesetzte Vorurteile, Irrationalitäten, emotionale Angstkampagnen, aber auch wirtschaftliche und politische Interessen dem entgegenstehen.

3   Mitgehangen - mitgefangen? Die Rolle der Politik

Apropos Politik: Meiner Ansicht nach trägt sie – sofern man sie als geschlossenes Subsystem mit eigenen Handlungslogiken auffasst – entscheidend am Fortbestehen der „Angst-Industrie" bei. Nicht selten hören oder lesen wir, dass politische Entscheidungsträger dem Druck der Medien, der Natur- und Umweltschutzverbände oder der Gewerkschaften vor allem vor Wahlen nachgeben mit der Konsequenz, dass die Verbraucher letztlich total verunsichert sind.

Solche Schieflagen führen mitunter zu grotesken Entscheidungsprozessen. Zur Produktion unserer Lebensmittel etwa leisten wir uns den aufwändigsten Qualitätsapparat, den man sich vorstellen kann. Aber durch die Art der öffentlichen Diskussion kann dieses Wissen mit einem Schlag ad absurdum geführt werden. Nämlich dann, wenn Gremien von Politikern sich wider besseren Wissens einer vermeintlichen öffentlichen Meinung beugen. Es ist daher auch kein Wunder, dass wir uns als Verbraucher ständig fragen, was wir überhaupt noch essen oder sicher verwenden können. Schlimmer noch: Ein Teil der Bevölkerung nimmt die Debatte um Schadstoffe überhaupt nicht mehr ernst. Etwas zynisch könnte man auch fragen, ob der Aufwand von Entwicklung und Durchführung von Testmethoden, Unterhaltung von Universitäten zur Ausbildung von Wissenschaftlern, Installation von staatlichen Aufsichtsbehörden und wissenschaftlichen Beiräten noch Sinn macht, wenn die Bewertung der Ergebnisse am Ende denen überlassen wird, die durch das Schüren von Ängsten eine hö-

here Zuschauerquote erreichen, höhere Spendeneinnahmen erzielen oder die
Gunst der Wähler gewinnen wollen.

Wie in den Bereichen Wirtschaft und Medien sind Politiker auch Gefangene
der Logiken ihres Systems. Meine Erfahrung ist, dass die Politiker überfordert
sind, die oft schwierige Materie zu durchblicken. Sie sind angesichts der Komplexität der Fachthemen immer nur fachliche Laien. Das sollten sie nicht bedau-
ern, sondern sich auch eingestehen und sich konsequent nur mit Grundsatzfra-
gen, nicht mit komplexen Detailregelungen befassen.

Politiker oder die Politik zu meiden, wäre aus Sicht der Manager jedoch die
falsche Folgerung. Politiker setzen die Rahmenbedingungen für die unternehmerische Betätigung. Als Meinungsbilder haben sie großen Anteil an der Imagebildung von Unternehmen. Sie wirken entscheidend an der Reputation mit,
die Produkte, Marken, Unternehmen, ganze Branchen im Lichte der Öffentlichkeit genießen. Deshalb ist es für Manager entscheidend, die Kommunikations-
ströme zwischen ihnen und der Politik nicht vor und schon gar nicht während
Krisen abreißen zu lassen. Wenn ihnen das in der Vergangenheit nicht gelang,
bedeutete dies zumeist unnötige Mehrkosten und gefährliche Konsequenzen –
und eine Stärkung der Angst-Industrie.

**4   Außen vor? Wissenschaft und Wirtschaft in der Umweltdiskussion
       der 80er-Jahre**

Wie wichtig permanente strategische Kommunikation zwischen Politik, Wirtschaft und Öffentlichkeit ist, lässt sich an historischen Beispielen nachvollziehen. Es ist vielleicht nur noch Insidern bekannt, dass die 80er-Jahre für die
Umweltpolitik eine wichtige politische Zeitenwende in Deutschland markieren
(U. Manz 1999; W. Preusker 1996). Die unruhigen 70er begannen sich zu in-
stitutionalisieren: Aus vereinzelten Bürgerinitiativen wurde eine der bedeutendsten politischen Bewegungen überhaupt – die Umweltbewegung. 1980 gründeten sich die Grünen als Umweltpartei, die internationale Organisation
Greenpeace richtete eine deutsche Niederlassung ein. Viele der etablierten Akteure, etwa die Umweltexperten in Behörden und der Wirtschaft, fanden keinen
rechten Weg, auf diese politische Herausforderung zu reagieren. Viele Experten
betrachteten die Umweltgruppen schlicht als „grüne Spinner", die man wegen
ihrer naturwissenschaftlichen Unkenntnis nicht ernst nehmen müsse. Auch eine
Unterschätzung ihrer Fähigkeit zur Kommunikation.

Ähnliche Berührungsängste zeigten die Spitzenkräfte in der Wirtschaft: Sie
setzten in der Konjunkturkrise um 1980 einen Stillstand der Umweltpolitik
durch und damit ein eindeutiges Zeichen. Die Wirtschaft benutzte dabei Argumente, die noch heute ihrer Glaubwürdigkeit schaden. So die pauschale Behauptung, Umweltschutz sei nur zu Lasten von Arbeitsplätzen möglich. Mehr-
fach sind Umweltschutzmaßnahmen als technisch nicht durchführbar hingestellt

worden, die später dann doch möglich waren. Ich erinnere hier an die Rauch-
gasentschwefelung von Kraftwerken, den Katalysator im Auto oder den Kühl-
schrank ohne FCKW. Alles nicht nur technische oder wirtschaftspolitische
Statements, sondern auch ein zweifelhafter Beitrag zur Kommunikation mit der
Öffentlichkeit.

Fehler, Ignoranz, mangelndes Bewusstsein führte zum Verlust an Glaubwürdigkeit und schließlich dazu, dass fortan über viele Jahre weder Wirtschaft
noch etablierte Wissenschaft in der öffentlichen Debatte um den Umweltschutz
gehört wurden und sich anscheinend auch immer mehr zurückzogen. So kommt
es, dass die öffentliche Debatte weitgehend durch Akteure bestimmt wurde, die
mit Umweltthemen Absatz, Auflagen, Zuschauerquoten, Spenden oder Wahlergebnisse erzielen wollen. Das sind alles legitime Ziele, die jedoch den Umweltschutz nur als Vehikel benutzen und ihren eigenen Gesetzmäßigkeiten folgen.

5   Die Nachlässigkeiten der Manager

Viele Manager hatten all diese Entwicklungen lange Zeit verschlafen. Ihre Welt
ist nun mal die der Produktionszahlen und Aktienwerte, eine faktische Welt. Ob
sie wollen oder nicht, ihre Entscheidungen müssen in der Regel den Unterneh-
menszahlen gehorchen. Gerade deshalb haben einige von ihnen die zumeist
irrationalen Debatten um die Umwelt lange Zeit nicht nachvollziehen können.
Aber damit haben sie auch versäumt, der Angst-Industrie, wie ich sie hier nen-
ne, mit eigenen Positionen entgegenzutreten.

Das muss sich ändern, und das ändert sich auch langsam: Unternehmen
müssen heute mehr denn je externe Kommunikation als großen Posten in ihren
Planungen veranschlagen. In einer meinungsumkämpften Welt, die immer häufiger von Angstrhetorik lebt, sind die richtigen Strategien in der Außendarstellung und -kommunikation wichtiger denn je. Denn die Krise kann jeden treffen,
auch den, und das habe ich eingangs zu verdeutlichen versucht, der sich nichts
hat zu Schulden kommen lassen. Es ist nicht – wie manche vielleicht glauben –
nur eine Aufgabe für Konzerne, die sowieso im Rampenlicht stehen und anscheinend routiniert auf den Elchtest ihrer A-Klasse oder auf Benzol in ihrem
Mineralwasser reagieren müssen. Nein, es trifft inzwischen auch den angese-
nen Mittelständler mit dem Verdacht verdorbener Torten oder den Ökolandbau
mit Schadstoffen in Futtermitteln.

Es ist daher ratsam, präventiv in die Krisenkommunikation zu investieren.
Hierfür lassen sich ebenso viele konkrete Beispiele, Herausforderungen wie
Lösungsoptionen zeigen. Schwierig ist eher die Entwicklung einer Kommuni-
kationsstrategie und die konsequente Auswahl aus den unüberschaubar vielen
Möglichkeiten der Kommunikation.

Vielleicht macht es Sinn, die Arbeit der PVC-Branche seit Ende der 80er-
Jahre exemplarisch als möglichen Weg der Kommunikationspolitik aufzu-

zeigen. Es geht dabei an dieser Stelle nicht um eine fachliche Bewertung des Werkstoffs PVC (Polyvinylchlorid) selbst, sondern um die Frage des Umgangs mit der Krise einer gesamten Branche.

6 Alarm im Hause PVC: Herausforderung für eine gesamte Branche

Kunststoffe, auch PVC, haben lange Zeit weder ein besonders gutes noch ein äußerst schlechtes Image besessen. Seit den 40er-Jahren war der Verbrauch von Kunststoffen als Ersatz für Naturprodukte (Nylons statt Seidenstrümpfe, PVC-statt Linoleum-Böden oder Steinzeug-Rohre, PE-Eimer und -Wannen statt Zink) stetig gewachsen. In den 60ern waren Kunststoffe hip, gerieten dann in den 80ern gegen Holz und Jute stimmungsmäßig ins Hintertreffen. In die Schlagzeilen geriet PVC jedoch in den 80er-Jahren, als eine Lawine der Ablehnung losgetreten wurde. In einer angeheizten Debatte wurde die angeblich umweltschädigende Wirkung des Stoffes von verschiedenen Seiten propagiert. 1988 steht der Kunststoff unter enormem öffentlichen Druck. Im Bundestag fordern die Grünen den „Ausstieg" wie bei der Atomkraftnutzung. Kommunen wie die Stadt Bielefeld erklären sich zu „PVC-freien Zonen"[6]. Die Manager der Branche mussten dieses Problem lösen und sie mussten es angesichts des steigenden Stigmatisierung von PVC schnell lösen. Doch weder der Dachverband der chemischen Industrie, der VCI, noch der Verband der Kunststoff erzeugenden Hersteller, VKE, wollten oder konnten das Thema zur Chefsache erklären.

Angesichts des wachsenden Drucks gründeten Initiatoren aus der Branche die Arbeitsgemeinschaft PVC und Umwelt e.V. (AgPU), die sich speziell diesem einen Thema widmen sollte[7]. Dass es sich um die Geburtstunde einer langlebigen Einrichtung handelte, die konzentriert und langfristig Issue Management und politisches Monitoring, also strategische Beobachtung und Betreuung des Themas PVC in Politik und Medien, betreiben soll, war damals allerdings keinem der Beteiligten bewusst[8]. Zunächst hieß es für die AgPU, die vorlie-

---

6 1988 steht PVC unter enormem öffentlichen Druck. Im Bundestag forderten die Grünen ein Verbot, Kommunen wie die Stadt Bielefeld erklärten sich zu "PVC-freien Zonen". Die Forderung hätte 100.000 Arbeitsplätze gefährden können. Im Dezember 1988 reicht die Bundestagsfraktion der Grünen den Antrag ein, die Bundesrepublik solle aus der PVC-Produktion und -Nutzung aussteigen. 95 Prozent des PVC seien ersetzbar, zitieren die Grünen eine eigens in Auftrag gegebene Untersuchung. Doch die Qualität der so genannten "Wartig-Studie" kommt schnell ans Licht: keine Ökobilanzen, ungenaue Analysen, wenig Wissen um die Alternativ-Werkstoffe. Das Papier spiegelte eher die Vorurteile als die Fakten über PVC wider.

7 Als Antwort auf die Vorurteile in der Öffentlichkeit entstand die Arbeitsgemeinschaft PVC und UMWELT e.V. Mehr als 1000 Vertreter aus 70 Unternehmen, Verbänden und Organisationen schlossen sich darin zusammen: Manager, Handwerker, Wissenschaftler, aber auch Arbeiter und Normalbürger.

8 So verwundert es nicht, dass kein Kommunikationsexperte, sondern mit meiner Person ein Umweltrechtler 1989 Geschäftsführer des Vereins wurde.

genden Anschuldigungen zu untersuchen und Antworten dazu zu entwickeln. Vieles von dem, was an Vorwürfen auf dem Tisch lag, stimmte einfach nicht, manches war unklar und klärungsbedürftig, manches war, wie beim Vorwurf des fehlenden Recyclings, in der Tat berechtigte Kritik, die man ernst nahm und fortan mit Erfolg abarbeitete.

7   Kommunikation als Lernprozess

Nach dem Motto „Tue Gutes und rede darüber" wurde fortan Kommunikation betrieben, die ihre ersten Früchte trug. Doch von strategisch geplanter Kommunikation, also gebündelten Maßnahmen im Sinne von Public Affairs als aktives Management der eigenen öffentlichen Umwelt, waren erst Ansätze erkennbar. Zumeist beschränkten sich die Antwort-Instrumente wesentlich auf Pressemitteilungen, die die Vorwürfe durch Fakten entkräften und das eigene positive Tun in den Vordergrund stellen sollten. Der Dialog mit den Medien spielte sich schnell ein. Pressemitteilungen wurden stets abgedruckt, wenn es darum ging, zu zeigen, dass es die Branche ernst meinte, Verbesserungen anzubieten. Zentrales Thema blieb lange Zeit das Recycling. Die PR wurde auch mit den Mitteln der Inszenierung gespielt: Scheckkarten, die jedermann seit kurzem besaß, wurden vor Fernsehkameras öffentlichkeitswirksam zerschreddert, um das Recycling sichtbar darzustellen – auch wenn die Mengen lächerlich gering waren.

Dieses Beispiel zeigt, die mediale Infotainmentgesellschaft funktioniert: Mit bloßen Zahlen war dem schlechten Ruf des PVC nicht beizukommen. Das Thema musste inszeniert werden, um ihm genügend Aufmerksamkeit zu verschaffen. Bis dato waren die Manager der Fehlwahrnehmung aufgesessen, man könne mit den richtigen Zahlen und Fakten öffentliches Vertrauen zurückgewinnen. Das funktionierte jedoch nicht, und wurde während der Krise des Dualen Systems Anfang der 90er-Jahre sichtbar.

Mit der Krise des Dualen Systems, besser bekannt unter der Marke „Grüner Punkt", war die ganze Kunststoff-Branche erneut in die Schusslinie der Öffentlichkeit geraten. Die Medien hatten sich auf das Thema eingeschossen, und mit bloßer Pressearbeit war der emotionalisierten Stimmung kaum mehr beizukommen. Um die Entscheider zu erreichen, entschieden wir uns damals, sie auf direktem Wege, also per Brief, von unserer Position zu überzeugen. Heute nennt man das, was zu einem wesentlichen Standbein unserer Kommunikation geworden ist, im PR-Fachjargon Direct Mailing. Die Verantwortlichen in der Politik sollten informiert und direkt bei den zentralen Fragestellungen „abgeholt" werden, da der Druck der Medien und der Öffentlichkeit immer größer geworden, und die Gefahr, dass viele diesem Druck nachgeben, nicht zu übersehen war. Briefe, Workshops, Besichtigungen von Firmen und Recycling-Anlagen, persönliche Gespräche wurden fortan stärker als zuvor für die Kommunikation genutzt.

Spätestens mit der öffentlichen Diskussion um den Flughafenbrand in Düsseldorf wurde die AgPU buchstäblich zur Feuerwehr für den eigenen Werkstoff. Als der Vorwurf aufkam, die PVC-ummantelten Kabel hätten wie Zündschnüre gebrannt und wären damit der Auslöser des Unglücks gewesen, prasselte erneut ein mediales Gewitter auf das Produkt PVC herab[9]. Sollte man zum großen Gegenangriff übergehen? Wenn ja, wie? Pressegespräche, Expertenurteile, Videos, regelmäßige Presseaussendungen – alles schien wochenlang völlig fruchtlos. Eine riesige Imagekampagne konnte die AgPU nicht leisten. Sie setzte hingegen zunächst auf Deeskalation unterhalb der öffentlichen Diskussion, sozusagen „below the line". Damit sollte ein Abklingen der Aufgeregtheit in der Politik forciert werden. Anstatt eines medialen Gegenangriffs gab es zunächst Gespräche, unter anderem auch mit dem damaligen Landeswirtschaftsminister Wolfgang Clement und der NRW-Staatskanzlei, die ein Sachverständigengremium einberufen hatte. Dieser Dialog war enorm wichtig, da er nicht zuletzt Kommunikationszugänge für die Zukunft festigte, sondern auch offenbarte, dass die Politik, trotz ihrer ständigen Zwänge zur Mehrheitsbeschaffung und Kompromissbildung, zuhörte und nach einer Lösung der Krise suchte. Als dann auf Grund der Expertenuntersuchung feststand, dass die PVC-Kabel für Brand-Entstehung und -Weiterleitung keine herausragende Rolle gespielt hatten, gingen wir mit einer Demo unter dem Motto „Wir lassen die Lügen über PVC platzen" mit einem provozierenden Paukenschlag wieder an die schon desinteressierte Öffentlichkeit (L. Rolke 2000: 203-220).

8   Erfolgreiches Themen-Management

Die Mühe hat sich gelohnt. Der kontinuierlichen Arbeit der AgPU ist es zu verdanken, dass sich die Diskussion um PVC versachlicht hat. Dabei sind aus den vermuteten zwei bis drei Jahren inzwischen fünfzehn geworden. Mit medienwirksamen Aktionen und kommunalen Verzichtserklärungen versuchten es die Kritiker, konnten sich aber im Endeffekt gegen effizientes Issue-/Themen-Management nicht durchsetzen. Die Kombination aus Fakten und emotionaler Sympathie, erzeugt durch die Image-Kampagne von PVCplus, hat bis heute die Oberhand behalten. Die PVC-Branche kann steigende Verkaufszahlen und Marktanteile aufweisen (zum Beispiel bei Fenstern, Dachbahnen, Rohren oder Kartensystemen) und genießt unter den Verbrauchern insgesamt ein gutes Image[10]. Viele wundern sich schon, wie man auf die Idee kommen konnte, Schwimmflügel und Blutbeutel zu verbieten.

---

9 Edgar Gärtner hat die Diskussion um die Rolle von PVC beim Düsseldorfer Flughafenbrand dokumentiert: vgl.: Gärtner, E. (1997): Der Düsseldorfer Flughafenbrand. Eine Dokumentation in Fragen und Zitaten. Bonn.

10 So gaben bei eine Befragung im Jahr 2000 63 Prozent der Deutschen an, dass PVC auch in Zukunft ein wichtiger Werkstoff sein werde, 1996 waren dies erst 55 Prozent, davor noch weniger.

Aber ist die AgPU eine Erfolgsgeschichte im Umgang mit unvorhersehbaren Krisen? Hat sie die Kommunikationspolitik im Spannungsfeld von Unternehmen, Medien und Politikern positiv beeinflusst? Ich denke, sie hat zumindest einige richtige Antworten auf bedenkliche Entwicklungen geliefert. Die Arbeitsgemeinschaft ist eine Geburt der Krise. Die gesamte Branche formte seinerzeit eine einheitliche Stimme mit dem Ziel, eine stark emotionalisierte und überzogene Diskussion zu versachlichen. Das ist ihr gelungen. Sie hat gezeigt, dass die Wirtschaft trotz aller Fehlwahrnehmungen ihre Sprachlosigkeit überwinden kann und muss, und sie hat einen richtigen Weg dahin gezeigt. Nicht Überrumpelung, sondern Überzeugung ist die Kunst von Public Affairs, begleitet von der richtigen Dosis Öffentlichkeitsarbeit.

9   Die Lehren für das Management

Manager müssen wissen, dass Kommunikation eine der tragenden Säulen des Unternehmens ist. Kommunikation ist tatsächlich immer vorhanden. Auch das Nichtssagen ist eine Form der Kommunikation. Und die Strategie des Schweigens kann nach hinten losgehen, wenn es plötzlich in der Krise heißt, Kommunikationskanäle und ein positives Image zu besitzen und zu besetzen. Kommunizieren bedeutet ständigen Dialog, und das Kommunizieren eines Unternehmens ist vor allem eines: ein Handwerk – und zwar eines, dessen Erfolge sich konkret messen lassen.

Diesen Tatbestand haben viele Unternehmen bislang nicht ausreichend wahrgenommen. Auch erfordert erfolgreiche Kommunikation eine von der Geschäftsleitung unterstützte – und am besten auch mit ihr umgesetzte – strategische Planung, sozusagen einen Plan des Kommunizierens. Für die Manager muss es darum gehen, die Spielregeln der anderen Systeme besser zu verstehen und zu wissen, dass es sich auszahlt, verstärkt und präventiv in ein positives Image und einen funktionierenden Kommunikationsapparat zu investieren.

Allerdings darf Kommunikationspolitik nicht mit Inszenierung verwechselt werden. Die mag dazu gehören, doch ist Kommunikationspolitik mehr als der perfekte Sitz der Krawatte beim Pressetermin, mehr als schauspielerische Fähigkeiten eines Vorstandsvorsitzenden bei der Jahrespressekonferenz. Es beginnt mit dem Erkennen, dass man seine eigene Reputation managen kann. Noch zu oft wird das Ansehen des eigenen Hauses, die Corporate Reputation, als eine unbeeinflussbare Größe, als Fremdbild gesehen. Andererseits begegnet man gelegentlich auch einer Überschätzung der Möglichkeiten im Krisenfall, die durch PR-Spektakel oder von interessierten Agenturen erzeugt wird. Eine

---

In der Gruppe der 30- bis 39-Jährigen waren es sogar nahezu 72 Prozent (Starke Seiten, Ausgabe Mai 2000).

Defensivhaltung, die Kommunikation mit den einflussreichen Akteuren und Gruppen in der Öffentlichkeit, den so genannten Stakeholdern, noch immer als notwendiges Übel und nutzlos empfindet, übersieht, dass Reputationskrisen ein reales Risiko sind wie Brand, Hochwasser, Forderungsausfälle. Empfehlenswert ist deshalb eine aktive Gestaltung der Außendarstellung durch Wort und Tat, am besten sinnvoll verknüpft.

Nach dem Motto „Spare in der Zeit, dann hast du in der Not" muss die Kommunikationsstrategie darauf zielen, ein "Reputationsguthaben" aufzubauen, von dem im Ernstfall Verluste abgebucht werden können. Ist im Ernstfall kein Vermögen da, führen Verluste zunächst zum Reputationskonkurs und dann vielleicht auch zur kaufmännischen Insolvenz. Dieses Verständnis der Vorsorge für einen Krisenfall ist noch wichtiger als die Entwicklung von Krisenhandbüchern, Training des Ernstfalls oder gar das Einschalten guter Berater: Im Ernstfall alles sicher notwendig, aber nicht hinreichend. Jedes Unternehmen muss auf Eventualitäten vorbereitet sein, die in einer Infotainment-Gesellschaft schneller hereinbrechen können, als dies noch vor zehn oder 20 Jahren der Fall war. Treffen kann es jeden, und wenn man um die Mechanismen, die Fehlwahrnehmungen weiß, mit denen Medien und Politik operieren, dann kann man den Schaden vergleichsweise gering halten.

10 Versicherung gegen Kommunikationskrisen?

Was haben wir aus der Geschichte des Krisenmanagements von PVC gelernt? Die Form der Image-Arbeit war und ist sicher kein universelles Modell für jedes Produkt und jede Branche, sondern eine von mehreren denkbaren Antworten für eine ganz spezifische Konstellation. Es handelte sich um das Issue Management eines alltäglichen Produktes, vertrieben von einer Branche, die vergleichsweise unbekannt und mittelständisch geprägt ist. Die überwiegend technischen Produkte wie Rohre, Fenster, Folien weisen keinerlei Affinität zum Infotainment auf, sie sind Produkte einer eher „blassen Industrie". Die Anbieter der PVC-Branche verfügen daher nicht über die Ressourcen, sich jeweils selbst einen großen Kommunikations- und Kampagnenapparat zu leisten und haben sich so für eine Art gemeinschaftliche „Versicherung" entschlossen. Diese Versicherung kann Schaden prinzipiell nicht verhindern, aber gemeinsam eine Reputation aufbauen und die funktionierende Kommunikation im Falle eines Falles sicherstellen.

Und dass der Fall kommt, hat die Geschichte von PVC gezeigt. Die Arbeitsgemeinschaft wird weiterhin alle Tendenzen beobachten, schließlich sind die Stimmungen von medienvermittelter Öffentlichkeit immer schwerer zu beeinflussen oder gar vorherzusehen. Mit diesem Problem tragen sich nicht nur Politiker und Meinungsforscher herum, sondern auch die Manager. Öffentliche beziehungsweise veröffentlichte Meinung kann von keinem Akteur wirklich gesteuert werden. In einer hoch komplexen Gesellschaft wirken Politik, Wirtschaft, Wissenschaft und Medien im beschleunigten Rhythmus aufeinander ein. Doch gerade die Wirkung der Medien auf Politik und Gesellschaft ist beträchtlich. Für alle Manager muss daher in einer stimmungsgeladenen, verwundbaren medialen Umwelt das gleiche Prinzip oberste Priorität besitzen: Image aufbauen, Marke aufbauen, Kredit aufbauen, jeweils im Rahmen der eigenen Möglichkeiten. Dafür gibt es ein Handwerk, für das es zwar keinen Meisterbrief, aber einen Plan braucht: Es ist das Handwerk der Kommunikation. Wer' das ignoriert, für den ist die Krise nur noch wahrscheinlicher.

Literatur

Allmaier, Michael (1998): Verlier die Vier. Dann ist das ja noch wenig: Wie Journalisten zählen. In: Frankfurter Allgemeine Zeitung vom 14. September 1998, Nr. 213 / Seite 9

Arbeitsgemeinschaft PVC und Umwelt e.V. (Hrsg.) (1998): Auf dem Weg zur Nachhaltigkeit. 10 Jahre Arbeitsgemeinschaft PVC und Umwelt e.V., Bonn

Arbeitsgemeinschaft PVC und Umwelt e.V. (Hrsg.) (2000): PVC aktuell. Volkswirtschaftliche Daten und Fakten zu PVC, Bonn 2000

Arbeitsgemeinschaft PVC und Umwelt e.V. (Hrsg.) (2001): Transparent. Risikowahrnehmung und Dialogbereitschaft, Ausgabe 01/01, Bonn 2001

Arbeitsgemeinschaft PVC und Umwelt e.V. (Hrsg.) (2001): PVC - Neubewertung eines Klassikers, Bonn 2001

Arbeitsgemeinschaft PVC und Umwelt e.V. (Hrsg.) (2002): Transparent. Risikowahrnehmung und Dialogbereitschaft, Ausgabe 02/Dezember 2002, Bonn

EU-Studie (2001): "Wissenschaft und Technik im Bewusstsein der Europäer", www.members.vol.at/roemer/2003/roe_0318.htm

Gärtner, Edgar (1997): Der Düsseldorfer Flughafenbrand. Eine Dokumentation in Fragen und Zitaten, Bonn

Gross, Paul R./Levitt, Norman /Lewis, Martin W. (1996): The Flight from Science and Reason, Baltimore and London

Kohtes Klewes (2000): Herausforderung Gentechnologie. Medienbild und Bevölkerungsmeinung zur Gentechnik im internationalen Vergleich. Forschungsbericht Nr. 99 vom 15. August 2000, Seiten 40ff. In: Medien Tenor (2000)

Leif, Thomas (2001): Macht ohne Verantwortung. Der wuchernde Einfluss der Medien und das Desinteresse der Gesellschaft, in: Aus Politik und Zeitgeschichte vom 5. Oktober 2001, B 41 – 42/2001, Seiten 6-9

Manz, Ulrich (1999): Ökologie in den Medien – der Rollentausch hat befonnen. In: Rolke, L. und Wolff, V. (Hrsg.) (1999), S. 149 – 157

Moeskes, Christoph (2001): Nahrung für die Angst. Ein kleiner Überblick über vier deutsche Lebensmittelskandale, in: Frankfurter Allgemeine Zeitung vom 27. Februar 2001, Nr. 49 / Seite 12

Pepels, Werner (Hrsg.) (2000): Fallstudien im Marketing. Köln

Preusker, Werner (1994): Effizienz statt Mythenreise - die Umweltpolitik braucht eine neue Qualität. Ansprache zur Einweihung der Aufbereitungsanlage der Arbeitsgemeinschaft für PVC-Dachbahnen-Recycling in Troisdorf, Bonn

PVColus Kommunikations GmbH (Hrsg.) (2000): Starke Seiten

Rolke, Lothar und Wolff, Volker (Hrsg.) (1999): Wie die Medien die Wirklichkeit steuern ud selber gesteuert werden. Opladen

Rolke, Lothar (2000): PVC nach dem Flughafenbrand in Düsseldorf: Wiedergewinnung der Kommunikationsfähigkeit. In: Pepels, W. (Hrsg.) (2000), S. 203 – 220

Schuh, Hans (1996): Mehr Macht für die Vernunft. In: Die Zeit, Nr. 38 vom 13. September 1996, S. 40 – 41

Wartburg, Walter von (2003): Das Ansehen verbessern - den Ruf schützen. In: Frankfurter Allgemeine Zeitung, Sonderausgabe vom 7. April 2003

Politiker und Manager in der Mediengesellschaft – was beide voneinander lernen können

von Hans Mathias Kepplinger

Der Unternehmer und FDP-Politiker Paul Friedhoff meinte kurz vor seinem freiwilligen Ausscheiden aus dem Bundestag in einem Gespräch mit der „Süddeutschen Zeitung", immer mehr Politiker würden „zu PR-Leuten". Das trifft generell zu, weil es sich in Medienresonanz auszahlt und weil mediale Beachtung zu einer unverzichtbaren Voraussetzung für eine politische Karriere auf Bundesebene geworden ist. Allerdings werden aus den gleichen Gründen auch immer mehr Manager zu PR-Leuten. Sie finden sich nicht nur in den Führungsetagen der IT-Unternehmen, sondern auch der Banken und Versicherungen. Trotzdem bleibt die Frage, ob die Behauptung den Kern trifft: Möglicherweise werden nicht immer mehr führende Politiker und Manager PR-Leute. Möglicherweise erreichen immer mehr PR-Begabungen Führungspositionen in Politik und Wirtschaft. Dann hätten wir es nicht mit einem Wandel des Selbstverständnisses von Politikern und Managern zu tun, sondern mit einer Veränderung der Selektionskriterien in Politik und Wirtschaft sowie mit einer Optimierung der Karrierechancen von PR-Begabungen zu tun. Dies mag, muss aber nicht, zu Lasten anderer Qualifikationen gehen. In jedem Fall spiegeln die Veränderungen aber die wachsende Bedeutung der Medien wider, die schon auf Grund ihres Bedeutungsgewinns die Lebens- und Arbeitsbereiche ändern, über die sie als nur scheinbar unbeteiligte Beobachter berichten.

Der ehemalige FDP-Abgeordnete Paul Friedhoff war nach drei Legislaturperioden über seinen Abschied von der Bundespolitik „froh, daß (er) nicht weitermachen muß". Das kann angesichts der Unterschiede zwischen den beiden Welten, in denen er tätig war, kaum verwundern. Sie beginnen beim Bildungshintergrund der Führungseliten in Politik und Wirtschaft, erstrecken sich auf die berufliche Sozialisation, auf das Einkommen und auf die Wohnsituation, und sie enden bei den Ansichten darüber, was politisch sinnvoll und notwendig ist. Folglich bewegen sich Unternehmer, die Politiker werden, in unterschiedlichen Bezugsgruppen mit entsprechend divergierenden Lebensstilen und Erwartungen. Einige sozio-demographische Daten können dies illustrieren. Fast 90 Prozent der Führungspersönlichkeiten in Politik und Wirtschaft haben laut Capital-Elite-Panel[1] einen akademischen Hintergrund. Dabei bestehen quantitativ keine

---

[1] Die Daten beruhen auf Sonderzählungen des Instituts für Demoskopie Allensbach anhand der Umfrage 4260 in Juni/Juli 2002 für den vorliegenden Beitrag.

nennenswerten Unterschiede zwischen den beiden Eliten, wohl aber qualitativ. Nahezu die Hälfte der Wirtschaftselite (45 %) hat Wirtschaftswissenschaften studiert, ein Viertel (27 %) Ingenieurswissenschaften. In der politischen Elite sind es nur ein Fünftel (19 %) bzw. nicht einmal ein Zehntel (7 %). Hier dominieren die Juristen (34 %) und Sozialwissenschaftler (16 %). Sie bilden wiederum in der Wirtschaftselite nur kleine Minderheiten (9 bzw. 3 %). Die beiden Eliten haben folglich verschiedene Denkstile internalisiert, sind verschiedenen Problemlösungsstrategien verpflichtet und greifen auf verschiedene Wissenshorizonte zurück.

Der unterschiedliche Bildungshintergrund geht mit einer unterschiedlichen Lebenslage einher, die sich unter anderem in der Wohnsituation niederschlägt. Die politische Elite ist in den Hauptstädten der Länder, bzw. in Berlin tätig, braucht den öffentlichen Raum und gehört weit überwiegend zum großstädtischen Milieu: Fast alle der Führungspersönlichkeiten in der Politik (92 %), jedoch nur etwa die Hälfte der Wirtschaftselite (52 %) wohnen in einer Haupt-, bzw. Großstadt. Dies mag angesichts der Leichtigkeit, mit der man aufs Land oder in die Stadt fahren kann, bedeutungslos erscheinen. Darum geht es jedoch nicht, weil die soziale Umgebung, die Art der Nachbarschaft und der nachbarschaftlichen Beziehungen die Vorstellungswelten und Verhaltensweisen prägen. Dies gilt auch für das Einkommen, das sich in beiden Bereichen erheblich unterscheidet. Vier Fünftel der Wirtschaftselite (81 %), jedoch weniger als zwei Drittel der politischen Elite (60 %) verfügte 2002 über ein Einkommen von über 100.000 Euro.

Das materielle Gefälle zwischen Wirtschaft und Politik ist ein Grund dafür, dass sich unter den Bundestagsabgeordneten kaum Unternehmer oder leitende Manager befinden. Hier dominieren die Beamten (39,9 %) sowie Angestellten politischer und gesellschaftlicher Organisationen (20,8 %) und des öffentlichen Dienstes (6,0 %), für die sich eine politische Karriere materiell lohnt. In der Konsequenz verfügen diejenigen, die in ihrem Berufsleben direkt vom Staat abhängen, im Bundestag über eine komfortable Zweidrittelmehrheit. Ihnen stehen nicht einmal ein Drittel Freiberufler (14,3 %), Angestellte in der Wirtschaft (8,2 %) und Selbstständige (6,2 %) gegenüber, für die schon aus finanziellen Gründen eine politische Karriere kaum reizvoll ist,[2] von der psychischen Belastung einer Dauerexistenz in der Öffentlichkeit einmal abgesehen. Dies führt dazu, dass die Unternehmen und die Selbstständigen im Bundestag weit von einer Gestaltungsmehrheit entfernt sind. Die damit verbundenen Nachteile bei der Wahrnehmung berufsständischer Interessen mag durch die Tätigkeit von Lobbyisten kompensiert werden. Nicht kompensierbar ist auf diesem Weg

---

[2] Die Daten stammen, um den Vergleich mit dem Capital-Elite-Panel zu sichern, aus dem letzten Bundestag.

jedoch der Mangel an Erfahrung in leitenden Positionen großer Unternehmen bzw. in eigenverantwortlicher Tätigkeit als Selbstständiger. So besitzt die politische Elite – wie die Verwaltungselite, was jedoch als normal gelten kann – nur über vergleichbar wenig Reformbereitschaft und unternehmerischen Mut (Tabelle 1).

Tabelle 1: Notwendigkeit gründlicher Reformen

Frage: *„Wenn jemand sagt: ‚In Deutschland muss jetzt endlich mal auf allen Ebenen gründlich aufgeräumt werden.‘ Sehen Sie das auch so oder nicht?"*

	Wirtschaft	Politik	Verwaltung
	(n = 375)	(n = 108)	(n = 97)
	%	%	%
„sehe das auch so"	78	49	47
„sehe das nicht so"	20	44	44
Unentschieden	2	7	8
Summe	100	100	99

Quelle: Capital-Elite-Panel, Befragung Februar/März 2002

Der folgenreichste Unterschied zwischen den Führungseliten in Politik und Wirtschaft resultiert aus den verschiedenen Erfolgskriterien in beiden Bereichen. In der Politik wie in der Wirtschaft beruhen Karrieren auch auf Machtkämpfen und Intrigen, Beziehungen und Zufällen. Daneben gibt es jedoch einen gravierenden Unterschied. Politiker verdanken ihren Aufstieg traditionell vor allem der Akzeptanz von unten, von der Basis. Erfolg hat auf Dauer nur derjenige, der vom Ortsverein und dem Stadtrat, bis zur Landespartei und dem Landtag die Mehrheit des eigenen politischen Lagers hinter sich versammelt. Eine wesentliche Voraussetzung dafür ist die Fähigkeit zum öffentlichen Auftritt – in Hinterzimmern von Gasthäusern, auf Marktplätzen und in Parlamenten.

Das trainiert die Fähigkeit zur freien Rede, zum pointierten Argumentieren und zum erfolgreichen Appell an die Emotionen der Zuhörer. Nur wenige besitzen eine natürliche Begabung dafür, aber alle gehen durch eine jahrelange Schule, und wer die Prüfung nicht besteht, hat kaum eine Chance auf eine herausgehobene Position. Zugleich schärft es den Blick für die Stimmungen der relevanten Mehrheiten und schafft fast zwangsläufig Beziehungen zu den Medien, ohne die die höheren Weihen kaum zu erhalten sind. Folglich lernen die meisten Politiker schnell die Eigengesetzlichkeiten der Medienwelt kennen, und sie lernen mehr oder weniger gut damit umzugehen.

Die Führungselite in der Wirtschaft verdankt ihre Karriere dagegen vor allem der Akzeptanz von oben, von der Spitze der Unternehmen. Entsprechend klein ist die Plattform des eigenen Erfolgs. Hier kommt es auf die Wertschätzung des inneren Zirkels der etablierten Führungspersönlichkeiten an, nicht auf die Zustimmung der Mehrheit der Betriebsangehörigen oder gar der Öffentlichkeit außerhalb des eigenen Unternehmens. Die Fähigkeit zu flammenden Reden und die Bereitschaft zum öffentlichen Konflikt zählen hier nicht. Erforderlich sind Sachlichkeit und Diskretion, Teamarbeit und Verantwortungsbereitschaft. Auch Bescheidenheit ist gefragt, selbst wenn sie nur gespielt ist. Dies schärft den Blick für sachliche und personelle Erwägungen auf der Leitungsebene, nicht aber für die Stimmungen an der Basis. Dabei stören die Medien eher, als sie nützen. Statt Beziehungen zu den Medien entstehen Distanzen zu ihnen. Folglich wissen die Führungskräfte in der Wirtschaft meist wenig über die Eigengesetzlichkeiten der Medien und können kaum damit umgehen. Was dort geschieht, ist ihnen meist fremd, oft unverständlich und gelegentlich unheimlich.

Die Voraussetzungen, unter denen die Führungseliten in Politik und Wirtschaft ihre Positionen erreichen und ihre Tätigkeiten ausüben, schlagen sich deutlich in ihren subjektiv erlebten Freiheiten und Beschränkungen nieder (vgl. M. Sauer 1997: 285-320). Über die Hälfte der politische Elite (57 %), jedoch nur ein Drittel der Wirtschaftselite (32 %) fühlt sich bei der Durchsetzung der eigenen Zielvorstellungen „sehr stark" oder „stark eingeschränkt". Noch seltener sehen sich nur die Angehörigen der Medienelite „starken" oder „sehr starken" Einschränkungen ausgesetzt (27 %). Aufschlussreicher als diese generellen Unterschiede sind die Quellen der Einschränkungen. Bei den meisten Politikern resultieren sie aus der politischen Linie der Partei bzw. Fraktion, der sie angehören, gefolgt von den Kollegen und Mitarbeitern. Schon an dritter Stelle rangieren hier jedoch – noch vor dem übergeordneten Gremien – die Medien. Dies verweist auf die intensive individuelle Erfahrung mit, aber auch auf die besondere Abhängigkeit der Politiker von den Medien. Bei den meisten Managern beschränken vor allem die übergeordneten Gremien die eigene Durchsetzungsfähigkeit, gefolgt von den Kollegen und Mitarbeitern. Dagegen sind für fast alle von ihnen die Medien bedeutungslos (Tabelle 2).

Tabelle 2: Quellen von subjektiv empfundenen Einschränkungen der Durchsetzungsfähigkeit

	Politik	Wirtschaft	Medien
	%	%	%
Intern			
Kollegen, Mitarbeiter	50	68	71
nachfolgende Ebene in der Organisation	31	21	20
Kontrollgremien in der Organisation	28	80	72
Politik/Linie der Organisation	71	21	27
Extern			
Kontrollgremien Bund / Länder	25	18	5
Öffentlichkeit /Medien	44	11	18

Quelle: Sauer 1997

Die Tatsache, dass nur sehr wenige Angehörige der Führungselite in der Wirtschaft in den Medien eine Beschränkung ihrer eigenen Durchsetzungsmöglichkeiten sehen, ist zum einen darauf zurückzuführen, dass die Wirtschaft – trotz der wachsenden Abhängigkeit vieler Unternehmen von der Öffentlichkeit – noch immer vorwiegend ihrer Eigengesetzlichkeit folgt. Darin unterscheidet sie sich von der Politik, die zunehmend mediatisiert wird, indem ihre Eigengesetzlichkeit den Bedingungen der Medien geopfert wird. Eine Folge dieser Entwicklung ist die wachsende Neigung zu symbolischen Handlungen, die zwar nicht die anstehenden Probleme lösen, jedoch den medial vermittelten Eindruck von Aktivität wecken. Der seltene Verweis der wirtschaftlichen Führungselite auf die Medien ist jedoch auch eine Folge der geringen Erfahrung vieler Ma-

nager mit der Öffentlichkeit, was auch damit zusammenhängt, dass vor allem
die Leiter der großen Unternehmen zwischen sich und den Medien effektive
Informationsabteilungen haben. Sie halten im Normalfall vieles von der Unternehmensleitung fern, was in der Politik – oft sogar noch vom eigenen Umfeld
verstärkt – direkt bis auf die Leitungsebene durchschlägt. Zugleich verweisen
die Antworten der Wirtschaftselite zum Teil auch auf eine Unterschätzung ihrer
Bedeutung. Zwei Drittel der 151 größten Unternehmen aus der Automobilindustrie und dem Maschinenbau, der chemischen und pharmazeutischen Industrie sowie aus der Lebensmittelproduktion und Distribution sind nach Aussagen ihrer jeweiligen Kommunikations-Chefs in der Vergangenheit Gegenstand
von öffentlichen Krisen gewesen. Bei vielen Unternehmen, die derartige Erfahrungen gemacht haben, werden möglichen Reaktionen der meinungsbildenden
Medien sogar schon im Vorfeld von Entscheidungen antizipiert und berücksichtigt. Dies betrifft zum Teil wirtschaftlich bedeutsame Weichenstellungen
sowie ein breites Spektrum von Handlungsalternativen – angefangen von mar-
ginalen Änderungen der Pläne bis zu substantiellen Eingriffen (vgl. H. M.
Kepplinger 2003).

Die Erfahrung der Politiker im direkten Umgang mit den Medien schlägt
sich in einer vergleichsweise skeptischen Einschätzung ihrer Rolle nieder. So
unterscheiden sie deutlicher zwischen Darstellung und Realität als andere. Für
Politiker sind Medienberichte auch dann eine soziale Realität, mit der sie rech-
nen müssen, wenn sie die dargestellte Realität verfehlen. Das entscheidende
Kriterium für ihr politisches Handeln ist im Zweifelsfall nicht die Richtigkeit,
sondern die Wichtigkeit der Berichte. Wichtig können sie auch dann sein, wenn
sie aus Sicht der Politiker übertrieben oder gänzlich falsch sind. Wahrheit und
Handlungsrelevanz fallen dann auseinander. Ein markantes Beispiel hierfür ist
die Kluft zwischen den hektischen politischen Aktivitäten während des BSE-
Skandals zum Schutz der Verbraucher und den gelassenen Reaktionen der Politiker als Verbraucher: Mehr als die Hälfte der Wirtschafts- und Verwaltungselite aß auf dem Höhepunkt des Skandals weniger oder gar kein Rindfleisch
mehr. Von der politischen Elite war es dagegen nur etwas mehr als ein Drittel.
Aus der Sicht der politischen Elite musste öffentlich gehandelt werden, obwohl
es aus ihrer Sicht privat nicht notwendig war (Tabelle 3).

Tabelle 3: Gelassenheit im Skandal

Frage: *„Haben Sie Ihre Essgewohnheiten wegen der Rinderseuche BSE geändert, ich meine, dass Sie deswegen kein Rindfleisch mehr essen oder weniger als vorher, oder hat sich da nichts geändert?"*

	Wirtschaft (n = 378)	Politik (n = 111)	Verwaltung (n = 100)
	%	%	%
„esse kein Rindfleisch mehr"	13	11	13
	⎱ 54	⎱ 37	⎱ 54
„esse weniger Rindfleisch"	41	26	41
„hat sich nichts geändert"	42	56	37
„esse grundsätzlich kein Rindfleisch / bin Vegetarier"	3	5	8
andere Angabe	1	2	1
Summe	100	100	100

Quelle: Capital-Elite-Panel, Befragung Februar/März 2002

In den vergangenen Jahrzehnten ist neben dem traditionellen Karriereweg von Politiken entlang der Parteihierarchie eine Alternative entstanden – die Karriere mit Hilfe der Medien an den Parteigremien vorbei (vgl. H. M. Kepplinger 1992: 13-32; H. M. Kepplinger 1997: 176-194). Die Karrieren von Oskar Lafontaine in den achtziger Jahren, vor allem aber von Gerhard Schröder in den neunziger Jahren sind markante Beispiele hierfür. So wurde Schröder gegen den erkennbaren Willen der Parteibasis, die Lafontaine vorgezogen hätte, Kanzlerkandidat der SPD, weil er bei den Medien besser ankam. Die Grundlage der Macht ist in solchen Fällen das medial vermittelte Ansehen in der Öffentlichkeit. Sie wird nicht von der Parteibasis verliehen, sondern von ihr nur noch abgesegnet. Dadurch haben sich neben den Parteigremien die meinungsbildenden Medien als zweite Machtbasis von Politikern etabliert. Dies begünstigt Politiker, die die

Erfolgskriterien der Medien, vor allem des Fernsehens, erfüllen. Hier zählen prägnante Formulierungen und originelle Antworten, sonore Stimmlage und kontrollierte Gestik mehr als profunde Kenntnisse und belastbare Urteile. Dies hat seinen Preis. Politiker, die ihre Karrieren vorwiegend ihrer medialen Präsenz verdanken, sind stärker noch als andere von den Medien abhängig. Wenn sie im Konfliktfall deren Halt verlieren, hält sie nichts mehr. Zudem fehlt ihnen bei schwierigen Entscheidungen die Machtbasis in den zuständigen Gremien – der Partei, der Fraktion. Auch hierfür liefern die Genannten Anschauungsmaterial.

Eine ähnliche Entwicklung zeichnet sich spätestens seit den Hochzeiten der New Economy, die einige medienvermittelte Stars hervorgebracht hat, auch in der Wirtschaft ab. So reüssierten während des letzten Börsen-Booms einige Manager und mit ihnen ihre Unternehmen nicht zuletzt wegen ihrer medialen Präsenz, wobei gelegentlich eine enorme Diskrepanz zwischen wirtschaftlicher Basis und öffentlicher Wahrnehmung entstand. Das spektakuläre Scheitern einiger dieser Medienfavoriten an den ökonomischen Fakten kann nicht verdecken, dass auch in der Wirtschaft die Karrierechancen zunehmend von Medienkompetenz und Medienpräsenz abhängen. Dies trifft vornehmlich auf börsennotierte Unternehmen und auf Unternehmen zu, die ihre Leistungen den Endverbrauchern anbieten bzw. aus anderen Gründen im Licht der Öffentlichkeit stehen.

Trotz der gemeinsamen Entwicklungslinien bestehen nach wie vor erhebliche Unterschiede zwischen den Eliten im Umgang mit den Medien. Sie spiegeln zum einen die größere Medienpräsenz der politischen Elite, zum anderen jedoch auch die größere Bedeutung des öffentlichen Ansehens für ihre Karriere wider. So hat zwar jeder Dritte aus der politischen Elite (34 %), jedoch nur jeder Sechste aus der Wirtschafts- bzw. Verwaltungselite (16 bzw. 17 %) „schon einmal die Erfahrung gemacht, dass Journalisten zu weit gingen bei Berichten über ihr Privatleben". Die Angehörigen der verschiedenen Eliten machen derartige Erfahrungen nicht nur mehr oder weniger häufig. Sie erleben sie auch unter ungleichen Voraussetzungen: Während für die Angehörigen der Wirtschafts- und Verwaltungselite die Medienresonanz im Vergleich zur Reaktion ihrer direkten Umgebung relativ unwichtig ist, verhält es sich für die Angehörigen der politischen Elite umgekehrt. Ihre Zukunft hängt vor allem von der Medienresonanz ab. Folglich sind die Politiker – trotz der damit verbundenen Nachteile – eher bereit, sich gegen derartige Berichte zu wehren (25 %) als die Angehörigen der Wirtschaftselite (18 %) und der Verwaltungselite (16 %) (Institut für Demoskopie Allensbach, Umfrage 3238; H. M. Kepplinger 2000: 15-34). In die gleiche Richtung deutet eine Befragung von Bundestagsabgeordneten und Pressesprechern großer Verbände. Weit über zwei Drittel der Politiker (71 %), jedoch weniger als die Hälfte der PR-Leute (44 %) kennen mindestens eine Person, die „nach falschen und ehrverletzenden Berichten auf presserechtliche Maßnahmen verzichtet (hat), obwohl die rechtlichen Voraussetzungen ... gut dafür waren". Der wichtigste Grund hierfür war nach Aussage beider Gruppen die Angst vor weiterer Publizität (37 bzw. 39 %) (vgl. H. M. Kepplinger 2000). Trotzdem fiel die Güterabwägung aus den eingangs genannten Gründen für die Angehörigen der politischen Elite anders aus als für die Angehörigen der Wirtschaftselite: Die Politiker haben sich eher gewehrt als die Manager.

Was also können Politiker und Manager über die jeweils anderen lernen? Politiker können lernen, dass Reformen notwendiger sind als sie selbst meinen; dass medial vermittelte Macht keine hinreichende Machtbasis in den entscheidungsrelevanten Gremien schafft und dass Manager noch eher an die Vorgaben ihrer Organisationen gebunden sind, als sie selbst. Manager können lernen, dass Politiker mehr von den Medien abhängen, als sie zuweilen vermuten; dass sie jedoch eher zwischen medialer Darstellung und dargestellter Realität unterscheiden und dass sie schließlich auch ein besser trainiertes Gespür für die Stimmung an der Basis und in der Öffentlichkeit besitzen. Was können beide voneinander lernen? Politiker vor allem die Einsicht in die Notwendigkeit und den Mut zur Durchführung von Reformen. Zudem die Erkenntnis, dass auch in der Politik der Erfolg in den Medien auf Dauer den Erfolg in der Sache nicht ersetzt; Manager vor allem den Sinn für die Öffentlichkeit und ihre mediengeprägte Eigengesetzlichkeit. Dazu gehört nicht zuletzt die Fähigkeit, in öffentlichen Krisen den sachlichen Kern hinter der Darstellung zu erkennen und die Chancen und Risiken des eigenen Verhaltens rechtzeitig rational abzuwägen, wobei die Orientierung an den Medien gelegentlich Erfolg versprechender sein kann als die Orientierung an der Sache.

Literatur

Bürklin, Wilhelm/Rebenstorf, Hilke u.a. (Hrsg.) (1997): Eliten in Deutschland. Rekrutierung und Integration. Opladen: Leske + Budrich

Faulstich, Werner/Korte, Helmut (Hrsg.) (1997): Der Star. Geschichte. Rezeption. Bedeutung. München: Wilhelm Fink Verlag

Gesellschaft für Rechtspolitik Trier (Hrsg.) (2000): Bitburger Gespräche. Jahrbuch 1999/I. München: C. H. Beck'sche Verlagsbuchhandlung

Institut für Demoskopie Allensbach, Umfrage 3238

Instituts für Demoskopie Allensbach: Umfrage 4260, Juni/Juli 2002

Kepplinger, Hans Mathias (1992): Funktionswandel der Massenmedien. In: Kepplinger, Hans Mathias (Hrsg.) (1992): S. 13 – 32

Kepplinger, Hans Mathias (1997): Politiker als Stars. In: Faulstich, Werner/Korte, Helmut (Hrsg.) (1997): S. 176 – 194

Kepplinger, Hans Mathias (2000): Verletzung der Persönlichkeitsrechte durch die Medien: Halten die Annahmen der Juristen den sozialwissenschaftlichen Befunden stand? In: Gesellschaft für Rechtspolitik Trier (Hrsg.) (2000): S. 15 – 34

Kepplinger, Hans Mathias (2003): Warum Krisen eskalieren. In: Gero Kalt (Hrsg.): Issues Management. Frankfurt: F.A.Z.-Institut 2003 (im Druck)

Kepplinger, Hans Mathias (Hrsg.) (1992): Ereignismanagement. Wirklichkeit und Massenmedien. Osnabrück, Zürich: Verlag Fromm

Sauer, Martina (1997): Durchsetzungsfähigkeit und Kooperationspotential von Eliten als Bausteine der Elitenintergration. In: Bürklin, Wilhelm/Rebenstorf, Hilke u.a. (Hrsg.) (1997): S. 285 – 320

Vertraulichkeit oder Transparenz – Bankenkommunikation im Zeichen der Krise

von Jürgen Pitzer

1   Ein ceteris paribus vorab

Nach langem (Ab-)Warten steht nun fest: Wir haben die Krise! Nach Parteien, der Wirtschaft, den Banken und den Versicherungen ist die Krise nun endlich auch bei den Medien angelangt, zumindest bei einigen Verlagen, in denen Entlassungswelle um Entlassungswelle rollt, ohne dass ein Ende sicher abzusehen wäre. Was heißt das aber für unser Thema? Das ceteris paribus, nämlich eine festgelegte Medienstruktur, an die sich Kommunikation gerade im Bankensektor richtet, ist ins Trudeln geraten, formiert sich Tag für Tag neu. Statt des durch Jahrzehnte Erfahrung als Gesprächs- und Diskussionspartner auf Vorstandsebene herangereiften Wirtschaftsjournalisten werden auch kluge Köpfe immer jünger, zählt Schnelligkeit, Sensationslust, die Alleinstellung einer Story oftmals mehr als solide Recherche, abgestimmte Zitate oder einfach fachlich richtige Sachdarstellung.

Kann in einem solchen Klima, das hier zugegebenermaßen der Pointe wegen überspitzt dargestellt wurde, Vertraulichkeit gedeihen, partnerschaftliches Miteinander? Das ist nur ein Aspekt einer Medienkrise, die die strukturellen Voraussetzungen für Kommunikationsarbeit in den letzten Monaten erheblich verändert hat und deren Ende und damit zutreffende einordnende Bewertung noch gar nicht abschließend möglich ist. Unbestritten gehören auch in diesen Kontext Fragestellungen wie die, ob aus dieser wirtschaftlichen Zwangslage heraus Möglichkeiten, Einflussnahmen bis hin zu Abhängigkeiten entstehen könnten, welche die Medien bei missbräuchlicher Nutzung als unabhängige Kontrollorgane beschädigen würden. Darüber hinaus erwächst der hier ansatzweise skizzierten Entwicklung von Qualitätsjournalismus die Gefahr, dass hierdurch strukturelle Verwerfungen ausgelöst werden, etwa durch Monopolbildungen auf lokaler oder überregionaler Basis. In diesem Zusammenhang wäre auch zu hinterfragen, wie beispielsweise das erneute Vordringen des politisch kontrollierten öffentlich-rechtlichen Fernsehens zulasten eines seiner wirtschaftlichen Basis weitgehend beraubten Privatfernsehens zu werten ist. Und – last but not least – ob die verschärfte Konkurrenzsituation innerhalb der Medien nicht auch in Deutschland den Boden ebnet für Auswüchse des Journalismus, die bisher beachtete Grenzlinien zwischen gerüchteweise kolportierter Fiktion und überprüfter Wahrheit zu Gunsten des exklusiven Scoops verschieben. In einer

solchen eher auf personalisierte Aufmerksamkeitserregung als an Faktenver-
mittlung ausgerichteten Medienlandschaft würde sich natürlich auch der vom
Kommunikationschef erwartete Wertschöpfungsbeitrag deutlich anderen Kriterien ausgesetzt sehen. Und statt handwerklich dröger Pressearbeit wäre beispielsweise die Kunstfertigkeit des Spin-Doctoring der adäquate berufliche
Einsatz.

Erfreulicherweise erlauben die bisherigen Beobachtungspartikel nur auf
Konturen solcher möglichen Entwicklungen hinzudeuten, auch nicht zuletzt
verbunden mit dem latenten Wunsch, die damit einhergehenden Gefahren zu
bannen und abwenden zu können. Deswegen soll bei dieser kurzen Betrachtung
als „ceteris paribus"-Bedingung von einem uneingeschränkt funktionierenden
Medienmarkt und ebenso gut ausgebildeten wie auch mit langjähriger Erfahrung ausgestatteten Wirtschaftsjournalisten sowie einer auf Qualitätsjournalismus bedachten und sich hauptsächlich lesend informierenden Fachöffentlichkeit
ausgegangen werden.

2   Glaubwürdigkeit schaffen durch transparente Intransparenz

Kaum eine Branche ist von alters her so vielen Missdeutungen ausgesetzt wie
die der Banken und Versicherungen. Das schmerzliche Missverhältnis zwischen
notwendiger Vertrauensbasis als unabdingbarem Betriebskapital und stets vor-
handenen latenten Misstrauensvorbehalt, dem sich Banken und Banker in der
Öffentlichkeit gegenübersehen, schafft ohnehin ein beachtliches Spannungsver-
hältnis, in dem jedes Fehlverhalten wie mit einem Pantografen überzeichnet
wird und auf die gesamte Branche abstrahlt. Wurde bisher vieles an missglück-
ter Kommunikation der „Arroganz der Macht und Mächtigen" zugeschrieben,
so ging seit der krisenhaften Zuspitzung der Börsen-Crashs auch vielfach der
Nimbus und damit der Schutzschild gegenüber allzu kritischem Hinterfragen
verloren. Die mit Banken und Versicherungen assoziierte Allmacht des Geldes,
des Einflusses und der Gestaltungsfähigkeit, die regelmäßig breites Misstrauen
auslöste, ist teilweise der Häme über den erreichten Zustand der Ohnmacht
gewichen. Wirtschaftliche Schwäche, notwendige Umstrukturierungsmaßnah-
men und damit verbundene Entlassungswellen stürzten den Bankerberuf aus
den beneideten Höhenlagen ins allzu normale krisenbehaftete Alltagsmaß.

Es ist dieser Zustand der Krisensituation einer gesamten Branche, der besondere Voraussetzungen für die Kommunikation schafft und auch Fragestellungen aufwirft, die in dieser Konstellation erstmals auftauchen. Die Kernfrage
besteht darin, wie in einer dramatischen Krisensituation mit Konsolidierungs-
druck eine auf Stabilität und Vertrauen abzielende Kommunikation möglich ist.
Dies gilt nicht nur in Bezug auf verunsicherte Kundengruppen und enttäuschte
Aktionäre, sondern vor allem auch gegenüber den Mitarbeiterinnen und Mit-

arbeitern, die den notwendigen Umstrukturierungsprozess und die damit verbundenen vielfältigen Anpassungsnotwendigkeiten nachvollziehen und letztlich auch „verkaufen" müssen.

Der informierte Kunde und Mitarbeiter verlangt heute ein Maß an Transparenz, das eigentlich dem Bankgeschäft wesensfremd und noch vor wenigen Jahren völlig unüblich war. Noch Anfang der siebziger Jahre konnte der legendäre Hermann-Josef Abs die Fragen von Journalisten nach einer Aufsichtsratssitzung mit dem lapidaren Satz beantworten: „Mir ist nichts Berichtenswertes bekannt." Heute wimmelt es bereits im von den Analysten noch eifrig befeuerten Vorfeld von Spekulationen über exakte mutmaßliche Ergebnisse vor regulären Sitzungen. Und geht es um Ernsteres, sind selbstverständlich alle Varianten der Spekulation, abgesichert durch „gut informierte Kreise" aus dem Umfeld dabei, einen Erwartungsdruck zu erzeugen, der dann gar nicht anders als durch entsprechende Mitteilungen detailliert aufgelöst werden muss. Kurzum: Das Finanzgeschäft – ehemals Hort der diskreten Information – ist angesichts der dramatischen Umwälzungen zu einem offenen Forum geworden, in dem gelegentlich auch durch öffentliche Stellungnahmen über Kunden Aufmerksamkeit beansprucht und hergestellt wird.

Die neue Unübersichtlichkeit, der sich Banken in der Umbruchphase ihren Kunden, den Mitarbeitern und der gesamten Öffentlichkeit gegenüber stellen müssen, hat zur Folge, dass sie, um glaubwürdig zu bleiben, diese Intransparenz über die Zukunft klar erklären müssen. Darüber hinaus müssen sie deutlich machen, wie weit sie den Anspruch der Öffentlichkeit als gerechtfertigt ansehen, über das Geschäftsgebaren, Strategie und Interna informiert zu werden, diesen erfüllen wollen bzw. wegen gesetzlicher und anderer Regularien zwingend nicht erfüllen können. Dies alles kann jedoch nur gelingen, wenn ein fester Kern an Glaubwürdigkeit durch kontinuierliche Kommunikation, die in allen Botschaften alle relevanten Zielgruppen gleichermaßen erreicht, transportiert wird.

3 Direkter Zugang zum Kunden – Einbindung der Mitarbeiter

Als Konsequenz der labilen Marktsituation ist festzuhalten, dass es umso wichtiger ist, ein stabiles, unverwechselbares und in allen Bereichen einsetzbares Image zu definieren und dann flexibel auf die jeweiligen Zielgruppen und Situationen angepasst zu kommunizieren. Erfolgreiche Kommunikation ist also vernetzt. Am besten ist sie so aufeinander abgestimmt, dass die Reibungsverluste durch Widersprüchlichkeiten minimiert und das Glaubwürdigkeitsguthaben durch Addition der Kommunikationsaussagen in allen Zielgruppen erhöht werden kann. Ein besonderer Fokus gilt dabei Kunden und Mitarbeitern, wobei die Umbrüche in den Medien, die der Kommunikation zur Verfügung stehen, einen erfreulichen Zuwachs an Parametern mit sich bringen.

3.1   Mitarbeiterkommunikation immer anspruchsvoller

Trotz verfeinerter Technik gilt ein möglichst reibungsloses Miteinander zwischen Führungskräften und deren Mitarbeitern als wichtiger denn je für den Erfolg eines Unternehmens. Gerade im Finanzdienstleistungssektor werden hoch motivierte Mitarbeiter auf allen Ebenen als das eigentliche Kapital bezeichnet. Eine gut gemachte Mitarbeiterzeitschrift dürfte sich in vielen Fällen als nützlich erweisen.

Im postindustriellen Zeitalter sehen sich die Unternehmensleitungen neuen Herausforderungen ausgesetzt. Einerseits wird im Zuge der Umwandlung von einer Industrie- in eine Dienstleistungsgesellschaft der Mitarbeiter als „Produktionsfaktor" abgelöst vom Mitarbeiter, der als Dienstleister das eigentliche Produkt darstellt.

1. Damit wächst dem Mitarbeiter als immer wichtigerem Teil der Unternehmensorganisation eine Stellung zu, die ihn neben den Kunden in den Mittelpunkt des unternehmerischen Bemühens stellt.
2. Bei Kreditinstituten wurde dieser Zusammenhang auf die kurze Formel gebracht, der Mitarbeiter sei das eigentliche Kapital der Bank.
3. Nur ein qualifizierter, motivierter und sich mit seinem Unternehmen identifizierender Mitarbeiter ist in der Lage, im schärfer werdenden Konkurrenzkampf jenen entscheidenden Leistungsunterschied aus der Sicht des Kunden zu erbringen, der den Unternehmensbestand auf Dauer sichert.

Auf der anderen Seite haben sich in den letzten Jahrzehnten bisher als gesichert geltende Grundwerte deutlich gewandelt. Dazu gehört zum Beispiel auch, dass der Stellenwert der Arbeit nur in Verbindung mit qualifizierten Arbeitsplätzen und den kreativen Entfaltungsmöglichkeiten positiv assoziiert bleibt.

Im Rahmen des individuellen „Lebensdesigns" gewinnen Freizeitwerte und persönliche Interessen gegenüber tradierten Wertvorstellungen wie Arbeit immer mehr an Gewicht. Darüber hinaus wird nicht nur die Arbeitswelt, sondern auch die gesamte Gesellschaft von immer stärker international beeinflussten und wechselnden, häufig sogar konkurrierenden Vorstellungen geprägt. In diesem Zusammenhang zählen auch die Wertigkeiten, die alte und neue Medien für die Informationsaufnahme einnehmen. Die Nutzung der verschiedenen Medien, die visuelle und gestalterische Aufbereitung von Informationen, also das „Infotainment", sind qualitativ neue Entwicklungen, die nicht nur die Kaufmedien betreffen, sondern insgesamt das Verhalten im Kommunikationsbereich bestimmen.

Mitarbeiterkommunikation muss in einem wesentlich anspruchsvolleren Rahmen komplexere Ziele erfüllen. Es ist diese Erkenntnis, die viele Unternehmen inzwischen dazu veranlasst hat, im Rahmen ihrer Unternehmensstrategie der Mitarbeiterkommunikation einen größeren Stellenwert einzuräumen. Wichtig dabei ist, dass die Unternehmen verstärkt darum bemüht sind, den einseitigen Informationsfluss als in offenem Dialog geführten Kommunikationsprozess zu gestalten.

Primär kommt hierfür der unmittelbare Informationsaustausch zwischen Mitarbeitern und Vorgesetzten infrage, sei es im Einzelgespräch oder in Gruppen-, Abteilungs- oder übergreifenden Konferenzen. Hinzu kommen bei größeren Betrieben auch die Betriebsversammlungen. Allerdings zeigen Umfragen, dass das Informationsverhalten der Vorgesetzen trotz hoher Schulungsanstrengungen aus Sicht der Mitarbeiter nach wie vor als unbefriedigend angesehen wird. So stützen sich die Mitarbeiter stärker auf „Zweite-Hand-Information" aus dem Kollegenkreis als auf direkte Informationen durch den Vorgesetzten.

Das Anforderungsprofil an Mitarbeiterzeitschriften lässt sich in wenigen Eckpunkten festmachen. An oberster Stelle rangiert die Erwartung, von der Firmenleitung etwas über die Zukunft des Unternehmens und damit des eigenen Arbeitsplatzes zu erfahren. Daraus abgeleitet ergeben sich Forderungen nach aktueller, sachlicher und durchaus kritischer Berichterstattung, die auch das Fachwissen einschließt – ferner Fortbildungs- und Aufstiegsmöglichkeiten sowie die Meldungen über Kollegen.

3.2   Professionalisierung wichtig

Dem kurz beschriebenen breiten Fächer an Erwartungen seitens der Mitarbeiter stehen vielfältige Möglichkeiten gegenüber, wie eine Zeitschrift formal und inhaltlich gestaltet werden kann. Wichtigstes Kriterium ist dabei, dass sowohl die Erwartungen der Mitarbeiter wie auch die Aufgabenstellungen seitens der Unternehmensleitung klar definiert sind. Hieraus ergeben sich zwangsläufig wichtige Parameter für die Herausgabe und Information in Bezug auf Ausstattung, Frequenz und professionelle Erstellung.

Ganz ohne Frage ist die Festlegung eines solchen Rahmens natürlich auch von der Größe und Heterogenität eines Unternehmens selbst abhängig. Ein ganz wesentlicher Grundsatz bei der Beurteilung, mit welcher Ausstattung – personeller und sachlicher Art – eine Mitarbeiterinformation arbeiten sollte, hängt von der primären Zielsetzung ab, nämlich einen wesentlichen Teil der innerbetrieblichen Kommunikation zu organisieren.

Diese kann nur erreicht werden, wenn die Mitarbeiterzeitung tatsächlich auch gelesen und als glaubwürdige Quelle akzeptiert wird. Ein wesentlicher Gesichtspunkt ist hierbei die Lesbarkeit, aber auch die Aktualität. So dürfte eine Mitarbeiterinformation, die nur jährlich erscheint, kaum diesen Ansprüchen genügen. Die Mindestfrequenz dürfte zwischen Quartals-informationen und Zwei-Monats-Informationen angesiedelt sein, wobei für aktuelle Ereignisse

auch gesonderte Instrumente wie Online-Medien die Zeitschrift ergänzen können. Als Obergrenze ist wohl ein monatliches Erscheinen anzusehen.
    Wichtiger noch als die Frequenz der Titel ist die professionelle Gestaltung.
Dies betrifft nicht nur die redaktionelle Aufbereitung von Themen, sondern die
ansprechende optische Aufmachung der Informationen. Hier haben die Werk-
zeitschriften in den letzten Jahren entscheidende Pluspunkte gesammelt.
    Dies liegt einmal an der Professionalisierung der Redaktionsstäbe, überwie-
gend „Nebenbuhler", die aber in den Kommunikationsbereichen der Unternehmen angesiedelt sind und sich ein entsprechendes Know-how erarbeitet haben.
Auf der anderen Seite erlauben die kostengünstig zur Verfügung stehenden
Redaktionssysteme des Desktop-Publishing-Verfahrens in vielen Fällen eine
ansprechendere Aufmachung. Zudem haben sich einige Kommunikationsele-
mente aus den professionellen Zeitungen und Zeitschriften auch in den Werk-
zeitschriften durchsetzen können. Dies betrifft zum Beispiel wichtige Elemente
der redaktionellen Aufbereitung wie das Interview, die Reportage, die Umfrage
zu aktuellen Themen oder auch Fachartikel.

3.3   Leserbindung herstellen

Zur Stabilisierung der Blattbindung gehört auch, dass die einzelnen Themen
nach Sachgebieten segmentiert werden, um so je nach Interessenprofil das Auf-
finden interessanter Rubriken zu erleichtern. Einen ganz wesentlichen Bestandteil jeder Mitarbeiterinformation stellt nach wie vor der Bereich Personalien dar.
Die namentliche Auflistung neuer Mitarbeiter, das Ausscheiden von Mitarbeitern, Jubiläen, Geburtstage, Ehrungen und sonstige wichtige Personalien werden
weiterhin unverzichtbare Elemente der Mitarbeiterzeitschriften bleiben.
    Eine ähnlich wichtige und nicht zu vernachlässigende Sparte sind die Akti-
vitäten von unternehmenseigenen Sport- und sonstigen Vereinen. Von wach-
sendem Interesse sind auch Informationen zu allgemeinen verbrauchspolitischen
Fragen wie Änderungen des Steuerrechtes oder Versicherungsfragen. Bei ent-
sprechendem Ausfall von allgemein zugänglichen Informationsmaterialien lässt
sich die Hauszeitschrift nutzen, um hier einen echten Nutzwert anzubieten, der
nicht nur die Blattbindung stärkt, sondern zum Beispiel über Info-Schecks oder
Coupons auch die Möglichkeit eröffnet, eine gewisse Kontrolle über die Akzeptanz und Nutzung der Mitarbeiterinformation zu bekommen.
    Zu den immer wichtiger werdenden Motivationshilfen gehört das betriebli-
che Vorschlagswesen, das demzufolge bei der Mitarbeiterinformation einen
breiten Raum einnimmt. Darüber hinaus können über die Mitarbeiterzeitschriften wichtige Produktneuerungen, organisatorische Änderungen von allgemeiner
Bedeutung, wie zum Beispiel Bau- und Neubaumaßnahmen, redaktionell und
informativ begleitet werden.

3.4   Dialog und Aktion

Zu den neuen Stil bildenden Elementen, die von den Profis abgeguckt wurden, gehört zum Beispiel die Thematisierung eines wichtigen betriebsinternen Aspektes in Form eines Editorials. Natürlich kann in abgewogener, dennoch eindeutiger Weise auch Kritik angegangen werden.

Erfahrungsgemäß wird es in Betriebszeitschriften selten zu dem eigentlich wünschenswerten offenen Dialog, zum Beispiel durch Leserzuschriften, kommen. Daher ist es wichtig, das Ohr an den betrieblichen „Informations-Verdauungsgeräuschen" zu haben, um entsprechend reagieren zu können.

Eine mögliche Form ist auch die Glosse, also eine überspitzte satirische Beschäftigung mit aktuellen kritischen Themen, die jedoch erfahrungsgemäß neben Sensibilität ein hohes sprachliches Ausdrucksvermögen voraussetzt, um den Gegenstand der Kritik einerseits zu verdeutlichen, sich andererseits aber nicht aus dem betrieblichen Geschehen auszugrenzen. Manchmal findet man nicht nur Sprach-, sondern auch Zeichenkünstler, die treffend mit wenigen Federstrichen eine Situation charakterisieren können.

Eine zunehmend wichtige Aufgabe ist auch die Hinwendung zu allgemeinen gesellschaftspolitischen Themen, die wie der Umweltschutz oder die Ausländerfeindlichkeit spezifische betriebliche Ausprägung haben können. Gerade auf diesen Gebieten haben sich die Mitarbeiterzeitschriften in den letzten Jahren in vorbildlicher Weise profilieren können. Große Unternehmen mit hohem Anteil von Ausländern unter den Beschäftigten geben Sonderausgaben in der jeweiligen Landessprache heraus. Die Redaktionsprogramme werden vielfach bereits so angelegt, um die Zusammenarbeit in internationalen Unternehmen anhand konkreter praktischer Beispiele zu verdeutlichen.

Ein wichtiger Schritt zur Professionalität ist zudem vielfach durch die ansprechende Gestaltung unternommen worden. Das wird besonders deutlich bei den Publikationen, die entweder vollständig oder zum großen Teil in Farbe erscheinen können. Hier werden die verstärkt eingesetzten Fotos und Illustrationen als bewusstes Stilmittel einer modernen, leserfreundlichen Gestaltung eingesetzt.

3.5   Der erste Eindruck zählt

Als Gradmesser für die inzwischen erreichte Professionalität kann das Titelblatt angesehen werden. Hier entscheidet sich auf den ersten Blick, ob es gelungen ist, einerseits eine ansprechende inhaltliche Themengestaltung zu präsentieren und andererseits die geeignete Form zum Transport der Informationen gefunden zu haben.

Im Gegensatz zu den Kauftiteln sind nicht nur die finanziellen Mittel, sondern auch die Möglichkeiten, spannende Fotos und andere Illustrationen vorzuplanen, äußerst begrenzt. Umso erstaunlicher ist es, mit welcher Kreativität hier inzwischen gearbeitet wird. Der Titel liefert zumeist auch einen wichtigen Hinweis auf die Gesamtauffassung, die hinter einer Mitarbeiterzeitschrift und der Mitarbeiterinformation in einem Unternehmen selbst steckt. Eine kreative Redaktion hat heute auch in der Mitarbeiterzeitschrift ein Instrumentarium zur Hand, einen interessanten Marktplatz der Informationen und Meinungen anbieten zu können.

Neben der professionellen Souveränität der Redaktion sowie der Ausstattung mit entsprechenden Mitteln ist auch der organisatorische Freiraum erforderlich, um eine ansprechende Redaktionsarbeit zu gewährleisten. In der Vergangenheit hat es hierüber teilweise dogmatisch geführte Auseinandersetzungen gegeben, die inzwischen aber einer pragmatischen Sichtweise gewichen sind.

1. Eine Hauszeitschrift ist, so das jetzige allgemeine Verständnis, eine „Tendenzzeitschrift", die die Belange des Unternehmens in geeigneter Form berücksichtigen muss.
2. Eine völlige redaktionelle Selbstständigkeit ist von daher nicht vorstellbar, sie wäre auch im Hinblick auf die anzusprechenden Leser nicht zweckmäßig.
3. Im Gegenteil hat es sich als nützlich erwiesen, möglichst viele Bereiche eines Hauses mit einzubinden.

Das kann in Form eines ständigen Redaktionsbeirates geschehen oder in Form von so genannten ständigen Korrespondenten, die über ihren jeweiligen Bereich Beiträge beziehungsweise Informationen liefern können. Je breiter das Netz, um-so mehr Informationen landen auf dem Redaktionstisch. In Ergänzung hierzu ha-ben sich auch Redaktionskonferenzen für die Themenplanungen bewährt, die ein gutes Bild über die jeweilige Stimmungslage eines Unternehmens verschaffen können. Auch hier hat die pragmatische Vorgehensweise Vorstellungen abgelöst, man könne Basisinformationen erschöpfend mit groß angelegten Umfragen bekommen.

Die feste Verankerung in einem Unternehmen ist äußerst wichtig für die vertrauliche Information im Vorfeld eines Artikels oder Beitrags. Auch aus diesem Grunde wird in Zukunft die externe Redaktion eher die Ausnahme als die Regel bleiben, weil hier der Informationsfaden in aller Regel zu dünn ist.

3.6 Integrierte Kommunikation für mehr Transparenz

Die Zukunft gehört klar dem Verbund aus den einzelnen Kommunikationsmedien. Dabei erweist sich die Netztechnik zunehmend als Basis für eine integrierte, inner- wie außerbetriebliche Zielrichtung umfassende vernetzte Kommunikation. Um die Hypertext-Technik kristallisiert sich ein neues Informa-

tionsverständnis und eine neue Mitteilungskultur heraus, die die Mitarbeiter-
und Kundenkommunikation und -information immer stärker bestimmt. Dabei
werden Qualitäten wie Schnelligkeit wichtiger als gute Gestaltung, ubiquitärer
Zugang zum Informationsfluss erhält Vorrang vor der zentral getakteten Infor-
mationsabgabe als Zeitung oder Zeitschrift. Kurzum, wir sind in einer Medien-
revolution der innerbetrieblichen Kommunikation wie der Kundenkommunikation, deren Ergebnisse noch nicht genau absehbar sind. Zwei Richtungen
bleiben jedoch vorgezeichnet: Das zum Wissensmanagement erweiterte Bedürfnis des Mitarbeiters und die Teilhabe des Kunden an Informationen werden
noch an Bedeutung gewinnen, ergänzt durch die Bereitschaft, sich aktiv in diese
Prozesse einzubringen. Beidem muss moderne Kommunikation eine Plattform
bieten.

4   Eine Vision zum Schluss

Dies sind nur einige Aspekte aus möglichen Entwicklungsrichtungen, die erfreulicherweise durch jüngste Erhebungen unterstützt werden. Nach Untersuchungen von Prof. Rolke von der Fachhochschule Mainz sowie dem Mercer-
Insitut wird erkennbar, dass integrierte Kommunikation bei vielen Unternehmen
auf Kosten bisher tradierter und nebeneinander gepflegter Einzelkommunikati-
onsdesigns an Bedeutung gewinnen. Sicher geschieht dies auch unter dem wirkungsvollen Druck der wirtschaftlichen Rechtfertigungszwänge, die in allen
Unternehmen den unmittelbaren Nutzen anstelle der langfristigen Wirkung in
den Vordergrund stellen. Erfreulicherweise bietet moderne Kommunikationspolitik die Möglichkeit, beidem zugleich gerecht zu werden, nämlich durch
verbesserte Abstimmung und systematische Nutzung moderner Kommunikationstechniken die Kommunikationswirkung zu erhöhen und gleichzeitig Kosten
zu sparen. Andererseits erlaubt die Verwendung von Electronic Publishing für
Kunden- und Mitarbeiterkommunikation eine erhöhte Reaktionsgeschwindig-
keit und direkten Zugang bis hin zur Erschließung neuer Dialogmöglichkeiten.
Am vielleicht gar nicht mehr so fernen Horizont lassen sich diese Ansatzpunkte
zu einem Netz von Bedarfsstrukturen verknüpfen, die es erlauben könnten,
individuelle Informationsplattformen für Kunden, Medienvertreter und Mitarbeiter zur Verfügung zu stellen. Das wäre sicherlich verbunden mit einem Überschreiten von Schwellen im Bereich des Datenschutzes und der gegenseitigen
Öffnung von Netzstrukturen. Ob aber jemals der Mut, die Entschlossenheit und
gelichtete Datenschutzvorschriften hierzu einen Korridor eröffnen werden, ist
für den Optimisten eine Vision, die voller Morgenröte ist, während die Skeptiker erneut das sich erhebende Haupt von „big brother" sehen. Aufgrund um-
fangreicher Erfahrungen mit den – oftmals übertriebenen – Anfangsverspre-
chungen der Kommunikationstechniken sowie der immer noch möglichen
Innovationen auf diesem Gebiet erwartet der Verfasser eine keineswegs ge-

radlinige, aber dennoch in der Tendenz eindeutige Entwicklung. Darüber hinaus wird sich der Schwerpunkt der Diskussionen wieder dorthin verlagern, wo sie nach einer Konsolidierung der Medien – seien es die externen oder die des Unternehmens – hingehören. Wie modelliere ich welche Inhalte gegenüber welchen Zielgruppen zu welchen Zeiten, sodass dies dem Bedürfnis nach Information, Relevanz und dem Beitrag zur Reputation optimal gerecht wird.

Aussichten für die

Mediengesellschaft

Herausforderung – wie Journalisten in der Medienkrise Kurs halten

von Volker Wolff

Die Medienkrise der Jahre 2000, 2001 und 2002 ist das Ergebnis von vier sich überlagernden Entwicklungen, die für einzelne Medien, besonders für die überregionalen Tageszeitungen, zu deutlichen Ergebniseinbrüchen geführt haben. Dabei werden die Auswirkungen einer Strukturkrise, die Auswirkungen der Konjunkturkrise und das damit verbundene Ende des Hypes an den Finanzmärkten in ihren bilanziellen Folgen durch eine Reihe von Fehlentscheidungen der Medienbetriebe vornehmlich im Bereich des Internets und neuer Produkte verstärkt.

Als besonders ergebniswirksam erweist sich kurzfristig der konjunkturelle Faktor. Von den öffentlich-rechtlichen Sendeanstalten abgesehen, bilden die Einnahmen aus der Werbung in fast allen Medienbetrieben die wesentliche Erfolgsquelle: Private Rundfunkanstalten leben nahezu ausschließlich von Werbeeinnahmen, bei den Tageszeitungen stehen die Werbeeinnahmen für gut 60 Prozent der Gesamteinnahmen, bei den Zeitschriften sind es im Mittel mehr als 50 Prozent. Dabei ergibt sich eine ökonomische Besonderheit: Wegen der hohen Fixkostenanteile der Medienbetriebe sind Veränderungen bei den Werbeeinnahmen zu sehr hohen Teilen unmittelbar ergebniswirksam. Steigen die Werbeeinnahmen um 100 Millionen Euro, verbessert sich in Einzelfällen das Ergebnis um bis zu 50 Millionen Euro, sinken dieselben Werbeeinnahmen um 100 Millionen Euro, reduziert sich in manchen Zeitungs- und Zeitschriftenverlagen das Jahresergebnis um 50 Millionen Euro. Vor diesem Hintergrund ist es wenig überraschend, dass der überaus deutliche Anstieg der Werbeeinnahmen in den Jahren 1998, 1999 und 2000 um rund 3,5 Milliarden Euro bei vielen Werbeträgern, besonders den Zeitungen und Zeitschriften, zu einem außergewöhnlichen Anstieg der Unternehmensergebnisse führte. Die neu verfügbaren Mittel wurden in vielen Fällen in neue Objekte investiert und führten damit häufig zu neuen Fixkostenblöcken.

Umso gravierender wirkte sich dann der im Jahre 2000 einsetzende Einbruch der Werbeeinnahmen aus. Nach Angaben des Zentralverbandes der deutschen Werbewirtschaft sind die Nettowerbeeinnahmen aller Medien bis Ende 2002 auf 20,1 Milliarden Euro gesunken, gegenüber 2000 ein Rückgang von 3,3 Milliarden Euro (vgl. Zentralverband der deutschen Werbewirtschaft 2003: 13).

Besonders hart traf dieser konjunkturelle Einbruch die Tageszeitungen. Sie verloren von 2000 bis Ende 2002 rund 620 Millionen Euro mehr an Werbeeinnahmen als sie im Aufschwung von 1997 bis 2000 gewonnen hatten. Viele Zeitungen, die diesen Aufschwung für neue Investitionen genutzt hatten, gerieten mit dem Abschwung in die Verlustzone. Ihre betriebswirtschaftlichen Rettungsversuche liefen auf den Abbau von Fixkosten, zum Beispiel durch Einstellung von Objekten und/oder die Entlassung von Mitarbeitern in Verlag und Redaktion sowie auf erhebliche Anstrengungen zur Stabilisierung der Anzeigeneinnahmen hinaus. Beide Maßnahmenbündel erweisen sich dabei als unmittelbar qualitätsrelevant.

Konjunkturelle Niedergänge erlaube allerdings die Aussicht auf nachhaltige Erholung im nächsten konjunkturellen Aufschwung. Diese Aussicht gilt aber für den Rückgang der Werbeeinnahmen der Werbeträger nicht in vollem Umfang. Die mit dem Hype der Finanzmärkte und der Liberalisierung der Telekommunikation verbundenen Werbeeinnahmen, die auf insgesamt 1 Milliarde Euro geschätzt werden können, werden sich in dieser Form nicht wieder einstellen.

Die Strukturkrise der Pressemedien ist in ihren finanziellen Auswirkungen zunächst in keiner Weise mit der Größenordnung der beschriebenen konjunkturellen Entwicklung vergleichbar. Im Gegenteil: Sie lässt sich bei vielen Presseobjekten kaum aus der Entwicklung der Vertriebserlöse herauslesen. Tatsache ist jedoch, dass Zeitungen wie Zeitschriften auf mehr oder minder ausgereiften Lesermärkten operieren, auf denen Marktanteilsgewinne bestenfalls zu Lasten von Mitbewerbern zu erzielen sind. Die Entwicklung der verkauften Auflagen verdeutlicht besser das Problem der Verlage: Die Tageszeitungen, Regionalzeitungen wie überregionale Zeitungen, verloren insgesamt in den vergangenen zehn Jahren rund 3,8 Millionen Käufer. Die Entwicklung ist dabei nahezu stetig und korrespondiert mit den Reichweitenverlusten der Zeitungen besonders bei jüngeren Lesern.

Bei den Publikumszeitschriften ist der Käuferrückgang weitaus geringer, Tatsache ist jedoch, dass sich im Jahr 2002 die verkaufte Gesamtauflage von 126 Millionen Exemplaren auf erheblich mehr Zeitschriften verteilte als beispielsweise die 128 Millionen Exemplare des Jahres 1996. Es kann also durchaus davon ausgegangen werden, dass auch der Käufermarkt der Publikumszeitschriften ausreift.

Die Zeitungs- und Zeitschriftenverlage sehen die Bewältigung dieser Krise in erster Linie als Aufgabe der Redaktionen. Dies ist, von der Notwendigkeit ergänzender vertrieblicher Maßnahmen einmal abgesehen, höchst nachvollziehbar und konkretisiert sich seit Jahren in einer nicht endenden Kette von Relaunches und anderer redaktioneller Veränderungen der Zeitungen und Zeitschriften. Alle diese Maßnahmen können durchaus mit dem Attribut Qualitätsverbesserung versehen werden. Dabei ist es durchaus beeindruckend, wie übereinstimmend die Redaktionsleiter von Tageszeitungen derzeit die Wege aus der Krise weisen. Nach einer Untersuchung der Universität Hohenheim versuchen 90 Prozent der befragten Chefredakteure, das publizistische Profil der Zeitung nicht ausschließlich mit einer Ergebnisberichterstattung zu schärfen, sondern den Lesern in stärkeren Umfang die Konsequenzen aktueller Entwicklungen zu vermitteln. 98 Prozent der befragten Chefredakteure von Regionalzeitungen streben darüber hinaus die konsequente Regionalisierung ihrer Inhalte an. 80 Prozent der befragten Redaktionsleiter sprachen sich daneben für eine verstärkte Ausrichtung der Redaktionen auf Nutzwertthemen in allen Ressorts aus (vgl. C. Mast 2003: 31ff). Mit anderen Worten: Die Zeitungsredaktionen suchen die inhaltliche Abgrenzung zu den elektronischen Medien über Analyse, Hintergrundberichterstattung, exklusive Regionalinformationen und den Nutzwert. Dies alles sind Informationen, die in weitaus größerem Umfang von den Redaktionen selbst zu erstellen sind als die klassischen Nachrichten, für die in der Regel die Agenturen verantwortlich zeichnen.

Die Ausgangssituation besonders der Zeitungsredaktionen ist damit in der Medienkrise schwierig: Einerseits sind sie mit den Bestrebungen der Verlage, den Fixkostenblock abzubauen, konfrontiert, andererseits suchen sie den Weg zu höherwertigeren und damit arbeitsintensiveren Inhalten. Da es sich bei den oft exklusiven Inhalten, die die Chefredaktionen anstreben, um besondere journalistische Leistungen handelt, ist dieser Konflikt nur höchst begrenzt durch technische Maßnahmen zu lösen.

In dieser Situation sind die Journalisten konfrontiert mit einer hoch entwickelten Öffentlichkeitsarbeit von Politik und Wirtschaft. Sie ist in ihrer Entwicklung und dem aktuellen Stand in den vorangegangenen Kapiteln hinreichend beschrieben worden und kann deshalb hier thesenartig zusammengefasst werden:

1. Politik und Wirtschaft verfügen grundsätzlich über einen hohen Kenntnisstand zu den Möglichkeiten der zielgerichteten Kommunikation und über die entsprechenden Ressourcen, diese Möglichkeiten auch zu realisieren. Der Einsatz ihrer Kommunikationsmittel ist aktiv und zielorientiert.
2. Die Kommunikationspolitik von Politik und Wirtschaft wird mit Blick auf journalistische Arbeitsweisen betrieben. Sie antizipiert auch die Reaktionen der Medien.
3. Zur Kommunikationspolitik von Wirtschaft und Politik gehören auch die Erzeugung und Gestaltung von Pseudoereignissen sowie die Selbstinszenierung der Handelnden, also die Erzeugung und Gestaltung von Pseudobedeutung für Personen.
4. Politik und Wirtschaft suchen neben der Personalisierung von Ereignissen auch die Trivialisierung von Zusammenhängen über griffige Schlagworte und Metaphern.

5. Im Einsatz der einzelnen Kommunikationsmittel und im Grad von Personalisierung und Trivialisierung sind zwischen Politik und Wirtschaft erhebliche Unterschiede festzustellen, für die es eine Reihe von Ursachen gibt.
   Beispielsweise legitimieren sich Unternehmer in kleineren Zirkeln wie Auf-
   sichtsräten, Beiräten und Vorständen, wohingegen Politiker die Legitimie-
   rung in der breiten Öffentlichkeit suchen. Dies führt zwangsläufig zu einem
   höheren Maß von Selbstinszenierung auf Seiten der Politiker. Ähnliches gilt
   für die Trivialisierung. Die Verdeutlichung von Politik ist auf breite Wäh-
   lerschichten zugeschnitten und erfolgt deshalb komparativ zugespitzter und
   schlagwortartiger als die Verdeutlichung von Unternehmens- und Bran-
   chenentwicklungen, die zum Teil auch mit Blick auf professionelle Rezipienten der Finanzmärkte erfolgt. Deshalb erscheint auch das Ausmaß symbolischen Handelns auf Seiten der Politik größer als auf Seiten der
   Wirtschaft.

6. Mit ihren Werbeetats verfügen Unternehmen über ein besonderes Machtpotenzial, da sich die überwiegende Mehrheit der Medienbetriebe in Presse
   und Rundfunk zu wesentlichen Teilen über Anzeigen- und Werbeeinnahmen finanzieren. Zwar wird sowohl von den Medien als auch von der wer-
   betreibenden Wirtschaft immer wieder dargelegt, dass grundsätzlich kein
   Zusammenhang zwischen dem redaktionellen Angebot und den Werbeeinnahmen besteht, tatsächlich zeigt jedoch die gelebte Redaktionspraxis der
   weit überwiegenden Zahl von Redaktionsbetrieben anderes. So werden redaktionelle Produkte mit Blick auf Werbepotenziale geplant und realisiert,
   so werden in manchen Fällen Informationen wegen der Gefährdung von
   Einnahmeströmen anders behandelt, als sie bei Anwendung strenger journalistischer Maßstäbe hätten behandelt werden müssen.

7. Ein weiterer Unterschied in der Ausgestaltung der Kommunikationsmittel
   von Politik und Wirtschaft besteht im Angebot vermeintlich journalistischer
   Produkte. Mit ihren Kunden- und Mitarbeiterzeitschriften und den Informa-
   tionsseiten im Internet treten die Unternehmen in weitaus größerem Umfang in direkten Kontakt mit den Rezipienten als Legislative, Exekutive
   oder die politischen Parteien. Hinzu kommt - soweit erkennbar im Wesentlichen auf Seiten der Wirtschaft - die indirekte Gestaltung der Medien entweder durch Beiträge freier Autoren, die auch von den Unternehmen bezahlt werden, oder durch das Angebot sendefähigen Bildmaterials zum
   Beispiel zu Hauptversammlungen oder neuen Automobilproduktionen.

Die auf Seiten der Wirtschaft erkennbar größeren Ressourcen lassen zusammen
mit der Bedeutung der Werbeetats in der gegenwärtigen ökonomischen Krise
der Medien ein besonderes Gestaltungspotenzial der Öffentlichkeitsarbeit von
Wirtschaftsunternehmen einerseits und ein besonderes Problem für den Wirtschaftsjournalismus andererseits erkennen.

Es konkretisiert sich offenbar damit ein Prozess, den Stephan Ruß-Mohl bereits 1988 als Gefahrenherd für den Journalismus angedeutet hatte (vgl. S. Ruß-Mohl 1996: 195). Er hatte seinerzeit einen „spiralförmigen Auf- und Abrüstungsprozess" beschrieben, „der durch den Ausbau der Öffentlichkeitsarbeit in unseren politischen, wirtschaftlichen und auch wissenschaftlichen Instutitionensystem in Gang kommen kann, wenn gleichzeitig die journalistischen Kapazitäten in den Redaktionen abgebaut werden". Ruß-Mohl hatte besonders mit dem Gratismaterial der Pressestellen für Redaktionen argumentiert, wobei er davon ausging, dass die „PR-Küchen längst die redaktionellen Inhalte vorstrukturieren und prägen, in manch anderem Fall auch: bestimmen" (ebd.).

In diesem PR-Material zeigt sich das wachsende Missverhältnis zwischen den Ressourcen der Pressestellen einerseits und der Redaktionen andererseits. Die Folgen dieses Missverhältnisses sind aber nicht nur auf den Einfluss des PR-Materials begrenzt. Sie betreffen zum Beispiel auch Möglichkeiten unabhängiger Recherche vor Ort, wenn Reisen zunehmend von Unternehmen finanziert werden, die Möglichkeiten von anderen Recherchen, wenn Redaktionen dabei zunehmend auf Unterstützung von Pressestellen angewiesen sind oder die Möglichkeiten der Kontrolle und Analyse von Unternehmensmaterial. Die von Ruß-Mohl beschriebene Spirale konkretisiert sich somit in einem Abbau notwendiger Distanz zwischen Unternehmen und Journalisten. Seine Prognose, dass zumindest die Hochrüstung der Abteilungen für Öffentlichkeitsarbeit irgendwann an natürliche Grenzen stoßen werde und dass deshalb für Alarmstimmung noch kein Anlass gegeben sei, wird zwar insoweit von der tatsächlichen Entwicklung bestätigt, als die Konjunkturkrise auch in Pressestellen zu Einschnitten geführt hat, die Dynamik des Prozesses bleibt jedoch wegen der weitaus größeren Einschnitte in den Redaktionen bestehen.

Die mit dieser Entwicklung verbundenen Probleme besonders der Wirtschaftsjournalisten hinsichtlich der Distanz zum Absender von Informationen lassen sich sehr gut mit Blick auf das Verhalten der Journalisten während des Hypes an den Finanzmärkten Ende der neunziger Jahre illustrieren. Das Ausmaß der Sorglosigkeit und Gläubigkeit mit der Unternehmensinformationen besonders aus dem Bereich des Neuen Marktes sowie Einschätzungen von Analysten übernommen wurden, lässt es in der Ex-post-Betrachtung durchaus zu, die Wirtschaftsmedien als „Arm des Marktes" (T. Schuster 2001: 204) zu bezeichnen. Sie repräsentierten, so Schuster, keine unabhängige Distanz, sondern ein Vehikel, über welches die Protagonisten der Real- und der Finanzwirtschaft eine strategische Kommunikation mit der Öffentlichkeit betrieben. Mit anderen Worten, die Wirtschaftjournalisten müssen sich für ihre Arbeit in diesem Zeitraum den Vorwurf des kollektiven Versagens gefallen lassen.

Die Distanzverluste der Journalisten in dieser Marktphase und die mit der Medienkrise einerseits und der Professionalisierung auf Seiten der Unternehmenskommunikation andererseits verbundenen aktuellen Prozesse, die in ihrer

Auswirkung nichts anderes als weitere Hindernisse auf dem Wege zu einem distanzierten Journalismus sind, lassen zusammengenommen hinsichtlich der professionellen Aufgabenerfüllung im Wirtschaftsjournalismus eine eher pessimistische Erwartungshaltung aufkommen.

Nicht minder unproblematisch ist die Aussicht im Bereich des politischen Journalismus, folgt man der Diagnose vom „erschreckenden Niveauverlust in der politischen Berichterstattung" (C. Hillgruber 2003: 7). Die Gewichtung und Auswahl der Nachrichten erfolge, so Hillgruber, nicht mehr nach ihrem sachlichen politischen Bewertungsgehalt, sondern nach ihrem Sensations- und Aufmerksamkeitswert. Diese Diagnose wird selbst von Journalisten bestätigt. Die renommierte Parlamentskorrespondentin Tissy Bruns hat auch mit Blick auf den Wettbewerb der Berliner Medien die Gefahr von politischer Verflachung von Übergriffen auf das Private und vom Ersatz der Recherche und des Argumentes durch Schlagzeilen und Sensationen beschrieben (vgl. T. Bruns 2001: 58ff). In dieses Bild passen die Ziele der politischen Kommunikation, die sich auf mediengerechte Inszenierung, auf die Beherrschung der Bilder und auf die Personalisierung und Trivialisierung von Sachverhalten verdichten lassen. Auch im Bereich des politischen Journalismus ist die Entwicklung dynamisch: Die Medienkrise hinterlässt auch hier mit ihren qualitätsmindernden Sparwellen ihre Spuren. Der Weg zu analytischer und substanzieller Berichterstattung wird für die politischen Journalisten noch steiniger.

Dennoch sind die von Claudia Mast befragten Chefredakteure auf der Suche nach dem publizistischen Profil ihrer Blätter nicht chancenlos. Sie wollen weg von der Ergebnisberichterstattung hin zur Analyse, Einordnung und Bewertung von Themen für den Leser. Sie wollen ihre Blätter als Navigatoren und Ratgeber positionieren (vgl. C. Mast 2003: 32). Dementsprechend formulieren die Redaktionsleiter auch übereinstimmend ihre Anforderungen an Journalisten: Themen erkennen, kritisch Hintergründe analysieren und daraus Handlungsempfehlungen für die Leser entwickeln. Diese Anforderungen werden, so die Chefredakteure, noch deutlich zunehmen.

Analyse statt Sensation, Distanz statt Verlautbarung, diese Ziele sind für Journalisten keine neuen Anforderungen. Sie gehören zum harten Kern der öffentlichen Aufgabe des Journalismus, so wie sie in den vergangenen Jahrzehnten in Rechtsprechung und Literatur entwickelt wurden und wie sie der Ausbildung von Journalisten seit Jahrzehnten zu Grunde gelegt werden. Mehr noch: Diese Ziele sind zumindest formal zwischen den Verlegern und ihren Journalisten unstrittig, wie jeder Blick in die publizistischen Grundsätze des deutschen Presserates, des so genannten Pressekodex, schnell verdeutlicht. Alles, was derzeit als Symptom des Medienversagens aufgeführt wird, erweist sich mit Blick in den Pressekodex schnell als Verstoß gegen diese allseits unstrittigen Regeln fairen Journalismus.

Dies gilt zum Beispiel für die gebotene Sorgfalt bei der Prüfung von Nachrichten und Informationen, dies gilt für den Umgang mit Gerüchten und Vermutungen, dies gilt für das Gebot, redaktionelle Veröffentlichungen von wirtschaftlichen Interessen freizuhalten, dies gilt für die strikte Trennung zwischen redaktionellem Text und werblichen Veröffentlichungen, dies gilt für die gebotene Achtung des Privatlebens und der Intimsphäre, dies gilt für den gebotenen Verzicht auf unangemessen sensationelle Darstellung, und dies gilt für die Kennzeichnung unbearbeiteter Pressemitteilungen (vgl. Deutscher Presserat 2001).

So gesehen, erweisen sich die Ziele der Redaktionsleitungen auch als schlichte Anforderungen an die Verlage, die auch von ihnen unterschriebenen Regeln des fairen Journalismus zu beachten, genauer gesagt, die Umsetzung des Pressekodex jederzeit zu ermöglichen. So trivial diese Forderung auf den ersten Blick erscheint, so schwierig ist sie heute in der Durchsetzung, wenn Verlagsführungen den Weg aus der Krise ausschließlich in der kurzfristigen Reduktion von Kosten suchen. Weil die immer professionellere Öffentlichkeitsarbeit von Politik und Wirtschaft jede Redaktion hinsichtlich der gebotenen Distanz vor immer größere Herausforderungen stellt, wäre allein zur Sicherung des Gleichgewichtes von Journalismus und Öffentlichkeitsarbeit eine Investition in die redaktionelle Kapazität geboten.

Diese Investition wird umso dringlicher, sollen mit neuen und besseren Inhalten alte Käufer zum Bleiben angeregt und neue Käufer zum Kauf gewonnen werden, sollen also die Strukturprobleme der Pressemedien überwunden werden. Die Verlagsführungen, die in den vergangenen Jahre durch eine Reihe von Fehleinschätzung mit zu den Ergebniseinbrüchen der Zeitungen und Zeitschriften beigetragen haben, sind gut beraten, wenn sie zu Gunsten langfristigen Wachstums durch redaktionelle Qualität auf kurzfristige Erfolge in der Kostenreduktion verzichten.

Für die Chefredakteure, die so klare Vorstellungen zum Weg aus der Krise formulieren, stellt sich die Durchsetzung ihrer Ziele und die Rückkehr zu traditionellen journalistischen Tugenden als zweifache Herausforderung dar. Zum einen müssen sie durch geeignete Führung der Redaktion die neuen/alten Aufgaben vermitteln und die Regeln des fairen Journalismus konsequent durchsetzen. Ihr Imprimaturrecht und die unbestritten hohe Qualifikationen der Journalisten kommen der Lösung dieser Führungsaufgabe entgegen. Zum anderen müssen sie aber innerhalb der Verlage die notwendigen Ressourcen beschaffen. Dies heißt nicht nur in Einzelfällen, zu kurzfristig agierende Kaufleute vom langfristig Gebotenen zu überzeugen und auf die Abkehr von Sparkursen hinzuarbeiten. Das ist bei den gegebenen hierarchischen Verhältnissen in den meisten Verlagen ein – gelinde gesagt – schwer wiegendes Problem. Dennoch: Der Weg aus der Krise der Medien führt nur über die Durchsetzung alter Tugenden.

Literatur

Bruns, Tissy (2001): Glattgeschliffene Flachware. In: message 1/2001, S. 58 – 60

Deutscher Presserat, Pressekodex in der Fassung vom 20. Juni 2001. In: www.presserat.de/site/pressekod/kodex/index.shtml

Dorer, Johanna/Lojka, Klaus (Hrsg.) (1996): Öffentlichkeitsarbeit. Theoretische Ansätze, empirische Befunde und Berufspraxis der Public Relations, Wien

Hillgruber, Christian (2003): Scheinbares Wohlbefinden. Medien in der Demokratie. In: Frankfurter Allgemeine Zeitung vom 12. 2. 2003, S. 7

Mast, Claudia (2003): Neue Ziele vereinbaren. In: Journalist 3/2003, S. 31 – 33

Ruß-Mohl, Stephan (1996): Öffentlichkeitsarbeit ante portas. In: Dorer, Johanna/Lojka, Klaus (Hrsg.) (1996): S. 193 – 196

Schuster, Thomas (2001): Die Geldfalle. Wie Medien und Banken die Anleger zu Verlierern machen, Reinbek

Zentralverband der deutschen Werbewirtschaft (Hrsg.) (2003): Werbung in Deutschland 2003, Bonn

Anforderungen – wie sich Politiker in der Mediengesellschaft verändern müssen

von Jürgen W. Falter

In der Demokratie ist der Kampf um Wählerstimmen, um die Erringung und Erhaltung von Macht eine notwendige Voraussetzung für die Entscheidung über die gesellschaftlich verbindliche Verteilung knapper Güter; denn nichts anderes ist Politik. Ohne Abstimmungsmacht gibt es keine inhaltliche Entscheidungsmacht. Zyniker sehen die Kausalität manchmal auch umgekehrt: Eine bestimmte inhaltliche Politik werde nicht zuletzt deswegen betrieben (bzw. unterlassen), um an die Macht zu kommen oder an ihr zu bleiben. Die Wahrheit liegt wie so oft dazwischen: irgendwo im Niemandsland zwischen Stimmenmaximierung und substantieller politischer Gestaltung.

Der Kampf um Wählerstimmen

Der Kampf um die Wählerstimmen hat in den letzten zwei Jahrzehnten nicht nur in den USA, sondern auch bei uns eine neue Qualität erreicht. Zwar ist Demokratie ohne Wahlkämpfe nicht vorstellbar, gibt es Wahlkämpfe, solange es demokratische Wahlen gibt. Durch die Ausbreitung der elektronischen Medien, vor allem durch das Fernsehen und zunehmend auch durch das Internet, hat sich jedoch die Wahlkampfführung grundlegend geändert. Schlagwortartig verkürzt, zeichnen sich moderne Wahlkämpfe durch eine sehr weitgehende Personalisierung und Professionalisierung der Wahlkampfführung aus, ferner durch die Ausrichtung der Wahlkampfinhalte an Marketingvorgaben, durch bewusstes Ereignis- und Themenmanagement und „negative campaigning". Ich will mich im Folgenden auf den Personalisierungsaspekt konzentrieren.

Die Personalisierung in der Politik

Die Tatsache der Personalisierung ist an sich nicht neu, auch in der Bundesrepublik nicht. Streng genommen waren alle Wahlkämpfe, auch die der 50er und 60er Jahre, personalisierte Wahlkämpfe. Durch die fast vollständige Zuspitzung des Wahlkampfes auf die Person eines Kandidaten gewinnt dieser Aspekt allerdings mittlerweile eine neue Bedeutung. Nach einem Wort Peter Radunskis, eines jüngst wieder bei Landtagswahlen höchst erfolgreichen Wahlkampfmanagers der CDU, ist der Kandidat in den Wahlkämpfen neuen Stils „wichtiger als

die Partei". Als Repräsentant bestimmter, untrennbar mit seiner Person verbun-
dener politischer Botschaften ist er sozusagen selbst die Nachricht. Diese Form
der Personalisierung von Wahlkämpfen ist in den USA bereits in der Struktur
des politischen Systems angelegt. In den 80er Jahren, seit den Wahlkampfauf-
tritten des Darstellungsprofis Ronald Reagan, hat die Tendenz zur Personalisierung der amerikanischen Wahlkämpfe sich jedoch nochmals zugespitzt: Der
Kandidat ist nunmehr die Botschaft, seine Auftritte, die Diskussion seiner Stärken und Schwächen sind das eigentliche Medienereignis. Inhalt der Berichterstattung, namentlich in den elektronischen Massenmedien, sind nicht mehr die
Wahlprogramme und politischen Richtungsentscheidungen, die mit dem
Wahlausgang verbunden sind, sondern das Abschneiden der Spitzenkandidaten
in Debatten und Talkshows sowie die neuesten Ergebnisse von Meinungsumfragen darüber. Charakterfragen und die medienvermittelte Glaubwürdigkeit der
Kandidaten sind wichtiger als der Inhalt ihrer Reden. Der Wahlkampf besteht
folglich seit den 80er Jahren hauptsächlich aus einer Abfolge von Interaktionen
zwischen den Kandidaten und den Medien. In Bill Clinton hatte „der große
Kommunikator" Reagan übrigens hierin einen ebenbürtigen Nachfolger gefunden, in Europa sind es in erster Linie Tony Blair und Gerhard Schröder, die in
den Fußstapfen Reagans wandeln.

Personenzentrierte Wahlkämpfe

Personenzentrierte Wahlkämpfe wurden und werden wie erwähnt auch in der
Bundesrepublik geführt. Erinnert sei an die Wahlkämpfe der 50er bis 70er Jahre
mit Protagonisten wie Konrad Adenauer, Ludwig Erhard, Willy Brandt, Helmut
Schmidt oder Franz Josef Strauß. In keinem Falle jedoch agierten die Kandidaten wie in den USA nahezu losgelöst von den Parteien, aus denen sie hervorge-
gangen waren und ohne die sie zur Erfolglosigkeit verdammt gewesen wären.
Ihr Name stand stets für das Programm einer Partei und eine bestimmte Politik,
nicht nur einen bestimmten Politikstil. Charakterfragen wurden zwar ab und zu,
etwa im Zusammenhang mit der Kanzlerkandidatur von Franz Josef Strauß,
aufgeworfen, aber sie dominierten nie die Wahlkämpfe. Seit den 80er Jahren
jedoch ist in der Bundesrepublik, obschon im Vergleich zu den USA in deutlich
abgeschwächter Form, ebenfalls ein unverkennbarer Trend zu verstärkter Personalisierung der Wahlkämpfe zu beobachten. Besonders ausgeprägt war dies
erstmals im Bundestagswahlkampf 1994 der Fall, als die CDU auf Großplakaten
ohne Parteilogo und ohne jede weitere politische Aussage den schon rein kör-
perlich alle überragenden Helmut Kohl inmitten einer gesichtslosen Menschen-
menge zeigte. Die SPD konterte in abgeschwächter Form mit Plakaten und
Fernsehspots, auf denen Rudolf Scharping nicht etwa als Politiker, sondern als
Radfahrer, Familienvater oder legerer Wanderer gezeigt wurde. In der Nieder-
sachsenwahl vom 1. März 1998 erfuhr diese nahezu totale Konzentration des

Wahlkampfgeschehens und des Medieninteresses auf in diesem Falle sogar nur eine einzige Person eine weitere, bisher beispiellose Steigerung: Wie und durch wen Niedersachsen künftig regiert würde, ob durch eine Alleinregierung der SPD, eine rot-grüne oder gar eine schwarz-gelbe Koalition, erschien zweitrangig gegenüber der Frage, wer sich als Kanzlerkandidat der SPD durchsetzen werde, Schröder oder Lafontaine. Schröder erwies sich dabei im Umgang mit den Medien als höchst versiert, was ihm wiederum den Beifall und die Aufmerksamkeit der Medien sicherte.

Inszenierung der Politik

Politik ist als Folge davon stärker noch als früher Inszenierung. Natürlich ist auch dieser Aspekt alles andere als neu. Und dennoch: Konsultiert man die einschlägigen Lexika, findet sich zwar keine Einigkeit über Politikdefinitionen. Eines jedoch haben diese Definitionen gemeinsam: Gleichgültig, ob sie machtzentriert, gemeinwohlzentriert oder verteilungszentriert angelegt sind, der inszenatorische Charakter von Politik spielt seltsamerweise nirgendwo, bei keiner Definition, eine Rolle. Dabei ist dieser Aspekt schon seit der Antike unverkennbar und untrennbar mit Politik verbunden. Im Mittelpunkt praktisch betriebener Politik steht nun einmal nie der Inhalt von Entscheidungen allein, ein Inhalt, durch den stets bestimmte Gruppen oder Individuen bevorzugt und andere benachteiligt werden. Immer steht auch die Kernfrage im Mittelpunkt: Wie sage ich wann was wem - und mit welchem Effekt? Das gehört zur Kunst der politischen Rede auf der griechischen Agora genauso wie im römischen Senat oder auf dem Forum, in der Versammlung der Schweizer Landgemeinde ebenso wie im britischen Parlament oder der französischen Nationalversammlung. Wo irgendeine Form von Öffentlichkeit eine Rolle spielt, hat Inszenierung von Politik Bedeutung. Dies gilt auch und gerade in Diktaturen. Kein politisches System kommt auf Dauer ohne Unterstützung seiner Untertanen aus, und wo im Gegensatz zu den Demokratien Legitimation durch Verfahren fehlt, gewinnt die Legitimation durch quasireligiöse Inszenierungen, die Schaffung von Akzeptanz durch Kampagnen und rigorose Informationsverknappung und -steuerung erst recht an Gewicht. Niemand war besser darin als die Nationalsozialisten, aber auch die Staatssozialisten legten hier erhebliche Fähigkeiten an den Tag.

Wandel der politischen Inszenierung durch die elektronischen Medien

Es stellt sich für uns die Frage, ob der inszenatorische Charakter in den letzten Jahrzehnten stärker geworden ist. Die Antwort ist einfach: Das ist ganz zweifellos der Fall. Die Öffentlichkeit ist seit langem einem starkem Strukturwandel unterworfen. Durch die Ausbreitung der elektronischen Medien, vor allem des Fernsehens und immer stärker auch des Internets, haben wir es mit einer anderen Öffentlichkeit zu tun, einer Öffentlichkeit mit ganz anderer Wirkung und anderen Gesetzmäßigkeiten als noch vor 25 oder gar 50 Jahren. Heute existiert eine scheinbar direkte Beziehung zwischen Politikern und Bürgern über den Bildschirm. Scheinbar deshalb, weil das Medium mit seinen Machern, seinen Gesetzmäßigkeiten und Manipulationsmöglichkeiten ja immer dazwischengeschaltet ist. Die Gesetzmäßigkeiten des Mediums Fernsehen begünstigen wiederum bestimmte Inszenierungsformen der Politik: Schnelle Statements vor laufender Kamera, 20fach wiederholt (was dann zu dieser seltsamen Stereotypensprache vieler Politiker führt), Talkshows in scheinbar wechselnder und doch längerfristig gesehen immer gleicher Besetzung mit 50 bis max. 75 Gesichtern und bestenfalls 10 verschiedenen Meinungen, das Ganze bekommt immer stärker Wanderzirkuscharakter. Begünstigt wird durch diese Inszenierungsformen ein bestimmter Politikertypus, zumindest der Tendenz nach (kurze Zeit schien es so, als würde Angela Merkel diese Regel durchbrechen, ich bin mir aber da nicht mehr so sicher). Was bekommen wir, zumindest der Tendenz nach? Den mediengerechten, immer das scheinbar richtige Wort findenden Staatsschauspieler mit der Begabung zur total überzeugenden Unverbindlichkeit und der Tendenz zur Halbwahrheit (weil die ganze nicht ankäme), zum jederzeit dementierbaren oder auslegungsfähigen Statement (der Prototyp ist für mich nach wie vor Jörg Haider, man muss aber auch in Deutschland nicht lange nach Vertretern dieser Spezies suchen)? Zweck ist die bella figura, Punkte zu machen in der immer währenden Auseinandersetzung der Gladiatoren in der politischen Arena, im permanenten Wahlkampf vor den Fernsehkameras. Maßstäbe für Erfolg und Misserfolg sind Einschaltquoten, TED-Umfragen, die Resultate der Meinungsforschung. Die Münze ist positives Image, besser dazustehen als die anderen. Der Preis, den wir zahlen, ist hoch.

Politische Wahrheit und politische Inszenierung

Da bleibt kein Raum für schmerzhafte Wahrheiten, die volle, brutale Wahrheit, denn sie könnte ja genügend Leuten wehtun und damit die Wiederwahl gefährden. Wer sie dennoch ausspricht, wird umgehend bestraft. Dieser Mechanismus hat sich in vielen Politikerköpfen festgesetzt, wie mancher von ihnen selbst unter vier Augen schon einmal zugibt. Brutalstmögliche Aufklärung wird zwar häufig versprochen, aber selten geliefert. Einige Beispiele mögen dies illustrieren: Welcher Politiker sagt in der Öffentlichkeit die volle Wahrheit über unser System der Altersvorsorge und das der Gesundheitsversorgung im Lichte der demographischen und wirtschaftlichen Entwicklung; über die prekäre Beziehung von unflexiblem, verkrustetem Arbeitsrecht und struktureller wie konjunktureller Arbeitslosigkeit; über die strukturelle Unvereinbarkeit von Quantität und Qualität im höheren Bildungswesen; über die Fiktion, Deutschland sei kein Einwanderungsland oder, umgekehrt, wir könnten der Hafen für alle Asyl suchenden Schiffsbrüchigen der Welt sein, die dann friedlich vereint in einer multikulturellen, fröhlich bunten Gesellschaft konfliktfrei und einander liebend nebeneinander leben etc.?

Politische Inszenierung und politische Verantwortung

Nun werden aber viele Un- und Halbwahrheiten doch irgendwann entdeckt, das ist in einer offenen Gesellschaft geradezu unausweichlich; dann aber sind oft schon wieder andere an der Regierung. Ein nicht geringer Teil unserer Politik scheint getragen von der Hoffnung, dass es so weit in der Zukunft keine zuschreibbare Verantwortlichkeit mehr gebe, dass die gebrochenen Wahlversprechen den dann Regierenden und nicht mehr einem selbst zugeschrieben würden (Beispiel: Rentenreform, Versäumnisse in der Familienpolitik, in der Bildungspolitik und lange Zeit auch in der Finanzpolitik). Eine logische Folge davon ist: Es wird allen angelastet, den Politikern, den Parteien an sich, nicht denen allein, die tatsächlich die Verantwortung für bestimmte Nicht- oder Fehlentscheidungen tragen. Notwendigerweise resultiert daraus Parteien- und Politikerverdrossenheit.

Parteienkritik und Politikverdrossenheit

Die Parteienkritik, das Misstrauen in die Politikerklasse, ist heute so hoch wie selten, akut verstärkt wurde sie in den vergangenen Jahren ganz unbestreitbar durch den Spenden- und Schwarzgeldskandal der CDU, die Flug- und anderen Affären der SPD, die Möllemann-Affäre der FDP und nicht zuletzt durch die Auseinandersetzung über gebrochene Wahlversprechen der rot-grünen Koalition nach der Bundestagswahl 2002. Dieses Misstrauen in die Politik und ihre Repräsentanten ist an und für sich nichts Neues. Auch im europäischen Rahmen stellt es nichts Außergewöhnliches dar: Solange es politische Parteien gibt, so lange gibt es Parteienkritik und Parteienverdrossenheit. Schon Kaiserreich und Weimarer Republik waren voll davon. Parteien wurden stets bestenfalls als notwendiges Übel aufgefasst, ihre Spitzenpolitiker von Intellektuellen verachtet oder gar lächerlich gemacht, vom Volk fast stets mit Argwohn betrachtet.

Konjunkturen der Parteienkritik und Politikverdrossenheit

Typischerweise haben Parteien- und Politikerverdrossenheit (beide sind im Allgemeinen in einem Atemzug zu nennen) ihre Konjunkturen. In Wahljahren gehen sie zurück, nach Wahljahren steigen sie wieder an. Der Zyklus hat jedoch einen Trend, er weist kein natürliches Gleichgewicht auf, sondern er bewegt sich ganz langsam in eine bestimmte Richtung, nämlich nach unten, was die Zustimmung zu den Parteien und ihren führenden Repräsentanten angeht. In den letzten Jahren, so etwa seit der Wiedervereinigung, hat sich dieser Trend sogar noch beschleunigt. Seit Menschengedenken hatten wir keine Nachwahlperiode, in der sich positive und negative Gefühle bei den Bürgern schneller ablösten als nach der Bundestagswahl 1998. Dem begreiflichen Hochgefühl, man könne mit seiner Stimme doch etwas ausrichten (immerhin hatte man, erstmals in der Geschichte der Bundesrepublik, mit dem Stimmzettel einen kompletten und nicht nur einen halben Machtwechsel erreicht), folgte umso tiefere Skepsis und Verdrossenheit darüber, dass die hochgespannten Erwartungen auf breites-ter Front enttäuscht worden waren. Niedrige Wahlbeteiligung und miserable Wahlergebnisse der Koalitionsparteien 1999 waren die notwendige Folge. Nach der Bundestagswahl 2002 erlebten wir, mit womöglich noch größeren Ausschlägen, erneut einen nie zuvor beobachteten Absturz der SPD, wenn auch seltsamerweise nicht der Grünen, in der Wählergunst.

Wahlkampf und Wählerenttäuschung

Nüchtern betrachtet, handelt es sich hier um einen sozusagen zwangsläufig im System eingebauten Mechanismus, der von den Parteien zwar stilistisch, durch hinreichenden Realismus, indem man die Wähler ernster nimmt, für weniger dumm hält als dies häufig erfolgt, abgemildert, nicht aber im Kerne verändert werden kann. Er wird sogar noch durch die Art und Weise moderner mediengerechter Wahlkampfführung verstärkt. Diese ist, wie weiter oben ausgeführt, zunehmend kandidatenzentriert, programmatisch diffus, populistisch, allen alles versprechend, und damit zwangsläufig Wählerenttäuschungen produzierend. (Juristen würden es wohl grob fahrlässig nennen, die Enttäuschung einzukalkulieren, sie angesichts des kurzfristigen Zieles „Machterwerb" oder „Machterhalt" dennoch billigend in Kauf zu nehmen.) Auch hier mögen ein, zwei Beispiele zur Illustration genügen: Die vor der Bundestagswahl 2002 geweckten Erwartungen, dass Steuern und Abgaben nicht erhöht würden (durch Aussagen gespeist wie: „Steuern passen nicht in die Konjunkturlage, sie schaden ihr, niemand plant daher Steuererhöhungen ..."), diese von der Koalition geschickt geschürten Erwartungen wurden bekanntlich sehr schnell enttäuscht. Schon im Koalitionsvertrag war plötzlich nicht mehr die Rede davon, sondern vom Gegenteil. Wohl niemals zuvor in der Geschichte der Bundesrepublik gab es denn auch nach einer Wahl einen schnelleren Anstieg der Parteien- und Politikerverdrossenheit. Ein Beispiel von der anderen Seite stellt die von Helmut Kohl versprochene „geistig-moralische Wende" von 1982/83 dar. Ihr Ausbleiben erzeugte damals ebenfalls erhebliche Verdrossenheit, und zwar bei den eigenen Anhängern, den Stammwählern der Union. Ein Blick auf die Umfragedaten belegt: Die Amplituden werden größer, die Generalrichtung jedoch ändert sich nicht, das Vertrauen in die Parteien und die Spitzenpolitiker lässt langfristig nach. Das ist kein ausschließlich bundesrepublikanisches, sondern ein gesamteuropäisches Phänomen. Wir sind kein Sonderfall, sondern gehören sogar noch zur Gruppe der Länder, in denen der Anstieg der Partei- und Politikerverdrossenheit nur sehr allmählich erfolgt. Dennoch ist er mehr als bedrohlich, denn wenn in wichtigen Fragen die Wähler keiner der Parteien mehr Lösungskompetenz zubilligen, kann leicht systemimmanente Kritik zu einer Kritik am System werden, kann es dazu kommen, dass irgendwann einmal nicht mehr die „Opposition im System", sondern die „Opposition zum System" gewählt wird. Weil man Ersterer genauso wenig zutraut wie der Regierung, feiern Politiker wie Haider oder Pim Fortuyn, Umberto Bossi oder Jean-Marie Le Pen unerwartete Wahlerfolge.

Der Wandel der modernen Parteien

Das Ansehen der Parteien wie auch der Politiker ist mithin gering, ja, es nimmt ganz allmählich wohl noch weiter ab. Ein Teil dieser Entwicklung ist auf externe, kaum beeinflussbare Ursachen wie Individualisierung und Globalisierung zurückzuführen. Doch darf sich niemand damit herausreden; denn das ist nur die eine Seite der Medaille; ein weiterer Teil ist das Resultat von unmittelbarem Politiker- und Parteienhandeln, und hier besteht die Möglichkeit, den scheinbar unaufhaltsamen Prozess des Niedergangs der Geltung beider zu beeinflussen: Indem man erkennt, dass moderne Parteien längst nicht mehr ideologische Heimat und Sinngeber, sondern eher Interessenvertreter und Dienstleistungsunternehmen geworden sind (Stichwort: New Labour), dass erkennbare Selbstbescheidung beim Bürger besser ankommt als unrealistisches Omnipotenzgehabe. Die Parteien und ihre führenden Politiker sind von den Bürgern stets nur zur Geschäftsführung mit zeitlich und inhaltlich begrenztem Auftrag bestellt. Man möchte von ihnen Vorschläge zur Zukunftsgestaltung, nicht symbolische Scheinkämpfe, man erwartet keinen moralischen Rigorismus, es sei denn, man wendete ihn auf sich selbst genauso an wie auf den politischen Gegner. Was man erwartet ist Politik mit Augenmaß, Nachhaltigkeit (aber eben nicht: „Unumkehrbarkeit", das ist antiparlamentarisch, ja undemokratisch gedacht) und Berechenbarkeit. Was man braucht, ist politische Führung, nicht Anpassung an flüchtige Stimmungen und das Eingehen auf die Angst der Bevölkerung vor ernsthaften, auch in den eigenen Besitzstand einschneidenden Reformen. Konrad Adenauer, Willy Brandt, Helmut Schmidt oder Helmut Kohl würden nur den Kopf schütteln über die Verzagtheit der heutigen politischen Klasse. Alle vier haben im richtigen Moment Führung gezeigt, Adenauer hinsichtlich der Einführung der Sozialen Marktwirtschaft, der Westintegration und der Wiederbewaffnung, Brandt hinsichtlich der Ostpolitik, Schmidt hinsichtlich des NATO-Doppelbeschlusses, Kohl hinsichtlich der Wiedervereinigung und der Einführung des Euro. Mittlerweile ist die Politik allerdings aus den genannten Gründen viel populistischer geworden, versucht man Wahlerfolge eher durch Anpassung an Mehrheitsströmungen zu erzielen, die originären Absichten bleiben verborgen, so man denn welche hat. Das gilt keineswegs nur für die

Schröder-SPD. In kaum geringerem Maße trifft das nach meiner Beobachtung auch auf die Stoiber- und Merkel-Union zu. Schon die Bundestagswahl 1998 zeichnete sich durch eine lähmende Angst vor Veränderungen und die Angst der Politiker vor einer Abstrafung durch den Wähler aus; 2002 konnten wir das in nochmals verschärftem Maße wahrnehmen. Die kleinen Parteien haben es angesichts ihrer sozial und wirtschaftlich begrenzten Klientel in dieser Hinsicht meist etwas leichter als die Volksparteien, darum können sie graduell etwas ehrlicher sein. Möglicherweise gelingt es Gerhard Schröder, falls er es tatsächlich schaffen sollte, seine Agenda 2010 durch die politischen Gremien zu bringen, erstmals seit Jahren wieder, diesen Trend umzukehren.

Das Verhältnis Politiker und Wähler

Es stellt sich die Frage, ob die geschilderte Entwicklung eine Art Naturgesetz darstellt, ob die Wähler wirklich nicht die Wahrheit hören wollen oder ob die Politiker sich bloß nicht trauen, diese auszusprechen, weil sie selbst den Kopf in den Sand stecken, sich auf Erfahrungen berufen, die womöglich gar nicht verallgemeinert werden können. Die Realität ist, wie so häufig, nicht eindeutig. Für beide Positionen gibt es Evidenz. Vertraut man den Meinungsumfragen, lehnen die Wähler kaum etwas schärfer ab, als von Politikerversprechen getäuscht oder, wie sie es formulieren würden, an der Nase herumgeführt zu werden. Wie die Entwicklung der Zustimmungswerte für die SPD und ihre Spitzenpolitiker nach der Bundestagswahl 2002 belegt, neigen die Wähler durchaus dazu, wahrgenommene Wählertäuschung durch Liebesentzug zu bestrafen. Auch scheinen auf den ersten Blick die Bürger der Bundesrepublik sehr viel vernünftiger zu sein, als ihnen die Politik gemeinhin unterstellt. Allerdings nur auf den ersten Blick: Für Reformen des Alterssicherungssystems sind beispielsweise vier von fünf Befragten, fast genauso viele allerdings lehnen die im Zusammenhang damit diskutierten konkreten Vorschläge wie eine Verlängerung der Lebensarbeitszeit oder eine Verschiebung des gesetzlichen Renteneintrittsalters ab. Das Motto vieler scheint noch immer zu sein: Wasch mir den Pelz, aber mach mich nicht nass. Hier ist politische Führung gefragt, und die kann in der Mediendemokratie nur im direkten Appell der Verantwortlichen an die Bevölkerung bestehen, in Aufklärung, mutigem Bestehen auf dem einmal als richtig Erkannten. Die politische Lebensleistung von Gerhard Schröder wird meines Erachtens daran gemessen werden, ob er mit der Agenda 2010 und den notwendigerweise daran anschließenden weiteren Reformagenden diesen Führungswillen beweist. Damit könnte er zeigen, dass auch in der Mediendemokratie mit ihren schwankenden Stimmungen, ihrem Zielgruppenpopulismus und der für sie so typischen Politikerverzagtheit noch politische Führung möglich ist, der die Demokratie nicht weniger bedarf als andere Staatsformen.

Nachforderungen – warum Unternehmen im Umgang mit Politikern und Medien umdenken müssen

von Lothar Rolke

Stimmt's oder stimmt's nicht? Die wirtschaftliche Elite ist heute der politischen Elite faktisch und in der öffentlichen Wahrnehmung überlegen. Jedenfalls meint das Peter Glotz, der langjährige Bundesgeschäftsführer der SPD und inzwischen Kommunikationswissenschaftler in St. Gallen. Seine Begründung: „In der Regel sind die durchschnittlichen Mitglieder der Vorstände unserer Aktiengesellschaften stärker (das heißt: selbstbewußter, härter und präziser) als der Durchschnittspolitiker ... In den 60er Jahren wollten die besten jungen Leute Kennedy, Brandt oder Doug Hammarskjöld nacheifern. Inzwischen träumen sie davon, wie Jacques Welch, Steve Case, Rainer E. Gut oder Joe Ackermann zu werden" (P. Glotz 2002: 7). Stimmt's also oder stimmt's doch nicht?

Auf jeden Fall ist Peter Glotz mit seiner Auffassung keineswegs allein. Die Publizistin Sybille Krause-Burger benennt als Grund für die vermeintliche Überlegenheit der wirtschaftlichen Elite die ungleiche Machtverteilung zwischen Politikern und Unternehmensvorständen. Einschränkung und Kleinteilung aller Macht im politisch-administrativen Raum, unbegrenzte Verfügungsgewalt hingegen auf den Chefetagen in der Wirtschaft – so ihre Weltsicht: „Wer in der Politik Macht ausübt, muss ständig auf die tausenderlei Empfindsamkeiten und Interessen Rücksicht nehmen, muss um Mehrheiten kämpfen – für sich und für seine Pläne. An der Spitze eines Konzerns wird jedoch eher die Rücksichtslosigkeit belohnt. Reden, überzeugen ist die Arbeit der Politiker. Kaufen und verkaufen, straffen und raffen ist die Aufgabe im Management. Politiker, weil sie gewählt werden wollen, müssen nett sein, müssen sich beliebt machen. Manager werden nicht vom Volk gewählt. Es ist besser, man fürchtet sie, als dass man sie liebt. Das erhöht die Wirksamkeit ihrer Führung" (S. Krause-Burger 2002: 117). Gilt das auch außerhalb der Unternehmenswelt? Kann es also dann, wenn Politiker und Wirtschaftsvertreter öffentlich in Streit geraten, nur einen Sieger geben: den machtgestählten Manager, der den netten Politiker von nebenan schwächlich aussehen lässt. Stimmt das wirklich oder vielleicht doch nicht?

Interessanterweise wird diese Auffassung von den PR-Managern und Marketern, also den Kommunikationsexperten in den großen Unternehmen, mit deutlicher Mehrheit nicht geteilt. Und gerade von ihnen würde man das doch erwarten, daß sie pro domo sprächen. Stattdessen sehen sie nicht Schrempp, Diekmann und Berger vorn, sondern Schröder, Merkel und Fischer: „Die füh-

renden 20 Politiker können mit den Medien besser umgehen als die Vorstandsvorsitzenden der 20 größten Unternehmen" – dieser Auffassung stimmen 62
Prozent der befragten Marketing- und PR-Manager zu; nur 16 Prozent wider-
sprechen hier; 23 Prozent sehen beide Gruppen gleich stark (vgl. L. Rolke
2003).

Wer also liegt nun wirklich vorn in der Mediengesellschaft? Politik oder
Wirtschaft? Manager oder Parteiführer? Die Sprecher aus den Unternehmen
oder aus den politischen Organisationen? Hätten beide Gruppen nichts miteinander zu tun, wäre es bestenfalls ein unterhaltsamer Wettstreit, der weiterhin in
Talkshows ausgetragen würde, aber keinerlei ernsthafte Konsequenzen hätte.
Jedoch prallen Politik und Wirtschaft immer öfter zusammen. Und da es dabei
auch um den Wettbewerb von Systemlogiken in einer funktional ausbalancierten Gesellschaft geht, kommt dieser Frage durchaus eine system-konstitutive
Bedeutung zu. Denn noch bevor ein Thema auf die öffentliche Agenda kommt,
stehen die Logiken, nach denen es behandelt werden kann, immer schon fest.
Deshalb stellt sich immer dringlicher die Frage: Welche Logik ist heute in
Deutschland einflussreicher und durchsetzungsfähiger – die des politischen oder
eher die des wirtschaftlichen Systems? Die Arena, in der diese Auseinandersetzung sichtbar wird, ist die Öffentlichkeit – repräsentiert von den Medien. Zu
gewinnen gibt es Aufmerksamkeit, Zustimmung und kommunikative Repres-
sionsmittel, die sich gegen andere einsetzen lassen. Zu verlieren ist die Chance
auf die Berücksichtigung der eigenen Interessen und Sichtweisen. Das klingt
harmloser, als es ist. Denn tatsächlich verbirgt sich dahinter die Frage von Sein
oder Nichtsein in der Mediengesellschaft. Denn dort ist auf Dauer nur existenz-
fähig, was Presse, Funk und Fernsehen – neuerdings im Verbund mit dem Internet – auf die öffentliche Agenda setzen.

**1   The Clash of Communications in der Mediengesellschaft – was wäre,
wenn?**

Die Massenmedien, sind das bedeutendste Fenster, durch das wir die Wirklichkeit um uns herum wahrnehmen. Wer dieses Fenster zuhängen oder auch er-
weitern kann, wer das dahinterliegende Sichtfeld zu gestalten, zu kontrollieren
und unüberhörbar zu kommentieren vermag, der wird zum mächtigen Mitkon-
strukteur unserer Vorstellungen von Wirklichkeit. Das ist hinreichend beschrieben (vgl. N. Luhmann 1996), beleuchtet (vgl. H. Koelbl 2001) und immer wieder beklagt (vgl. T. Meyer 2001; C. Hillgruber 2003) worden. Doch geändert
hat sich nichts. Vielmehr bedeutet es umgekehrt: Wer ins Blickfeld der anderen
rücken möchte, der muß seinen Platz in den Fenstern der Massenmedien finden:
Wer etwas bewirken will, der „muß seine Kommunikation mitdenken, muß die
Medienlogik und -regeln kennen und beachten" (P. Radunski 2002: 99).

Politiker wissen darum. Gerhard Schröder, „der Medienkanzler" (R. Meng 2002), kokettiert denn auch: „Journalisten und Politiker leben in einer Symbiose mit- und voneinander" (zit. nach J. Hohgrefe 2002: 73). Einer kann ohne den anderen nicht erfolgreich sein. Diese wechselseitige Abhängigkeit wird von manchen Wissenschaftlern und Publizisten immerhin als so weitgehend wahrgenommen, dass sie es für gerechtfertigt halten, „die Unterscheidung zwischen Politik und Kommunikation ganz aufzugeben, Politik und Kommunikation gleichzusetzen, oder Politik als Kommunikation zu definieren" (W. Schulz 1997: 234). Jegliches politisches Handeln wird dann nur noch nach seiner Medienwirksamkeit beurteilt: Wie viel massenmediale Aufmerksamkeit und öffentliche Zustimmung lässt sich mit einem Thema organisieren, dies wird zur Leitfrage. Was Parlament und Gremien hingegen denken, ist zweitrangig. Die Akzeptanz der öffentlichen Meinung wird zunehmend außerparlamentarisch und ad hoc inszeniert. Doch diese Art Vertäuung von Politik und Medien hat Konsequenzen: „Die Imperative des unaufhörlichen Plebiszits verdrängen zunehmend die Orientierung der Politik an sachlich gebotenen und langfristig wirksamen Entscheidungen" (B. Giesen 2002: 9). Medienwirksamkeit ist für jeden Bürger weithin sichtbar, sachliche Richtigkeit ist kurzfristig kaum zu beurteilen und also irrelevant. Infolgedessen wird die sichtbare Aufmerksamkeit für die unsichtbar bleibende Angemessenheit von Politik genommen: Je mehr öffentliche Kontroverse, desto richtiger wird die Politik schon sein, die in der nach-verteilungspolitischen Ära nur noch Einschnitte (möglichst bei den anderen) kennt. Das ist deutlich die Signatur einer „Mediokratie" (T. Meyer 2001), worunter in Anlehnung an Habermas die Kolonialisierung der Demokratie durch die Massenmedien (vgl. T. Meyer 2001: 89) verstanden wird, die der Politik ihre Funktionslogik aufzwängt.

Manager wissen ebenfalls um die Macht der Medien. Was Politiker allerdings auf dem dornigen Weg über Kommunal- und Landespolitik im Umgang mit der Presse lernen, müssen die Führungskräfte der Wirtschaft in intensiven Medien-Trainings nachholen. Denn die Wirtschaft muss sich – wie die Politik auch – heute den Journalisten mit und ohne Kamera stellen: „Dabei in die Offensive zu gelangen, d.h. sich die Freiräume für die Darstellung der eigenen Position zu schaffen und den Zuhörern die eigenen, wichtigen Botschaften zu vermitteln, setzt ... voraus, daß man diese Spielregeln beherrscht" (W.-H. Kriebel 1998: 19f). Je größer das Unternehmen ist, desto weniger liegt es in der Entscheidung des Managements, ob der Konzern zur Kommunikation mit den Medien bereit ist oder nicht: „Gesellschaftliche Exponiertheit" (C. Börner 1996) führt zwangsläufig zu öffentlicher Beobachtung und in Folge zu öffentlicher Kommentierung. In der Mediengesellschaft ist die Wirtschaft zum kommunikativen Mitspielen schlicht zwangsverpflichtet. Deswegen findet sich in den großen Unternehmen auch kaum ein Vorstand, der nicht „sein" Medientraining absolviert hat. Die Erkenntnis, welche Chancen damit verbunden sind (vgl. P.

Stihl 1990: 14), hat sich allerdings noch nicht flächendeckend durchgesetzt. Zwingender ist die Einsicht gewesen, dass exponierte Unternehmen in der Mediengesellschaft nicht *nicht* öffentlich kommunizieren können.

Berichterstattung in Presse, Funk und Fernsehen kann Einfluss auf alle Märkte haben: auf den Beschaffungs- und Personalmarkt ebenso wie auf den Aktien- und Absatzmarkt (vgl. L. Rolke 2002). Deswegen ist der Vorstandsvorsitzende heute immer auch der Chief Reputation Officer (CRO) eines Unternehmens: „Im Umfeld der Politik ist es bereits seit längerem selbstverständlich, daß die Spitze einer Regierung, sei sie nun Kanzler, Präsident oder Premierminister, für das öffentliche Image ihrer Regierung, ihres Landes und ihrer Partei verantwortlich ist. Es ist an der Zeit, diese Selbstverständlichkeiten des politischen Lebens auch in der Organisation von Unternehmen als selbstverständlich vorauszusetzen", fordert der ehemalige BBC-Journalist und PR-Chefberater Lord Watson of Richmond (Watson of Richmond 2002: 55). Der tiefere Grund dafür: Längst bewegen sich auch die Unternehmen in einer Art Zwischenzone: der *Mediokonomie* – so will ich sie in Anlehnung an Meyer (T. Meyer 2001) nennen –, die Unternehmen zu einem erhöhten Kommunikationsaufwand zwingt. Aktiengesellschaften müssen beispielsweise noch größere Leistungen hier erbringen. Im Schnitt geben sie 2,4-mal so viel Budgetmittel für Öffentlichkeitsarbeit aus wie die nichtbörsennotierten Unternehmen, obwohl dies nicht zwingend zu einer freundlicheren Medienresonanz führt (vgl. L. Rolke 2003).

Der Befund ist eindeutig: Längst also sind die Medien so erfolg- und einflussreich, dass sich weder Politik noch Wirtschaft ihrer Logik entziehen können. Das ist Stärke und Schwäche zugleich. Denn wer den anderen seine Spielregeln aufzwingt, darf sich nicht wundern, wenn diese das Spiel lernen, um selber besser mithalten zu können, und dabei versuchen ihren eigenen Nutzen zu maximieren. Politiker und Manager haben das gelernt. Und die Journalisten haben sich darauf eingestellt. Der ehemalige Chefredakteur der „ZEIT", Roger de Weck, beschreibt denn auch nüchtern das Beziehungsspiel, in das er sich selbst eingerichtet hat: „Ich strebe mit Politikern und Wirtschaftsführern meist eine Geschäftsbeziehung an: Du willst was von mir, ich was von Dir" (zit. n. H. Koelbl 2001: 177). Aus dem ständigen, quasi-institutionalisierten Prozess des wechselseitigen Gebens und Nehmens – Bentele (Bentele 1997; 1999) hat hierfür den Begriff „Intereffikation" erfunden – entsteht vom Vistapoint der Medien aus auf der einen Seite das „Politik-Medien-System" (R. Meng 2002: 76) und als Entsprechung auf der anderen Seite das *Wirtschaft-Medien-System*, wie ich ergänzen möchte. In beiden Intersystembeziehungen spielt die Frage des Images und der Definitionsmacht eine dominierende Rolle. In der Mediokratie (entspricht dem: Politik-Medien-System) ebenso wie in der Mediokonomie (entspricht dem: Wirtschaft-Medien-System). Wer starke Bilder erzeugt und Orientierung gibt, stärkt seine Führungsfähigkeit in der Mediengesellschaft.

Welche Deutungsmacht das Wirtschaft-Medien-System entwickeln kann, zeigte sich unerwartet im Hype der New Economy. Damals sorgten real ungedeckte Stimmungsbilder und überspannte Erwartungen – ausgelöst von einem Teil der Wirtschaft und verbreitet durch die Journalisten – für zunächst kaum zu bremsende Kursfantasien an den Börsen. Und alle wollten mitverdienen. Neue Finanztitel im Privatbereich und neuartige Wirtschaftsformate im Fernsehen sorgten damals im Zusammenspiel mit Analysten und Unternehmensvorständen für eine Überhitzung der Börsen, wie es sie im Nachkriegsdeutschland noch nicht gegeben hatte.

Auch wenn Mediokratie und Mediokonomie in Deutschland unterschiedlich stark entwickelt sind, stellen sie doch nur die zwei Seiten der Erfolgsgeschichte der Massenmedien dar, die mit dem Internet in eine neue Phase getreten ist (vgl. Rolke/Wolff 2002), und die deshalb derzeit nicht von einer Existenzkrise bedroht sind, sondern nur Zeichen einer Strukturkrise aufweisen, die für Umbruchphasen typisch sind. Nichts ging und geht ohne die Medien. Das wird auch künftig gelten: Sie sind immer präsent. Und fester Bestandteil jeder Strategie öffentlicher Kommunikation. Und sei es nur als Kalkül, weil die Medienwirkung mehr bedacht werden muss als die sachliche Richtigkeit, die allzu oft gar nicht überprüfbar ist. Auch wenn das Internet die publizistische Macht zwischen Unternehmen, gesellschaftlichen Organisationen, Medien und Rezipienten neu verteilt, stehen die Spielregeln der Mediengesellschaft selbst nicht zur Disposition.

Die Mediokratie ist vom Wettbewerb der Parteien geprägt, die sich massenmedial in Szene zu setzen suchen. Es gibt Kanzlerduelle, Kampagnen und Themeninszenierungen. Die Mediokonomie wird durch die Konkurrenz der Unternehmen um Akzeptanz und Reputation bestimmt. Längst weiß das Management, dass ein gutes Image nicht nur verkaufen hilft, sondern auch Vorteile im Finanz- und Beschaffungsmarkt bringt.

Was aber, wenn Politik und Wirtschaft in Konflikt geraten? Dann geht es nicht mehr nur um den Wettbewerb von Organisationen innerhalb von Teilsystemen der Gesellschaft, sondern um funktional konstitutive Fragen: mehr Staatsmacht oder mehr Markt. Dann stehen die Systemvariationen zur Alternative: Ermöglichung von Geschäft oder Durchsetzung von Verwaltungsprogrammen. Da Politik und Wirtschaft in medialen Symbiosen agieren, kann der Streit, wie z.B. um Investitionsvorhaben, Sachthemen, persönliches Verhalten von Vorständen, Wertvorstellungen oder Gesetzesinitiativen nur über die Medien ausgetragen werden. Off the records gibt es dabei nicht mehr. Die Frage ist nur, wer ermöglicht wem den Scoop? Alle stehen unter öffentlicher Beobachtung.

Allein in der Hauptstadt Berlin gibt es an die tausend Journalisten, die sich mit den Eliten aus Politik und Wirtschaft befassen. Nur „mit der SPD beschäftigen sich davon allein rund 300 regelmäßig" (M. Machnik 2002); Etwa so viel, wie ein großes, börsennotiertes Unternehmen (Umsatz > 10 Milliarden Euro)

kontinuierlich betreut (vgl. L. Rolke 2003). Was auf den ersten Blick wie eine
gleiche Ausgangssituation ausschaut, täuscht, weil die Handlungsbedingungen
für Parteien und Unternehmen höchst unterschiedlich sind. Das ist wenig analysiert (vgl. als Ausnahme M. Meckel 2002), aber doch im Ergebnis von beachtli-
cher Folgenschwere. Denn allen mächtigen Vorurteilen zum Trotz – so die hier
vertretene These – ist in Deutschland die Wirtschaft der Politik unterlegen und
nicht umgekehrt. Stimmt das denn nun? Oder stimmt es nicht? Wie wir sehen
werden, ist es sehr zweckmäßig, von diesem Befund auszugehen – zumal er
durch eine belastbare Analyse und dem Vergleich der strategischen Potenziale
von Politik und Wirtschaft in der Mediengesellschaft ziemlich eindeutig gesichert wird.

2   The winner takes it all – Mediokratie und Mediokonomie im direkten Vergleich

Als der Vorstandschef der Deutschen Bank Josef Ackermann Anfang dieses
Jahres die Bilanz seines Geldinstituts in Frankfurt vorstellte, platzte in die Pressekonferenz die Nachricht herein: Die Düsseldorfer Staatsanwaltschaft erhebt
Anklage auch gegen ihn wegen der angeblich ungerechtfertigten Zahlungen an
Vorstand, Aufsichtsratsmitglieder und einige Pensionäre im Fall Mannes-
mann/Vodafone. Die Staatsanwaltschaft hatte offenkundig ihre Lektion in Sachen Öffentlichkeitsarbeit gelernt. Sie wusste, wie sich öffentlicher Druck aufbauen und mediale Aufmerksamkeit erzeugen lässt. Sie weiß, dass sie auf diese
Weise Meinung gestalten kann.

Bundeskanzler Gerhard Schröder hatte zur publizistischen Vorbereitung seiner bereits Wochen vorher angekündigten Regierungserklärung im März 2003
noch einmal Arbeitgeber und Gewerkschaften an den „runden Tisch" gebeten,
um mit Ihnen über die geplante Arbeitsmarktreform zu sprechen. Erwartungs-
gemäß führte das Gespräch zu keinem gemeinsamen Ergebnis. Lesson learned,
gilt auch für den Kanzler. Denn er konnte nun vor laufender Kamera ohne
Rücksicht auf Ecken und Kanten – dafür klar kalkuliert – verkünden: Da sich
Arbeitgeber und Gewerkschaften nicht verständigen könnten, müsse die Regierung allein entscheiden.

Die auf allen Kanälen zu beobachtenden häufigeren Punktsiege für die Repräsentanten des Staates, wenn Politik und Wirtschaft aufeinander stoßen, sind -
typisch: Im Falle eines Clash of Communications gewinnt sehr oft die mediokratische Systemsymbiose gegen die mediokonomische. Zumindest in Deutschland. Warum das so ist, lässt sich zeigen, wenn man die Erfolgsstrategien in der
Medienarbeit einer tiefendiagnostischen Prüfung unterzieht. Und dabei in einem
Plausibilitätsverfahren ermittelt, wer sie besser beherrscht: Politiker oder Manager? Eingehender geprüft werden sollen hier Erfolgsstrategien, die sich aus der
gängigen Literatur herausdestillieren lassen (vgl. M. Althaus 2002; Jarren/

Donnes 2002; Jarren u.a. 1998; M. Machnik 2000 a; M. Machnik 2000 b; U. Röttger 1997; Schatz u.a. 2002; W. Schulz 1997; C. Holtz-Bacha 2001; Becker-Sonnenschein 2001; Schwarzmeier 2002). Also, welche Strategien gelten als zielführend in der Mediengesellschaft und wer kann sie besser nutzen: die Repräsentanten der Politik oder die der Wirtschaft?

Die Nähe zu den Medien und *die Relevanz des Themas* gelten als die wichtigsten Erfolgsfaktoren in der Medienarbeit. Noch vor den Faktoren „persönliches Verhalten", „Professionalität" oder „bestehendes Image des Unternehmens". Das jedenfalls ist die Erfahrung der PR-Manager in den großen Unternehmen (vgl. L. Rolke 2003). Und das wichtigste Instrument, um diese Nähe herzustellen, ist das persönliche Gespräch (ebd.). Die Vorstände großer Unternehmen laden mehrmals im Jahr zu Pressekonferenzen und bei gegebenem Anlass auch zu Pressereisen. Hinzu kommen Interviews und Statements, die als Pressemitteilung in schriftlicher Form herausgegeben werden. Aber es bleibt distanziert zwischen Management und Medienvertretern. Im Vergleich zur Politik sind das trotz aller publizistischer Beschleunigungen relativ bedächtige Informationsrituale, die erst durch das weltweit und 24 Stunden am Tag aktive Internet auf die Rapid-Response-Leitlinie justiert werden.

Regierung und Opposition kommunizieren heute mit den Medien mindestens im Tagestakt. Und nutzen dabei die neuen technischen Übertragungsmöglichkeiten: „Alle wichtigen Pressekonferenzen werden in die Redaktion übertragen. Hinzu kommen zahlreiche Hintergrundgespräche, die Minister und Staatssekretäre täglich mit den Journalisten führen ... immer schneller und oft auch flacher wird dadurch das Nachrichtengeschäft ... Vorbildlich für seine Minister hat Schröder eine Gewohnheit aus den USA übernommen: sogenannte Stake-outs ... Kurze Statements zu einem aktuellen Thema, danach Zeit für zwei knappe Fragen. Aus." (F. Hornung 2002: 97). Die Fortsetzung der Gespräche findet dann am Abend in kleiner Runde mit ausgewählten Journalisten statt. Da geht es auch schon mal um Privates und Persönliches: Wer mit wem wann, wo und wie gesehen wurde. Wer ausplaudert, wird nicht mehr eingeladen. Und verliert damit seinen exklusiven Access zur Intimsphäre der Macht, die es in USA interessanterweise so nicht gibt (vgl. B. Pfetsch 2003). So viel Nähe, wie sie deutsche Politiker heute zur Journalisten pflegen, ist Vorständen unbekannt, unvorstellbar und den meisten schon als bloßer Gedanke unerträglich.

Personalisierung und Privatisierung: Jede Botschaft braucht ein Gesicht. Nicht zufällig gilt die Personalisierung als eines der wichtigsten Erfolgsbausteine des Labour-Wahlkampfes 1997 (vgl. B. Becker 2002: 261), den die SPD 1998 und 2002 erfolgreich übernommen hat. Sicherlich hat die Persönlichkeit des Politikers auch früher eine Rolle gespielt. Aber heute ersetzt die Person fast vollständig das Programm, das die Wähler nur noch als Schlagworte und Botschaft kennen, die sie mit den handelnden Personen assoziieren. Da ist es nur folgerichtig, wenn die Wähler noch mehr von den persönlichen Verhältnissen des Politikers wissen wollen und die Medien als Advokaten dieser öffentlichen Neugierde auftreten. Sie stoßen dabei immer wieder auf große Bereitschaft: „Dass Politiker Privates in die Öffentlichkeit tragen und den Medien damit willkommenen Stoff liefern und umgekehrt die Medien die imaginäre Grenze zwischen Öffentlichem und Privatem heute bereitwillig überschreiten, hat verschiedene Gründe. Aus der Perspektive des Politikers erfüllt die Privatisierung der Politikdarstellung vier Funktionen: Vermenschlichung, Vereinfachung und Ablenkung, Emotionalisierung und Prominenzgewinn" (C. Holtz-Bacha 2001). All das nützt dem Politiker, wenn er Vor- und Nachteile bilanziert. Also tut er's.

Der Vorstand eines Unternehmens hat daran wenig bis kein Interesse. Umso überraschender ist es und umso schwerer fällt es ihm, wenn er in Medientrainings lernen muss, dass es in der Mediengesellschaft darauf ankommt, „talkshowfähig" zu sein, d.h. Sachfragen nur eine untergeordnete Rolle spielen. Weil die Sache meist kompliziert und die sachliche Richtigkeit über die Aussage des Unternehmens meist gar nicht überprüft werden kann, steht zunehmend auch hier die Glaubwürdigkeit der Person für die Richtigkeit der Sache. Allerdings setzt sich in den Vorstandsetagen nur sehr langsam die Erkenntnis durch, dass der Chief Executive Officer (CEO) zugleich auch der Chief Reputation Officer (CRO) eines Unternehmens ist (vgl. Lord Watson of Richmond 2002). Während der alte Telekom-Chef mit dieser Erwartung sehr offensiv umgegangen ist, verhält sich sein Nachfolger Kai Ricke erkennbar defensiver. Welche Strategie damit verbunden ist, bleibt unklar. Vielleicht zum jetzigen Zeitpunkt aus gutem Grund, löst aber auf Dauer nicht das Problem, zu einer klar profilierten Rolle in der personensensiblen Mediengesellschaft zu finden.

Markenfähigkeit und *Symbolisierung*: verstanden als „Konzentration auf integrative Kernbotschaften" (M. Machnik 2002 a) und verbunden mit Gesten und/oder Bildern. Der Kniefall von Willy Brandt in Warschau, der einst die Botschaft der Entspannungspolitik unterstrich, gehört – kommunikationstechnisch gesehen – ebenso dazu, wie die „18" auf der Schuhsohle von Guido Westerwelle im Wahlkampf 2002, um die neue Volkspartei-Botschaft der FDP zu transportieren. Wenn heute vom „Medienkanzler" oder vom „Sparkommissar" die Rede ist, weiß nicht nur jeder, wer gemeint ist, sondern er verbindet damit ein bestimmtes Bild. Und auch, wenn vom „verliebten Verteidigungsminister" oder vom „bayerischen Musterschüler" die Rede war.

In Sachen Image, so könnte man meinen, würden nun die Manager punkten – gehört doch Markenführung zu den Kernaufgaben eines Unternehmens. Tatsächlich war die Einführung der T-Aktie ein gutes Beispiel dafür, wie die Botschaft „Volksaktie Telekom" durchgesetzt wurde. Die Hände zum „T" geformt – das wurde zum Symbol einer beginnenden Volksbewegung der Kleinaktionäre, die rasch an Zulauf gewann.

Doch wie wirksam eine Marke bzw. ein Image ist, hängt immer auch von dem jeweiligen Rezeptionskontext und den vorherrschenden Wertmustern ab. In der ökologischen Diskussion beispielsweise erwies sich die Marke „Greenpeace" allzu oft als überraschend stark gegenüber den bekannten Unternehmensmarken. Die Entwicklung von Markenstrategien muss das berücksichtigen – in der Politik wie in der Wirtschaft. Markenkommunikation muss heute alle Kanäle nutzen. Auch in der Politik ist sie nicht allein durch klassische Presse und Öffentlichkeitsarbeit zu leisten. Anzeigen, Radio und TV-Spots sind nötig, um das Markenbild zu festigen. Nicht zufällig hat Bill Clinton für seinen Wahlkampf 1996 mehr als zwei Drittel des Kommunikationsbudgets für „Paid Media" ausgegeben (vgl. W. Brunner 2002: 40).

In der Wirtschaft bezieht sich Markenbildung vor allem auf Produkte und auf Unternehmen. „Der Mensch als Marke" (D. Herbst 2002), sprich: der Vorstandsvorsitzende zumindest als Markenrepräsentant ist die Ausnahme. In Einzelfällen lässt sich so etwas bei Unternehmensgründern (wie z.B. Bill Gates) nachzeichnen. Anders verhält es sich im politischen Raum. Dort lässt sich „die Existenz konsistenter Vorstellungsbilder über Politiker ... z.B. aus den regelmäßig durchgeführten Imageanalysen von Spitzenpolitikern ablesen" (H. Schneider 2002: 361). Politische Botschaften müssen die Politiker selbst verkörpern, bei Produktbotschaften reicht häufig der bezahlte Werbeträger. Gefährlich wird es nur, wenn die Wirtschaftsführer diesen kleinen Unterschied ignorieren. Und zwar in dem Fall, in dem es zu einer direkten Konfrontation von Politik und Unternehmen kommt. Dann nämlich kann nur jeder für sich selbst sprechen.

Agenda-Setting/Themen-Management. Gehört zu den Basisstrategien von öffentlicher Kommunikation. Politik und Wirtschaft bestimmen durch ihre intensive Medienarbeit bereits rund 70 Prozent der Berichterstattung und damit auch die Themen in den Medien. Zumindest kann dies als gesicherter Erfahrungswert für die Unternehmen angenommen werden (vgl. L. Rolke 2003). Eine ähnliche Größenordnung kann für die Politik immerhin seriös vermutet werden (vgl. K. Merten 2002, Anmerk. 8). Ein Mehr wäre übrigens keineswegs immer besser. Denn eine nicht mehr koordinierbare hyperaktive Informationspolitik führt zwangsläufig zu kontraproduktiven Nebeneffekten, wie sich am Beispiel der Bundesregierung illustrieren lässt: Je mehr Ministerien, Behörden, Fraktions- und Parteimitglieder sich aus dem Regierungslager öffentlich zu Wort melden, desto unübersichtlicher wird die Berichterstattung. „Die Folge: Das Regierungshandeln wirkt chaotischer, als es ist; so jedenfalls nehmen es die Pressemanager in den Ministerien wahr" (F. Hornung 2002: 97). Im Vergleich zur politischen Organisation sehen sich die großen börsennotierten Unternehmen schon aus aktienrechtlichen Gründen stärker dazu gezwungen, für eine One-Voice-Communication zu sorgen. Sie entscheiden sich erfahrungsgemäß im Zweifel eher für ein Weniger als für ein Zuviel an Kommunikation.

Unterhaltung/Infotainment: Staatstragende Verlautbarungen und Expertendialoge für Eingeweihte finden keine Aufmerksamkeit mehr. Entertainment ist gefragt. Und in Einverwandlung desselben durch Wirtschaft und Politik nun

Info- und „Politainment" (A. Dörner 2001). Dieser Trend lässt sich seit längerem beobachten und gut nachweisen. Beispielweise ist nicht zuletzt auch unter dem Einfluss der privaten Rundfunksender der „Anteil politischer Beiträge in Nachrichtensendungen" von 83 Prozent (1977) auf 58,5 Prozent (1998) deutlich gesunken (Marcinkowski u.a. 2001: 30). Entsprechend zugenommen haben Beiträge mit unterhaltendem Charakter: Vor allem die Berichterstattung über persönliche Angelegenheiten von prominenten Personen, über Sportereignisse, aber auch über Unfälle und Katastrophen (ebd.: 39). Wer nun hat sich auf diesen Trend besser eingestellt: Politiker oder Manager?

Bundeskanzler Schröder hatte kurz nach der Wahl Brioni-Anzüge als Modell vorgeführt, war bei „Wetten, dass ... " aufgetreten und hat seine Cousinen medienwirksam inszeniert. Und nicht der neue Vorstandsvorsitzende der Allianz Versicherung oder der Deutschen Bank hat dieses getan. Sind also Politiker die besseren Entertainer? Zumindest gelten sie im Vergleich zu den Vertretern aus der Wirtschaft als unterhaltsamer: 2029 Personen über 18 Jahre wurden im Herbst 1990 gefragt, welche Personen sie gerne in eine Talkshow einladen würden, wenn sie über die Besetzung selbst entscheiden könnten. Das Ergebnis: 21,7 Prozent der gewünschten Promis waren Politiker, nur 2,6 Prozent Vertreter der Wirtschaft (Im Übrigen wurden Künstler aus Film und Musik und Sportler am stärksten favorisiert). Zwar rät Peter Radunski (P. Radunski 2002) den Chefs von Unternehmen dringend dazu, in die Talkshows und Unterhaltungssendungen zu gehen. Aber diese tun es nicht. Und vielleicht haben sie wirklich gute Gründe dafür, auch wenn sie oder ihr Unternehmen an anderer Stelle unter den Folgen dieser Abstinenz leiden. In Deutschland jedenfalls haben sich Politik und Entertainment nolens volens viel stärker amalgamiert als Wirtschaft und Unterhaltung. Insofern überrascht es auch nicht, dass die bedeutendste politische Talkshow in Deutschland „Sabine Christiansen" im Unterhaltungsressort und nicht beim Ressort „Politik" angesiedelt ist. Wirtschaft erscheint ernst, Politik bietet zumindest mitunter Amüsement. Dass Manager dies aufholen könnten, muss bezweifelt werden. Zu unterschiedlich ist ihre Funktion im Vergleich zur Politik.

Konflikt/Konfliktfähigkeit: Für Politik ist der Konflikt konstitutiv. Für die Medien auch. Er ist sogar der stärkste Nachrichtenfaktor überhaupt: Rund 50 Prozent aller politischen und rund 15 Prozent aller nicht-politischen Nachrichten im Fernsehen enthalten einen Konfliktbezug (Marcinkowski u.a. 2001, 93). Gerade in ihren Einstellungen zu öffentlichen Auseinandersetzungen unterscheiden sich Politiker und Manager erheblich: Für Politiker sind Konflikte nach eigenen Angaben das wichtigste Mittel, um Medienaufmerksamkeit zu erreichen – vor den „Themen" und den „Ereignissen" (L. Rolke 2001: 243). Dafür sind sie sogar bereit, einen Streit in der eigenen Partei vom Zaun zu brechen. Nach einer Langzeitstudie übertrifft seit Beginn der 90er Jahre „die Zahl der negativen Politikeraussagen über die eigene Partei ... die Zahl der negativen Stellungnahmen über den politischen Gegner" (H. M. Kepplinger 1998: 200). Ganz anders die Manager. Hier rangiert der „Konflikt" an letzter Stelle auf einer Liste möglicher Anlässe für Medienberichterstattung (L. Rolke 2001: 243). Der Grund dafür liegt auf der Hand: Konflikte schaffen negative Aufmerksamkeit, sie verunsichern Kunden, Mitarbeiter und Aktionäre. Oder blockieren gar wichtige Investitionsprojekte. In jedem Fall verursachen sie Kosten, die gerade durch Reputations- und Responsibility-Strategien verhindert werden sollen (K. Martini 2002: 70). Kurzum, wenn es hart auf hart kommt, stehen die Sieger und Verlierer eines öffentlichen Konflikts relativ schnell fest, weil sie unterschiedlich davon profitieren: Politiker werden mit profilbildender Aufmerksamkeit prämiert. Manager müssen meist Schadensbegrenzung betreiben. Während also der Konflikt in der mediokratischen Systemsymbiose gut gedeihen kann, weil beide Seiten ein Interesse daran haben, stößt er in mediokonomischen Funktionszusammenhängen auf eine Ambivalenz: Journalisten wollen, Unternehmen nicht.

Unter diesen Bedingungen kann sich eine öffentliche Konflikt- und Streitkultur im gesellschaftlichen Bermuda-Dreieck von Politik, Medien und Wirtschaft, wo manche Themen ebenso plötzlich aufzutauchen scheinen wie sie auch wieder verschwinden, nicht wirklich entwickeln. Es fehlt an einer gleichgewichtigen Mitwirkungslust aller Beteiligten. Das wiederum liegt daran, dass nicht alle in gleicher Weise davon profitieren. Ist damit das Siegen im öffentlichen Konflikt unkorrigierbar vorbestimmt? Oder wie sind die Chancen von Politikern und Managern im Falle eines öffentlichen Zusammenpralls unterschiedlicher Interessen insgesamt zu bewerten? Wer verfügt in der Regel über die besseren Ausgangsbedingungen, wenn die Medien das Spotlight einschalten?

Das Ergebnis der vorstehenden Plausibilitätsprüfung: In einer öffentlichen Konfrontation zwischen Politik und Wirtschaft gibt es tatsächlich keine Waffengleichheit, wie die Datenlage ziemlich eindeutig bestätigt. Die vier Erfolgsfaktoren *persönliche Nähe, Personalisierung, Unterhaltung* und *Konfliktfähigkeit* beherrschen Politiker deutlich besser als Manager. Bei beiden anderen Faktoren *Markenbildung* und *Themenmanagement* mag man von einer gewissen gleich großen Kompetenz ausgehen. Doch das ist zu wenig. Es muss daher sogar angenommen werden, dass die Wirtschaft der Politik nicht nur situativ, sondern strukturell unterlegen ist. Denn wiederkehrende Handlungsergebnisse lassen auf Strukturmuster schließen. Aber was folgt daraus?

3   Live the Difference – nur daraus folgen Arbeitsteilung und Gewinn bringende Kooperation

Peter Radunskis Empfehlung ist eindeutig. Der langjährige Bundesgeschäftsführer der CDU und erfahrene Wahlkampfstratege meint, die Wirtschaft müsse
dringend von der Politik lernen: „Keine Scheu vor den Medien", „ständige
Bereitschaft zum Dialog", „Bilder ... produzieren", „Personalisierung", „Kampf
um Aufmerksamkeit", und Beteiligung an „Talkshows und Unterhaltungssendungen", also mehr „Emotainment" sei vonnöten (P. Radunski. 2002: 104). Das
scheint im ersten Moment plausibel zu klingen, wenn man unterstellt, „Unternehmenskommunikation und politische Kommunikation (seien, LR) in der Mediengesellschaft vor die gleiche grundsätzliche Herausforderung (gestellt, LR):
Aufmerksamkeit zu erzielen" (ebd.: 99). Doch wer das behauptet, dem entgeht
„der feine Unterschied" (M. Meckel 2002): Politik und Wirtschaft folgen unterschiedlichen Logiken und Interessen, Politiker und Manager erfüllen unterschiedliche Aufgaben.

Politik muss kollektiv bindende Entscheidungen organisieren und mit Hilfe
der Staatsorgane durchsetzen. Wirtschaft hingegen entscheidet individuell über
die Angebote und stößt erst in der Folge auf kollektive Interessenslagen. Der
eine benötigt aktive Zustimmung der Öffentlichkeit von Anfang an, dem anderen reicht die Abwesenheit von öffentlicher Ablehnung. Die Beachtung dieser
Funktionsdifferenz legt die Empfehlung nahe, arbeitsteilig vorzugehen.

Die Wirtschaft sollte nicht das Geschäft der Politik betreiben und umgekehrt, sondern für beide erscheint es empfehlenswerter, in Anerkennung der
gesellschaftlichen Arbeitsteilung im Bedarfsfall miteinander zu kooperieren.
Dafür gibt es historische Vorbilder: Beispielsweise den Verbund von Gewerkschaften als Wirtschaftsmacht von unten und den sozialistischen bzw. sozialde-
mokratischen Parteien als politische Kraft; auch die Arbeitgeber hatten sich in
der Weimarer Republik mit den passenden Interessenparteien verbündet. Differenzierung ist gesellschaftlich produktiver, wenn sie nicht zu (über-)immu-
nisierten Antagonismen zwischen den Systemen von Politik und Wirtschaft
führt. Sondern wenn sie intersystemische Variationsalternativen und äquiva-
lenzbasierte Kooperationsformen hervorbringt. Also die gemeinsame Ausrichtung von Politik und Wirtschaft auf die übergreifende Alternative: mehr Sicherheit oder eben mehr Gestaltungsfreiheit, mehr Einzelverantwortung oder eben
kollektive Verantwortung, Substanz- oder Wertorientierung, Intervention oder
Ausbalancierung. All das beschreibt Justierungsalternativen, die das politische
wie das ökonomische System gleichermaßen betreffen. Insofern scheint es heute
vielmehr darauf anzukommen, neue transsystemische Kooperationszusammen-
hänge im Wettbewerb zu anderen transsystemischen Kooperationszusammen-
hängen herauszubilden: Nicht Wirtschaft oder Politik ist die Alternative, beides
ist unverzichtbar. Sondern die Frage, wie beides zueinander justiert ist. Das

Primat der Sustainibilität beispielsweise gegen das Primat der Globalität könnte eine interessante polit-ökonomische Konstellation hervorbringen, die ähnlich stark ist, wie die historische zwischen Kapital und Arbeit war. Ob es sich dabei um wirkliche Gegensätze handelt, ist unerheblich. Die Frage ist nur, ob sie zweckmäßig gesellschaftliche Gestaltungsalternativen aus Sicht der handelnden und zuschauenden Akteure beschreiben.

Wer die funktionierende Arbeitsteilung zwischen Politik und Wirtschaft akzeptiert, wird auf der Handlungsebene nach Kooperationsmöglichkeiten suchen, wenn es um die Orientierung der Gesellschaft geht. Die Wirtschaft benötigt die politische Interessensvertretung, die Politik die materielle und ideelle Unterstützung der Wirtschaft. In der Regel erweist sich die Kooperation von Ungleichen als zielführender als die Konfrontation, die immer im Scheinwerferlicht der Medien nach deren Regeln stattfindet. Die Empfehlung kann daher gerade nicht lauten: Die Wirtschaft muss von den Politikern lernen, wie es Radunski fordert. Vielmehr ist es den Unternehmen zu empfehlen, das Zusammenspiel von Politik, Medien und Wirtschaft professioneller zu orchestrieren. Das bedeutet ganz praktisch:

3.1 Für politische Themen benötigen Unternehmen politische Partner

Viele Manager lieben es politisch diskret: Hier und da ein persönliches Gespräch und ansonsten reicht es, als Ansprechpartner zur Verfügung zu stehen (vgl. L. Rolke 2003). Das kann man durchaus akzeptieren. Nur müssen dann andere den Job der politischen Kommunikation übernehmen: Ausgewiesene Lobbyisten, wenn es um die Durchsetzung von konkreten Projekten geht, oder Verbände, wenn Themen öffentlich mitgestaltet und Bündnisse organisiert werden müssen. Manchmal empfiehlt sich auch die Schaffung einer Art politischer Vorfeldorganisation, wie etwa die vor 15 Jahren entstandene Arbeitsgemeinschaft PVC und Umwelt (AgPU), die sowohl gegenüber den politischen Gegnern als auch branchenintern weniger Rücksicht nehmen musste. Ihre Aufgabe: Umweltverträglichkeit durch Brancheninitiativen herstellen, nach außen kommunizieren und die Argumentation des politischen Gegners widerlegen. Für Unternehmen gilt: Der politische Raum ist (fast) immer schon besetzt und hat seine eigenen Spielregeln. Dahin darf man weder Laien noch Leute schicken, die für andere Spielsituationen sozialisiert worden sind.

3.2 Themen lassen sich am besten mitgestalten, solange sie noch keine klare Kontur haben

Auch wenn die Vorstände nicht unbedingt als Mitspieler im politischen Raum auftauchen wollen, müssen sie die Themen kennen, die dort gehandelt werden. Issue-Management ist die Disziplin, die hilft, Themenentwicklungen rechtzeitig zu erkennen (U. Röttger 2001). Voraussetzung dafür ist das Monitoring des *DAR*-fields: *D*iskussionen, *A*kteure, *R*esonanzen. Die Automobilindustrie beispielsweise beobachtet sehr genau die öffentlichen Forderungen und Statements, die in der Schweiz rund um das Thema „Auto und Umwelt" diskutiert werden. Denn dort sind die Umweltstandards besonders hoch, aber es gibt keine Automobilindustrie, die hier retardierend einwirken könnte. Insofern können sich dort autokritische Themen früher zeigen als anderswo. Was dort öffentlich gedacht wird, kann irgendwann auch von den Akteuren aus Deutschland aufgegriffen werden. Je frühzeitiger Gegenargumente entwickelt und kritische Interessensgruppen erkannt werden, desto eher lässt sich damit vorbereitet und proaktiv umgehen. Die Regel scheint das in der deutschen Wirtschaft allerdings nicht zu sein: Die Gesetze zur Gentechnik, das Gesetz gegen die so genannte Scheinselbständigkeit, EU-Richtlinien oder neue Steuerinitiativen beeinflussen zweifellos das wirtschaftliche Handeln. Doch Unternehmen fühlen sich allzu oft nicht zuständig und Verbände überfordert oder nicht beauftragt. Dieser Bereich muss professioneller mitgestaltet werden. Denn zum beeinflussenden Umfeld der Unternehmen gehört eben auch die Politik.

3.3   *Die Wirtschaft muss die Know how-Gap der Politik überwinden helfen*

Andere können es nicht tun und werden es nicht tun. Die Abgeordneten, die heute über komplizierte Steuergesetze oder lange umweltpolitische Forderungskataloge und morgen über schwierige ethische Grundfragen entscheiden müssen, sind meistens fachlich überfordert und in der Sache ohne Übersicht. Das ist kein Geheimnis und kann den Mitgliedern der Legislative auch nicht vorgeworfen werden. In der Gesellschaft, vor allem der Wirtschaft, befinden sich genügend Experten. Wenn sich die Wirtschaft hier nicht selbst pro-aktiv anbietet, dann werden selbst ernannte Experten oder solche, die nach dem Zufallsprinzip von der Politik   berufen werden, medienwirksam instrumentalisiert. Dann kommen und gehen die Hartz- und Rürup-Kommissionen, aber an der Politik ändert sich wenig. Es entsteht kommunikative Inflation: viel Symbolik, wenig Substanz (Rolke 1999). Von den einzelnen Experten werden folgerichtig dann nur die vor die Kamera gelassen, die als „talkshowfähig" gelten. Was es heißt, auf 18 Sekunden eingeschmolzen zu werden, davon wissen auch die Politologen ein Lied zu singen, die in Wahlkampfzeiten gerne als Statementgeber genutzt werden (D. Rulff 2002). Als Wissender ausgewiesen sein und noch mehr mediengerecht zu kommunizieren, das ist heute Expertenpflicht.

3.4 Durch Jobrotation zwischen Politikern und wirtschaftlicher Elite die (Medien-)Gesellschaft professionalisieren

Die „Versäulung der Eliten" (P. Glotz 2002: 7) in Deutschland wird immer wieder beklagt. Denn die Abschottung führt zu Unverständnis und Vorurteilen auf allen Seiten. Selbst wo sie aufgebrochen wird, wie beispielsweise im Fall von Horst Teltschik, bleibt ein Fremdeln zwischen den verschiedenen Eliten. Der ehemalige Kanzlerberater, der in den BMW-Vorstand einrückte, blieb bekanntlich dort ein Fremdkörper. Sicherlich auch, weil sich deutsche Vorstände mit einem Leben als Prominente in Öffentlichkeit und unter Medienbeobachtung schwer tun. Allerdings hat das Konsequenzen für die öffentliche Meinungsbildung. Die so genannten Fernsehgesichter repräsentieren nicht die Öffentlichkeit: „Vielmehr handelt es sich bei der Öffentlichkeitselite um spezifische Personenkreise, wobei das „Spezifische" in zwei wesentlichen Merkmalen liegt: der Profession und dem Geschlecht der öffentlichen Protagonisten. Da fast 80 Prozent der Prominenten männlich sind und sie vorrangig aus dem Kunst-, Politik-, Medien- und Sportbereich stammen, präsentiert sich Öffentlichkeit in den öffentlichen Protagonisten keinesfalls als Abbild der Gesellschaftsmitglieder bzw. der Sozialstruktur" (B. Peters 1994: 212). Da diese Unterhaltungselite aber Meinung macht, werden eine Reihe von Themen, darunter gerade auch ökonomische, an den Rand gedrängt. Was in der Mediengesellschaft kein Gesicht hat, wird nun mal nicht beachtet. Öffentliche Aufmerksamkeit muss deswegen auch über Personen geschaffen werden: „Es müßte hier wie in den USA sein: daß Leute in die Politik gehen, um bekannt zu werden, dann ihren Namen teuer an eine Investment Bank oder ein großes Unternehmen verkaufen, um irgendwann wieder (für einen bestimmten Posten, für ein paar Jahre) in die Politik zurückzukehren" (P. Glotz 2002: 7). Oder umgekehrt: zunächst finanzielle Unabhängigkeit mit einem Unternehmen erlangen, dann Reputation in der Politik aufbauen, um schließlich in die Weltwirtschaft zurückzukehren. Die Unternehmen selbst müssten solche Lebensläufe goutieren, damit sie nicht die Ausnahme bleiben. Aber sie tun es nicht.

3.5 Public Relations als die gesellschaftlich lizenzierte Möglichkeit zur Mitgestaltung öffentlicher Meinung auch einsetzen

Die modernen, hoch komplexen Gesellschaften müssen sich fortwährend selbst beobachten, um sich zu orientieren. Diese unverzichtbare Aufgabe haben die Medien übernommen (N. Luhmann 1996). Doch ihr täglicher Output ist stark risikobehaftet: voller Irrtümer, Fehler und Verzerrungen (L. Rolke 1999). So unverzichtbar die Medien für moderne Gesellschaften auch sind, so unabdingbar ist es, der vierten Gewalt eine fünfte an die Seite zu setzen: Public Relations, weil sie als Counterpart des Journalismus publizistische Fehlentwicklungen korrigieren hilft. Die tägliche Medienauswertung ist für Politik wie Wirtschaft Pflicht: Pressespiegel und Medienresonanzanalysen sind die Instrumente, um die Bewertungen und Meinungstrends über die eigene Organisation in der veröffentlichten Meinung herauszufinden. Mittels PR-Kampagnen (U. Rüttgers 1997) lassen sich wirtschaftsrelevante Themen dann auf die öffentliche Agenda setzen und läßt sich ihnen zu einer wirkungsvollen Karriere verhelfen: Die Verhinderung eines generellen Tempolimits auf deutschen Autobahnen in den 80er Jahren beispielsweise oder auch die Popularisierung der Aktie Ende der 90er Jahre sind beredtes Zeugnis. Die Mitgestaltung öffentlicher Meinung durch Parteien und Unternehmen hilft der Gesellschaft, zu einer zweckmäßiger gestalteten und inhaltlich besser ausgestalteten öffentlichen Agenda zu kommen als ohne PR. Des-wegen lizenziert sie die Einflussnahme durch Public Relations. Denn der Medien-Output erhält durch den PR-Input die Chance einer höheren Wirklichkeitsdichte. Insofern besteht für die gesellschaftlichen relevanten Organisationen, gerade auch für Unternehmen, die eindeutige Pflicht zur Public Relations und nicht nur die Option.

4   „Weak signals" für Mutationserscheinungen in der Mediengesellschaft

Im Falle eines öffentlichen Konflikts befindet sich die Wirtschaft gegenüber der Politik immer schon in der Defensive. Das ist in der Mediengesellschaft offenkundig ein strukturelles Problem: Die Arbeitsweisen von Presse, Funk und Fernsehen sind nun mal denen der Politik näher als denen der Wirtschaft. Mehr noch: Der Benefit für Publizität ist für die politische Klasse größer als für die Manager in den Unternehmen. Doch muss es bei dieser unbehaglichen Erkenntnis über die strukturelle Einfluss-Asymmetrie im Mediensystem zu Gunsten der Politik bleiben? Oder lassen sich hier Alternativen für die Wirtschaft vorstellen, wenn es ihr gelänge, ihre Potenziale besser zur Geltung zu bringen? Beispielsweise indem sie vorhandene gesellschaftliche Trends nutzt.

Otfried Jarren, der aus ganz anderen Gründen Verzerrungen und Korrekturbedarf in der Mediengesellschaft sieht (O. Jarren 2001), hat vorgeschlagen, neue Akteure einzuführen: „eine Stiftung Medientest" beispielsweise, um die journalistische Qualität zu erhöhen, oder gesellschaftliche „Reflektionsinstanzen (wie ein Medienrat)". Solche regulativen Vorschläge stimmen skeptisch, weil in den komplexen Gesellschaften Politik, Wirtschaft und Medien handlungsrational nur unter Risiko zu beeinflussen sind. Und gerade nicht das Ergebnis evozieren, das sich die Akteure vorgestellt hatten. Denn die Handlungsfolgen sind nun mal nicht absehbar. Allzu oft bleiben politische Interventionen daher wirkungslos (z.B. Arbeitsbeschaffungsprogramme) oder führen gar zu kontraproduktiven Folgeeffekten (z.B. das Gesetz gegen die so genannte

Scheinselbständigkeit), worüber ein Blick in benachbarte Politikfelder belehren kann. Interessanter ist für gesellschaftliche Akteure häufig ein anderer Weg: nämlich nach neuen Entwicklungen und Trends zu suchen, die zwangsläufig Veränderungen mit sich bringen. Und sie dann pro-aktiv gestalten, ist der zielführendere Ansatz. Systemsymptome von Selbstgefährdung und Anzeichen von Innovationen erweisen sich dabei gleichermaßen als hilfreiche Scouts beim Aufspüren solcher Entwicklungen, Trends und Umbrüche. Drei davon verdienen im hier diskutierten Zusammenhang besondere Beachtung.

4.1   Symptome der Selbstgefährdung der Mediengesellschaft

Mediokratien erhöhen beständig Frequenz und Tempo ihres publizistischen Outputs: Die nicht abreißenden Statements, Ankündigungen, Bewertungen, Reaktionen und Zurückweisungen befinden sich heute auf der Überholspur des Geschehens. Neuigkeiten werden verkündet – lange, bevor sie die Chance haben, reale Gestalt anzunehmen. Entscheidungshandeln wird durch kommunikatives Handeln ersetzt. Luhmann spricht hier zu Recht von einer kommunikativen Inflation. Sie liegt vor, „wenn die Kommunikation ihr Vertrauenspotenzial überzieht, d.h.: mehr Vertrauen voraussetzt, als sie erzeugen kann" (N. Luhmann 1997: 383). Beziehungsweise wenn mehr Symbolik vorliegt als durch Realität gedeckt wird. Kommunikative Inflation gefährdet die Mediokratie, weil sie zu Enttäuschungen führt. Die Wähler haben klare Erwartungen. Sie wollen „die Macht an Problemlöser delegieren, die Orientierung geben und glaubwürdig eine gewisse Sicherheit versprechen können" (M. Behrent 2002: 53). Doch allzu häufig erhalten die Wähler im Gegenzug nur viel Lösungssymbolik: Konzepte, Kommissionen und Kakophonie. Es wird gerne über Reformprojekte geredet, aber ungern klare Ergebnisse präsentiert, weil sie fast immer enttäuschen. Dies führt zu einem sichtbaren Vertrauensverlust, der noch dadurch verstärkt wird, dass die Politiker bereit sind, sich wechselseitig um des eigenen momentanen Vorteils willen unglaubwürdig zu machen (vgl. H. M. Kepplinger 1998).

Die Mediokratie, die ständig neue Themen, Konflikte und öffentliche Personen generiert, scheitert so an ihrem eigenen Erfolg. Immer mehr Medienpräsenz kappt am Ende den Bezug zum „wirklichen" Problem, das der eigentliche Anlass für die Medienpräsenz der Lösungsanbieter ist. Die auf diese Weise generierten Medienprobleme führen ein Eigenleben. Ob das Medieninteresse zeitlich erhalten bleibt oder nicht, liegt gerade nicht in der Sache selbst. Deutliches Symptom für den damit verbundenen Credibility Gap der Politik ist das Wahlverhalten der Bürger, das inzwischen sprunghafte Züge annimmt: Gerade noch wurde die Schröder-Regierung 2002 in fast aussichtsloser Lage knapp bestätigt, da wird die führende Regierungspartei in den darauf folgenden Landtagswahlen

(Hessen und Niedersachsen) in Rekorddimensionen vom Wähler abgewatscht. Das ist kein Zeichen von Vertrauen, sondern von Enttäuschung.

Der Vertrauensverlust in die Politik stärkt nicht automatisch die Wirtschaft – auch wenn mitunter zu lesen ist: „Top-Manager wären als Politiker willkommen" (FAZ 2002: 17). Dafür haben die Unternehmen viel zu sehr selbst für kommunikative Inflation gesorgt – also zum Missverhältnis von Symbolik und Realiendeckung beigetragen. Erinnert sei nur an die Enttäuschungen im Zusammenhang mit dem Aktienboom, den Erwartungen der New Economy und den Bilanzskandalen diesseits und jenseits des Ozeans. Aber auch an die berechtigten Zweifel an den Wunderwirkungen durch die Globalisierung und an die alleinige Heilungskraft der Marktwirtschaft ist zu erinnern, wenn man sich die Entwicklungen in Russland und Argentinien vor Augen führt. Nein, die Mediokonomie kann nur dadurch gewinnen, weil gleichzeitig eine andere Entwicklung ergänzend hinzukommt, die neue Handlungschancen bietet. Mediokonomische Angebote müssen im Rückgriff auf die Optionen dieser neuen Entwicklung dort präsent sein, wo der mediokratische Content schwächelt, also beim Nutzwert für den Rezipienten. Das aber geht nicht ohne das kreative Engagement der Unternehmen, denen die informationstechnologischen Innovationen zugute kommen.

4.2   Das Empowerment der Unternehmen durch das Internet

In Rekordzeit hat das Internet einen vorderen Platz in der Mediengesellschaft erobert (Rolke/Wolff 2002) und damit eine Reihe von Veränderungsprozessen eingeleitet. Niemals zuvor war der Einzelne so empowered wie heute durch das Internet. Ganz im Sinne des Wortes wird er nicht selten selbst zum Reporter und konkurriert in bestimmten Segmenten mit den Journalisten. Die klassischen Medien insgesamt sind unter Druck geraten. Ursache dafür ist nicht nur der Anzeigenverlust, sondern auch die erzwungenen konzeptionelle Neuausrichtung. Aktualität alleine reicht nicht, auch Qualitätsjournalismus im herkömmlichen Sinne muss sich neu behaupten. Gefragt sind Nutzwert und Orientierungsleistung. Und die kann jeder Einzelne produzieren und zur Nutzung anbieten.

Noch besser können aber Unternehmen in Kooperation mit einer Tageszeitung oder einer Nachrichtenagentur über ihr firmeninternes Netzwerk nutzwertigen Content anbieten. Längst beginnen Unternehmen, mittels Internet auch eigene Corporate- Broadcasting-Systeme zu entwickeln (M. Ellers 2002): für Kunden und Mitarbeiter, Aktionäre und Öffentlichkeit.

Unternehmen erwarten, dass in der Kommunikation zu all diesen Gruppen das Internet immer wichtiger wird (L. Rolke 2003). Und schaffen neue Angebote. Dabei werden sie nicht nur ihre Rapid-Response-Fähigkeiten entscheidend verbessern und die Beziehungen intensivieren, sondern sie sozialisieren auch die jetzt arbeitende Generation im Umgang mit der neuen Kulturtechnologie Internet. Derzeit ist eine interessante Beobachtung zu machen: Die größte Rolle spielt die Internettechnologie nachweislich in der Mitarbeiterkommunikation. Hier wird auch investiert. Auf diese Weise werden aber nicht nur die Mitarbeiter, die anderswo auch Kunden sind, in Online-Kommunikation geschult, sondern auch die Kunden, weil sie anderswo Mitarbeiter sind. Unternehmen lernen dabei auch, wie sie künftig mit ihren nun online-geschulten Kunden erfolgreicher kommunizieren können. Intranet-Kommunikation ist somit auch als ein Übungsfeld für die Online-Kommunikation mit den Kunden zu verstehen.

Während klassische Medien noch stark auf die Politik reagieren, aber sich mehr und mehr an der Unterhaltung orientieren müssen, positioniert sich das Internet als multitalentierter Nutzwertanbieter. Auch die Politik kann auf dieses Instrument bei Wahlkämpfen nicht mehr verzichten. Doch die Wirtschaft wird hier einen Vorsprung herausarbeiten können. Denn ein Unternehmen ist selbst ein Know-how- und Nutzwert-Produzent, der darüber Beziehungen zu seinen Usern aufbauen kann. Da die Aufbereitung durch journalistische Profis besser gelingt, ist es sinnvoll, diese Leistung dazuzukaufen. Wer über Content verfügt, kann auf Grund der neuen Technologie selber viel stärker die Vermittlung und Vermarktung gestalten. Unternehmen haben die Chance dazu. Aber inwieweit werden sie diese wirklich nutzen? Das wird auch davon abhängen, welche Rolle Wissen, Wissensteilung und Wissensveredelung tatsächlich künftig spielen. Je wichtiger Know how wird, desto größer ist die Chance für Unternehmen, über Wissenstransfer die Kommunikationsbeziehungen zu Kunden, Mitarbeitern, Aktionären und interessierter Öffentlichkeit zu stabilisieren. Wer sich bereits im Gespräch befindet, kann auch über (fast) alles andere sprechen.

4.3   Die Wissensgesellschaft verändert die Spielregeln

Die Herausbildung der Wissensgesellschaft wird eindeutig den Unternehmen zugute kommen. Denn die Betriebe können zunächst einmal dafür sorgen, dass die aktuellen Wissensstände durch das hauseigene Intranet erheblich verbreitert, aber vor allem breiter zugänglich werden. Da Wissen die Grundlage jeder Kontroverse bildet, gewinnt der an Einfluss, der zusätzliches Wissen einspeisen, professionell präsentieren und in den geknüpften Kommunikationsbeziehungen mit weiteren Inhalten verbinden kann. Unternehmen sind selbst, wie nie zuvor, darauf angewiesen, Wissen zu erzeugen und zu nutzen, zu organisieren und in Werte umzuwandeln. Das verhilft ihnen zugleich zu einer Kompetenz, die sie in der immer stärker zur Wissensgesellschaft mutierenden Mediengesellschaft einsetzen können.

Medien müssen ihrerseits – unter den neuen publizistischen Imperativen – Wissensbestände noch verfügbarer machen, Experten stärker einbinden und vor allem, sich selbst vernetzen. Da werden Ihnen die Unternehmen im Zweifel mehr helfen können als die Politik. Wenn seit einiger Zeit die Zeitschriftenredaktion „Brand eins" das Magazin von McKinsey „McK-Wissen" betreut, dann handelt es sich zwar um ein sehr traditionelles Medium, aber um eine höchst zukunftsweisende Kooperationsform, die auch in anderen Medienbereichen vorstellbar ist.

Denn die Medien selbst sind keine Generatoren von Wissen. Sie sind Beobachter und Popularisierer. Den Content liefern immer die anderen. Hier ergibt sich die intersystemische Chance von Wirtschafts- und Mediensystem. Unternehmen können viel umfänglicher den Content liefern, auf den die Medien angewiesen sind: Vor allem nutzwertige Informationen: Preisvergleiche, Anbieterprofile, Rankings, aber auch Hintergrundwissen und Trendinformationen können letztendlich nur in Kooperation mit der Wirtschaft entstehen. Aktualität wird im Zeitalter des Internets immer weniger das bevorstehende Merkmal der traditionellen Medien sein. Niemand ist so schnell wie das Internet. Orientierung wird deshalb bei Presse, Funk und Fernsehen wichtiger werden. Hier also liegt die Chance für Unternehmen mit ihrem vielfältigen Wissenspotenzialen, diese in einer Geschäftsbeziehung ganz im Sinne von Roger de Weck einzusetzen.

Bei allen Chancen für die Unternehmen darf aber der Blick für das gesamte Spielfeld nicht verloren gehen. Der zeigt unmissverständlich: Orientierung setzt Wissen voraus, aber schließt Konflikte nicht aus. Im Gegenteil: Der Streit um die richtige Orientierung ist vorprogrammiert und ist durch Wissen nur bedingt zu kompensieren. Im Konfliktfall wird der gemeinsame Wesenszug von Politik und Medien aktiviert, die Mediokratie. Wo hingegen Wissen vonnöten ist, haben Wirtschaft und Medien ihre gemeinsame Plattform, ganz im Sinne der Mediokonomie. Manager sind gut beraten, in der Wissensgesellschaft an der richtigen Stelle mitzuspielen, dazu gehört, das Involvement im öffentlichen Konflikt zu vermeiden, im Zweifel also zu delegieren. Solange sie dies tun, bleiben sie souverän. Und können den Eindruck verfestigen, dass sie zumindest in ihrem Bereich der politischen Elite überlegen sind, mit der sie eben deswegen kooperieren müssen.

Keinesfalls vergessen dürfen sie, dass sich derzeit die Politik im Vorteil gegenüber der Wirtschaft befindet. Und es dabei aber geschafft hat, in Deutschland den umgekehrten Eindruck zu vermitteln, nämlich dass die wirtschaftliche Elite heute der politischen Elite faktisch und in der öffentlichen Wahrnehmung überlegen sei. Also im Sinne und im Interesse des so genannten „kleinen Mannes" durch Regierung und Opposition bekämpft werden müsse. Da aber die Unternehmen ebenfalls über eine Lizenz zur Mitgestaltung öffentlicher Meinung verfügen, liegt es an ihnen, davon Gebrauch zu machen, wenn sie es denn für zweckmäßig halten, das Selbstbild der Gesellschaft zu aktualisieren.

Literatur

Althaus, Marco (Hrsg.) (2002): Kampagne! Neue Strategien für Wahlkampf, PR und Lobbying. Münster

Becker, Bernd (2002): New Labour auf dritten Wegen. Blairs Politikvermarktung – und was die SPD daraus lernte. In: Althaus, Marco (Hrsg.) (2002): S. 258 – 275

Becker-Sonnenschein, Stephan/Schwarzmeier, Manfred (Hrsg.) (2002): Vom schlichten Sein zum schönen Sein? Kommunikationsanforderungen im Spannungsfeld von Public Relations und Politik. Wiesbaden

Bentele, Günter (1999): Parasitentum oder Symbiose? Das Intereffikationsmodell in der Diskussion. In: Rolke, Lothar/Wolff, Volker (Hrsg.) (1999): S. 177 – 193

Bentele, Günter/Haller, Michael (Hrsg.) (1997): Aktuelle Entstehung von Öffentlichkeit. Akteure, Strukturen, Veränderungen. Konstanz

Bentele, Günter/Liebert, Tobias/Seeling, Stefan (1997): Von der Determination zur Intereffikation. Ein integriertes Modell zum Verhältnis von Public Relations und Journalismus. In: Bentele, Günter/Haller, Michael (Hrsg.) (1997): S. 225 – 250

Behrent, Michael (2002): Narziss im Zerrspiegel – Die Grenzen des Marketingparadigmas in der (politischen) Kommunikation. In: Friedrich-Ebert-Stiftung/Staatskanzlei Rheinland-Pfalz/Landeszentrale für privaten Rundfunk Rheinland-Pfalz (Hrsg.) (2002): S. 41 – 53

Börner, Christoph J. (1996): Öffentlichkeitsarbeit als Management gesellschaftlicher Exponiertheit. In: Zeitschrift für Betriebswirtschaft (ZfB), 66 Jg. Nr. 4, S. 419 – 433

Brunner, Wolfram (2002): Wahlkampf in den USA. Sankt Augustin (Konrad-Adenauer-Stiftung e.V.)

Dörner, Andreas (2001): Politainment. Politik in der medialen Erlebnisgesellschaft. Frankfurt/Main

Ellers, Meinolf (2002): Corporate Broadcasting – Unternehmen machen Programm. Das Firmenintranet muss zum umfassenden Informationsmedium werden. In: Lothar Rolke/Wolff, Volker (Hrsg.) (2002): S. 169 – 181

FAZ (2002): Top-Manager wäre als Politiker willkommen. Nr. 185, 12. 8., S. 17

Glotz, Peter (2002): Dein Abgeordneter, der arme Schlucker. In: Die Zeit Nr. 30,18. 7., S. 7

Giesen, Bernhard (2002): Charisma, Skandal, Volkstheater. In: Frankfurter Allgemeine Sonntagszeitung Nr. 34, 25.8., S. 9

Herbst, Dieter (Hrsg.) (2003): Der Mensch als Marke. Konzepte. Beispiele. Experteninterviews. Göttingen

Hillgruber, Christian (2003): Scheinbares Wohlbefinden. Medien in der Demokratie. In: FAZ Nr. 36, 12.2., S. 7

Hogrefe, Jürgen (2002): Gerhard Schröder. Ein Portrait. Berlin

Holtz-Bacha, Christina (2001): Das Private in der Politik: Ein neuer Medientrend? In: Aus Politik und Zeitgeschichte B 41 – 42.

Hornung, Frank (2002): Sprachloses Sprachrohr. In: Der Spiegel. Nr. 47/18.11., S. 94 – 97

Jarren, Otfried (2001): „Mediengesellschaft" – Risiken für die politische Kommunikation. In: Aus Politik und Zeitgeschichte. B 41 – 42

Jarren, Otfried/Sarcinelli, Ulrich/Saxer, Ulrich (Hrsg.) (1998): Politische Kommunikation in der demokratischen Gesellschaft. Ein Handbuch. Wiesbaden

Jarren, Otfried/Donges, Patrick (2002): Politische Kommunikation in der Mediengesellschaft. Eine Einführung. Band 2: Akteure, Prozesse und Inhalte. Wiesbaden

Kepplinger, Hans Mathias (1998): Die Demontage der Politik in der Informationsgesellschaft. Freiburg. München

Kirf, Bodo/Rolke, Lothar (Hrsg.) (2002): Der Stakeholder-Kompass. Navigationsinstrument für die Unternehmenskommunikation. Frankfurt/Main

Koelbl, Herlinde (2001): Die Meute. Macht und Ohnmacht der Medien. München

Krause-Burger, Sybille (2002): Schau ich auf Deutschland. Nahaufnahmen der Berliner Republik. Stuttgart. München

Kriebel, Wolf-Henning (1998): Das 5 Ebenen Modell. Konfliktkommunikation für Führungskräfte. Anleitung zum öffentlichen Streit. Ein Trainingsbuch. Eigenverlag Image Consult Düsseldorf

Luhmann, Niklas (1996): Die Realität der Massenmedien. Opladen

Luhmann, Niklas (1997): Die Gesellschaft der Gesellschaft. Frankfurt/Main

Machnig, Matthias (2002): Strategiefähigkeit in der beschleunigten Mediengesellschaft. http://www.spd.de/servlet/PB/menu/1018404

Machnig, Matthias (2002a): Politische Kommunikation 2002 – Herausforderungen für Parteien. In: Merten, Klaus u.a. (Hrsg.) (2002): S. 57 – 63

Machnig, Matthias (Hrsg.) (2002b): Politik – Medien – Wähler. Wahlkampf im Medienzeitalter. Opladen

Marcinkowski, Frank (Hrsg.) (2001): Die Politik der Massenmedien. Heribert Schatz zum 65. Geburtstag. Köln

Marcinkowski, Frank/Greger, Volker/Hüning, Wolfgang (2001): Stabilität und Wandel der Semantik des Politischen: Theoretische Zugänge und empirische Befunde. In: Frank Marcinkowski (Hrsg.) (2001): S. 12 – 114

Martini, Klaudia (2002): Politische Unternehmenskommunikation vor neuen Aufgaben. In: Klaus Merten u.a. (Hrsg.) (2002): S. 64 –72

Meckel, Miriam (2002): Der feine Unterschied: Was Politiker und Manager unterscheidet. In: Bodo Kirf/Lothar Rolke (Hrsg.): Der Stakeholder-Kompass. Navigationsinstrument für die Unternehmenskommunikation. Frankfurt/Main, S. 223 – 234

Meckel, Miriam (2002a): Prêt-à-penser, Prêt-à-présenter. Zur Konfektionierung politischer Kommunikation. In: Klaus Merten u.a. (Hrsg.) (2002): Das Handbuch der Unternehmenskommunikation 2002/2003

Meffert, Heribert/Burmann, Christoph/Koers, Martin (Hrsg.) (2002): Markenmanagement. Grundfragen der identitätsorientierten Markenführung. Wiesbaden

Meng, Richard (2002): Der Medienkanzler. Was bleibt vom System Schröder. Frankfurt/Main

Merten, Klaus u.a. (Hrsg.) (2002): Das Handbuch der Unternehmenskommunikation 2002/2003. Köln. Neuwied. Kriftel

Merten, Klaus (2002): Politik in der Mediengesellschaft. Zur Interpenetration von Politik- und Kommunikationssystem. In: Merten, Klaus u.a. (Hrsg.) (2002): S. 81 – 98

Meyer, Thomas (2001): Mediokratie. Die Kolonisierung der Politik durch die Medien. Frankfurt/Main

Peters, Birgit (1994): „Öffentlichkeitselite" – Bedingungen und Bedeutungen von Prominenz. In: Neidhardt, Friedhelm (Hrsg.): Öffentlichkeit, öffentliche Meinung, soziale Bewegung. KZfSS Sonderheft 34. Opladen, S. 191 – 213

Pfetsch, Barbara (2003): Politische Kommunikationskultur. Politische Sprecher und Journalisten in der Bundesrepublik und den USA im Vergleich. Wiesbaden

Radunski, Peter (2002): Wie kann die Wirtschaft von der politischen Kommunikation lernen. In: Klaus Merten u.a. (Hrsg.) (2002): S. 123 – 129

Röttger, Ulrike (Hrsg.) (1997): PR-Kampagnen. Über die Inszenierung von Öffentlichkeit. Opladen

Röttger, Ulrike (Hrsg.) (2001): Issues Management. Theoretische Konzepte und praktische Umsetzung. Eine Bestandsaufnahme. Wiesbaden

Rolke, Lothar/Wolff, Volker (Hrsg.) (1999): Wie die Medien die Wirklichkeit steuern und selber gesteuert werden. Opladen. Wiesbaden

Rolke, Lothar (1999): Die Selbstgefährdung der Mediengesellschaft durch Irrtümer, Korrekturverweigerung und kommunikative Inflation. In: Rolke, Lothar/Wolff, Volker (Hrsg.) (1999): S. 73 – 91

Rolke, Lothar (2001): Mehr öffentliche Konfliktfähigkeit erforderlich – Unternehmen im Vergleich mit politischen Organisationen. In: Röttger, Ulrike (Hrsg.) (2001): S.

Rolke, Lothar (2002): Kommunizieren nach dem Stakeholder-Kompass. In: Kirf, Bodo/Rolke, Lothar (Hrsg.) (2002): S. 16 – 33

Rolke, Lothar (2003): Produkt- und Unternehmenskommunikation im Umbruch. Was die Marketer und PR-Manager in Zukunft erwarten. Frankfurt/Main. F.A.Z.-Institut

Rolke, Lothar (2003a): Public Relations ist die gesellschaftliche lizensierte Möglichkeit zur Mitgestaltung öffentlicher Meinung. In: Ulrike Röttger (Hrsg.): Theorien der Public Relations. Wiesbaden (im Erscheinen)

Rolke, Lothar/Wolff, Volker (Hrsg.) (2002): Der Kampf um die Öffentlichkeit. Wie das Internet die Macht zwischen Medien, Unternehmen und Verbrauchern neu verteilt. Neuwied und Kriftel

Rulff, Dieter (2002): Neunzehn Sekunden Scharping. In Wahlkampfzeiten haben die Parteienforscher medial Hochkonjunktur – ihre Antworten aber sind häufig ziemlich banal. In: Frankfurter Allgemeine Sonntagszeitung Nr. 30, 28.7., S. 5

Schatz, Heribert/Rössler, Patrick/Nieland, Jörg-Uwe (Hrsg.) (2002): Politische Akteure in der Mediendemokratie. Politiker in den Fesseln der Medien? Wiesbaden

Schneider, Helmut (2002): Identitätsorientierte Markenführung in der Politik. In: Meffert, Heribert/Burmann, Christoph/Koers, Martin (Hrsg.) (2002): S. 353 – 373

Schulz, Winfried (1997): Politische Kommunikation. Theoretische Ansätze und Ergebnisse empirischer Forschung. Opladen. Wiesbaden

Stihl, Peter (1990): Meinung geht vor Sachlichkeit. Kritikpunkte aus Sicht des DIHT. In: Gero Kalt (Hrsg.): Wirtschaft in den Medien. Defizite, Chancen und Grenzen. Eine kritische Bestandsaufnahme. Frankfurt/Main

Watson of Richmond, Lord (2002): Die Rolle führender Unternehmensrepräsentanten in der Kommunikationslandschaft des 21. Jahrhunderts. In: Kirf, Bodo/Rolke, Lothar (Hrsg.) (2002): S. 55 – 62

Literaturverzeichnis

Allmaier, Michael (1998): Verlier die Vier. Dann ist das ja noch wenig: Wie Journalisten zählen. In: Frankfurter Allgemeine Zeitung vom 14. September 1998, Nr. 213 / Seite 9

Althaus, Marco (Hrsg.) (2002): Kampagne! Neue Strategien für Wahlkampf, PR und Lobbying. Münster

Altmeppen, Klaus-Dieter/Löffelholz, Martin (1998): Zwischen Verlautbarungsorgan und vierter Gewalt. Strukturen, Abhängigkeiten und Perspektiven des politischen Journalismus. In: Sarcinelli, Ulrich (Hrsg.) (1998): S. 97–123

Altschull, Herbert J. (1990): Agenten der Macht: die Welt der Nachrichtenmedien - Eine kritische Studie. Konstanz

Arbeitsgemeinschaft PVC und Umwelt e.V. (Hrsg.) (1998): Auf dem Weg zur Nachhaltigkeit. 10 Jahre Arbeitsgemeinschaft PVC und Umwelt e.V., Bonn

Arbeitsgemeinschaft PVC und Umwelt e.V. (Hrsg.) (2001): Transparent. Risikowahrnehmung und Dialogbereitschaft, Ausgabe 01/01, Bonn

Arbeitsgemeinschaft PVC und Umwelt e.V. (Hrsg.) (2001a): PVC - Neubewertung eines Klassikers, Bonn

Arbeitsgemeinschaft PVC und Umwelt e.V.d (Hrsg.) (2000): PVC aktuell. Volkswirtschaftliche Daten und Fakten zu PVC, Bonn

Arbeitsgemeinschaft PVC und Umwelt e.V.dies. (Hrsg.) (2002): Transparent. Risikowahrnehmung und Dialogbereitschaft, Ausgabe 02/Dezember 2002, Bonn

Baerns, Barbara (1991[1985]): Öffentlichkeitsarbeit oder Journalismus? Zum Einfluß im Mediensystem (2. Auflage). Köln

Baraldi, Claudio/Corsi, Giancarlo/Esposito, Elena (Hrsg.) (1998): GLU. Glossar zu Niklas Luhmanns Theorie sozialer Systeme. Frankfurt a.M.

Barth, Henrike/Donsbach, Wolfgang (1992): Aktivität und Passivität von Journalisten gegenüber Public Relations. Fallstudie am Beispiel von Pressekonferenzen zu Umweltthemen. In: Publizistik, 37(2), S. 151–165

Becker, Bernd (2002): New Labour auf dritten Wegen. Blairs Politikvermarktung – und was die SPD daraus lernte. In: Althaus, Marco (Hrsg.) (2002): S. 258 – 275

Becker-Sonnenschein, Stephan/Schwarzmeier, Manfred (Hrsg.) (2002): Vom schlichten Sein zum schönen Sein? Kommunikationsanforderungen im Spannungsfeld von Public Relations und Politik. Wiesbaden

Behrent, Michael (2002): Narziss im Zerrspiegel – Die Grenzen des Marketingparadigmas in der (politischen) Kommunikation. In: Friedrich-Ebert-Stiftung/Staatskanzlei Rheinland-Pfalz/Landeszentrale für privaten Rundfunk Rheinland-Pfalz (Hrsg.) (2002): S. 41 – 53

Bentele, Günter (1999): Parasitentum oder Symbiose? Das Intereffikationsmodell in der Diskussion. In: Rolke, Lothar/Wolff, Volker (Hrsg.) (1999): S. 177 – 193

Bentele, Günter/Haller, Michael (Hrsg.) (1997): Aktuelle Entstehung von Öffentlichkeit. Akteure, Strukturen, Veränderungen. Konstanz

Bentele, Günter/Liebert, Tobias/Seeling, Stefan (1997): Von der Determination zur Intereffikation. Ein integriertes Modell zum Verhältnis von Public Relations und Journalismus. In: Bentele, Günter/Haller, Michael (Hrsg.) (1997): S. 225 – 250

Bentele, Günter/Brosius, Hans-Bernd/Jarren, Otfried (Hrsg.) (2003): Öffentliche Kommunikation. Handbuch Kommunikations- und Medienwissenschaft. Wiesbaden

Bentele, Günter (2003): Kommunikatorforschung: Public Relations. In: Bentele, Günter/Brosius, Hans-Bernd/Jarren, Otfried (Hrsg.) (2003): S. 54–78

Bertelsmann Stiftung (Hrsg.) (1996): Politik überzeugend vermitteln. Gütersloh

Börner, Christoph J. (1996): Öffentlichkeitsarbeit als Management gesellschaftlicher Exponiertheit. In: Zeitschrift für Betriebswirtschaft (ZfB), 66 Jg. Nr. 4, S. 419 – 433

Brettschneider, Frank (2002): Die Medienwahl 2002: Themenmanagement und Berichterstattung. In: Aus Politik und Zeitgeschichte B 49 – 50/2002, S. 36 – 47

Brunner, Wolfram (2002): Wahlkampf in den USA. Sankt Augustin (Konrad-Adenauer-Stiftung e.V.)

Bruns, Tissy (2001): Glattgeschliffene Flachware. In: message 1/2001, S. 58 – 60

Bürklin, Wilhelm/Rebenstorf, Hilke u.a. (Hrsg.) (1997): Eliten in Deutschland. Rekrutierung und Integration. Opladen: Leske + Budrich

„Das Rennen ist genauso offen wie vorher" – Interview mit Matthias Jung von der Forschungsgruppe Wahlen. In: Der Tagesspiegel, 10. 9. 2002

Deutscher Presserat (2001), Pressekodex in der Fassung vom 20. Juni 2001. In: www.presserat.de/site/pressekod/kodex/index.shtml

Dörner, Andreas/Vogt, Ludgera (Hrsg.) (2002): Wahl-Kämpfe. Betrachtungen über ein demokratisches Ritual. Frankfurt/Main

Donsbach, Wolfgang/Jarren, Otfried/Kepplinger, Hans Mathias/Pfetsch, Barbara (1993): Beziehungsspiele - Medien und Politik in der öffentlichen Diskussion, Gütersloh

Donsbach, Wolfgang (2002): Schröders Spiel. In: Frankfurter Neue Presse, 11. 9. 2002

Dorer, Johanna/Lojka, Klaus (Hrsg.) (1996): Öffentlichkeitsarbeit. Theoretische Ansätze, empirische Befunde und Berufspraxis der Public Relations, Wien

Dorer, Johanna/Lojka, Klaus (Hrsg.) (1991): Öffentlichkeitsarbeit. Theoretische Ansätze, empirische Befunde und Berufspraxis der Public Relations. Wien

Dörner, Andreas (2001): Politainment. Politik in der medialen Erlebnisgesellschaft. Frankfurt/Main

Ellers, Meinolf (2002): Corporate Broadcasting – Unternehmen machen Programm. Das Firmenintranet muss zum umfassenden Informationsmedium werden. In: Lothar Rolke/Wolff, Volker (Hrsg.) (2002): S. 169 – 181

Esposito, Elena (1998): Interpenetration. In: Baraldi, Claudio/Corsi, Giancarlo/Esposito, Elena (Hrsg.) (1998):

EU-Studie (2001): "Wissenschaft und Technik im Bewusstsein der Europäer", www.members.vol.at/roemer/2003/roe_0318.htm

Faulstich, Werner/Korte, Helmut (Hrsg.) (1997): Der Star. Geschichte. Rezeption. Bedeutung. München: Wilhelm Fink Verlag.

FAZ (2002): Top-Manager wäre als Politiker willkommen. Nr. 185, 12. 8., S. 17

Franck, Georg (1998): Ökonomie der Aufmerksamkeit. Ein Entwurf. München

Friedrich-Ebert-Stiftung/Staatskanzlei Rheinland-Pfalz/Landeszentrale für privaten Rundfunk Rheinland-Pfalz (Hrsg.) (2002): New Journalism – vom Kulturgut zum Wirtschaftsgut, Dokumentation des 6. Mainzer Medien Disput vom 27. November 2001, Leimen

Gäbler, Bernd/Hachmeister, Lutz/Landfried, Christine/ Leggewie, Claus/ Schatz, Roland (2002): TV-Duelle sind nicht das Eigentum von Sendern und Parteizentralen – Stellungnahme der „Kommission zu den ‚Kanzlerdebatten'". In: Frankfurter Rundschau, 17. 9. 2002

Gärtner, Edgar (1997): Der Düsseldorfer Flughafenbrand. Eine Dokumentation in Fragen und Zitaten, Bonn

Gaus, Bettina (2002): Die große Stunde der Medienberater. In: Die Tageszeitung, 10. 9. 2002

Gesellschaft für Rechtspolitik Trier (Hrsg.) (2000): Bitburger Gespräche. Jahrbuch 1999/I. München: C. H. Beck'sche Verlagsbuchhandlung

Giesen, Bernhard (2002): Charisma, Skandal, Volkstheater. In: Frankfurter Allgemeine Sonntagszeitung Nr. 34, 25.8., S. 9

Glotz, Peter (2002): Dein Abgeordneter, der arme Schlucker. In: Die Zeit Nr. 30,18. 7., S. 7

Gross, Paul R./Levitt, Norman/Lewis, Martin W. (1996): The Flight from Science and Reason, Baltimore and London

Hank, Rainer (2002): Information als Wettbewerbsvorteil. In: Friedrich-Ebert-Stiftung/Staatskanzlei Rheinland-Pfalz/Landeszentrale für privaten Rundfunk Rheinland-Pfalz (Hrsg.) (2002): S. 97 – 98

Herbst, Dieter (Hrsg.) (2003): Der Mensch als Marke. Konzepte. Beispiele. Experteninterviews. Göttingen

Hillgruber, Christian (2003): Scheinbares Wohlbefinden. Medien in der Demokratie. In: Frankfurter Allgemeine Zeitung vom 12. 2. 2003, S. 7

Hogrefe, Jürgen (2002): Gerhard Schröder. Ein Portrait. Berlin

Holtz-Bacha, Christina (2001): Das Private in der Politik: Ein neuer Medientrend? In: Aus Politik und Zeitgeschichte B 41 – 42

Hornung, Frank (2002): Sprachloses Sprachrohr. In: Der Spiegel. Nr. 47/18.11., S. 94 – 97

Institut für Demoskopie Allensbach, Umfrage 3238

Instituts für Demoskopie Allensbach: Umfrage 4260, Juni/Juli 2002

Jarren, Otfried (2001): „Mediengesellschaft" – Risiken für die politische Kommunikation. In: Aus Politik und Zeitgeschichte. B 41 – 42

Jarren, Otfried/Donges, Patrick (2002): Politische Kommunikation in der Mediengesellschaft. Eine Einführung. Band 2: Akteure, Prozesse und Inhalte. Wiesbaden

Jarren, Otfried/Sarcinelli, Ulrich/Saxer, Ulrich (Hrsg.) (1998): Politische Kommunikation in der demokratischen Gesellschaft. Ein Handbuch. Wiesbaden

Jung, Mathias/ Roth, Dieter (1998): Wer zu spät geht, den bestraft der Wähler. Analyse der BT-Wahl 1998. In: Aus Politik und Zeitgeschichte B 52/1998, S. 3 – 18

Kalt, Gero (Hrsg.) (1990): Wirtschaft in den Medien. Defizite, Chancen und Grenzen. Eine kritische Bestandsaufnahme. Frankfurt/Main

Kepplinger, Hans Mathias (Hrsg.) (1979a): Angepaßte Außenseiter. Was Journalisten denken und wie sie arbeiten. Freiburg, München

Kepplinger, Hans Mathias (1979): Angepaßte Außenseiter. Ergebnisse und Interpretationen der Kommunikatorforschung. In: Kepplinger, Hans Mathias (Hrsg.) (1979a): S. 7–28

Kepplinger, Hans Mathias (1992): Funktionswandel der Massenmedien. In: Kepplinger, Hans Mathias (Hrsg.) (1992): S. 13 – 32

Kepplinger, Hans Mathias (1997): Politiker als Stars. In: Faulstich, Werner/Korte, Helmut (Hrsg.) (1997): S. 176 – 194

Kepplinger, Hans Mathias (1998): Die Demontage der Politik in der Informationsgesellschaft. Freiburg/München

Kepplinger, Hans Mathias (2000): Verletzung der Persönlichkeitsrechte durch die Medien: Halten die Annahmen der Juristen den sozialwissenschaftlichen Befunden stand? In: Gesellschaft für Rechtspolitik Trier (Hrsg.) (2000): S. 15 – 34

Kepplinger, Hans Mathias (2001): Die Kunst der Skandalierung und die Illusion der Wahrheit, München

Kepplinger, Hans Mathias (2003): Warum Krisen eskalieren. In: Gero Kalt (Hrsg.): Issues Management. Frankfurt: F.A.Z.-Institut 2003 (im Druck)

Kepplinger, Hans Mathias (Hrsg.) (1992): Ereignismanagement. Wirklichkeit und Massenmedien. Osnabrück/Zürich

Kirf, Bodo/Rolke, Lothar (Hrsg.) (2002): Der Stakeholder-Kompass. Navigationsinstrument für die Unternehmenskommunikation. Frankfurt/Main

Koelbl, Herlinde (2001): Die Meute. Macht und Ohnmacht der Medien. München

Kohtes Klewes (2000): Herausforderung Gentechnologie. Medienbild und Bevölkerungsmeinung im internationalen Vergleich. Forschungsbericht Nr. 99 vom 15. August 2000. In: Medien Tenor 2000, S. 40 – 43

Krause-Burger, Sybille (2002): Schau ich auf Deutschland. Nahaufnahmen der Berliner Republik. Stuttgart. München

Kriebel, Wolf-Henning (1998): Das 5 Ebenen Modell. Konfliktkommunikation für Führungskräfte. Anleitung zum öffentlichen Streit. Ein Trainingsbuch. Eigenverlag Image Consult Düsseldorf.

Kruse, Peter (2003): Menschen sind Marken. Der wachsende Einfluss emotionaler Faktoren muss auch in der Wahlforschung berücksichtigt werden. In: politik&kommunikation 6, S. 22–24

Leder, Dietrich (2002): Der mediale Schein. In: Kölner Stadt-Anzeiger, 9. 9. 2002

Leif, Thomas (2001): Macht ohne Verantwortung. Der wuchernde Einfluss der Medien und das Desinteresse der Gesellschaft. In: Aus Politik und Zeitgeschichte vom 5. Oktober 2001, B 41 – 42/2001, S. 6 – 9

Leif, Thomas (2002): Verkürzte Realität, verflachter Sinn, stillgelegter Diskurs. In: Frankfurter Rundschau vom 22.7.2002, S. 6

Lippmann, Walter (1964 [1922]): Die öffentliche Meinung. München

Löffelholz, Martin (2003): Kommunikatorforschung: Journalistik. In: Bentele, Günter/Brosius, Hans-Bernd/Jarren, Otfried (Hrsg.) (2003): S. 28–53

Löffelholz, Martin (Hrsg.) (2000a): Theorien des Journalismus. Ein diskursives Handbuch. Wiesbaden

Löffelholz, Martin (2000): Ein privilegiertes Verhältnis. Inter-Relationen von Journalismus und Öffentlichkeitsarbeit. In: Löffelholz, Martin (Hrsg.) (2000a): S. 186–208

Löffelholz, Martin (1997): Dimensionen struktureller Kopplung von Öffentlichkeitsarbeit und Journalismus. Überlegungen zur Theorie selbstreferentieller Systeme und Ergebnisse einer repräsentativen Studie. In: Bentele, Günter/Haller, Michael (Hrsg.) (1997): S. 187–208

Löffelholz, Martin/Quandt, Thorsten (Hrsg.) (2003a): Die neue Kommunikationswissenschaft. Theorien, Themen und Berufsfelder im Internet-Zeitalter - eine Einführung. Wiesbaden

Löffelholz, Martin/Quandt, Thorsten (2003): Kommunikationswissenschaft im Wandel. Zur Orientierung in einer dynamischen, integrativen und unüberschaubaren Disziplin. In: Löffelholz, Martin/Quandt, Thorsten (Hrsg.) (2003a): S. 13–42

Luhmann, Niklas (1996): Die Realität der Massenmedien. Opladen

Luhmann, Niklas (1997): Die Gesellschaft der Gesellschaft. Frankfurt/Main

Machnig, Matthias (2002): Strategiefähigkeit in der beschleunigten Mediengesellschaft. http://www.spd.de/servlet/PB/menu/1018404

Machnig, Matthias (2002a): Politische Kommunikation 2002 – Herausforderungen für Parteien. In: Merten, Klaus u.a. (Hrsg.) (2002): S. 57 – 63

Machnig, Matthias (Hrsg.) (2002b): Politik – Medien – Wähler. Wahlkampf im Medienzeitalter. Opladen

Marcinkowski, Frank (Hrsg.) (2001): Die Politik der Massenmedien. Heribert Schatz zum 65. Geburtstag. Köln

Marcinkowski, Frank/Greger, Volker/Hüning, Wolfgang (2001): Stabilität und Wandel der Semantik des Politischen: Theoretische Zugänge und empirische Befunde. In: Marcinkowski, Frank (Hrsg.) (2001): S. 12 – 114

Martini, Klaudia (2002): Politische Unternehmenskommunikation vor neuen Aufgaben. In: Merten, Klaus u.a. (Hrsg.) (2002): S. 64 – 72

Mast, Claudia (2003): Neue Ziele vereinbaren. In: Journalist 3/2003, S. 31 – 33

Meckel, Miriam (2002): Der feine Unterschied: Was Politiker und Manager unterscheidet. In: Kirf, Bodo/Rolke, Lothar (Hrsg.) (2002): S. 223 – 234

Meckel, Miriam (2002a): Prêt-à-penser, Prêt-à-présenter. Zur Konfektionierung politischer Kommunikation. In: Merten, Klaus u.a. (Hrsg.) (2002): S.

Meckel, Miriam (2003): Politikmarken und Markenpolitik. Kommunikationsstrategien in Politik und Wirtschaft. In: forum medienethik 1: 8–16

Meffert, Heribert/Burmann, Christoph/Koers, Martin (Hrsg.) (2002): Markenmanagement. Grundfragen der identitätsorientierten Markenführung. Wiesbaden

Meffert, Heribert/Burmann, Christoph/Koers, Martin (2002): Grundlagen der Markenführung. In: Meffert, Heribert/Burmann, Christoph/Koers, Martin (Hrsg.) (2002): S. 3–15

Meng, Richard (2002): Der Medienkanzler. Was bleibt vom System Schröder. Frankfurt/Main

Merten, Klaus (2000): Das Handwörterbuch der PR. Frankfurt a.M.

Merten, Klaus (2002): Politik in der Mediengesellschaft. Zur Interpenetration von Politik- und Kommunikationssystem. In: Merten, Klaus u.a. (Hrsg.) (2002): S. 81 – 98

Merten, Klaus/Wienand, Edith (2002): Neue Beeinflussungsquellen. Wie das TV-Duell vom Publikum verstanden wurde. In: message 3/2002, S. 14 – 18

Merten, Klaus u.a. (Hrsg.) (2002): Das Handbuch der Unternehmenskommunikation 2002/2003. Köln. Neuwied. Kriftel

Merten, Klaus/Zimmermann, Rainer/Hartwig, Helmut Andreas (Hrsg.) (2002): Das Handbuch der Unternehmenskommunikation 2002/2003. München

Mertes, Michael (2001): Partner und Gegner. Über die spannungsreiche Beziehung zwischen Politikern und Journalisten. In: Die politische Meinung Nr. 384, 11/2001, S. 65 – 71

Meyer, Thomas (2001): Mediokratie. Die Kolonisierung der Politik durch die Medien. Frankfurt/Main

Moeskes, Christoph (2001): Nahrung für die Angst. Ein kleiner Überblick über vier deutsche Lebensmittelskandale. In: Frankfurter Allgemeine Zeitung vom 27. Februar 2001, Nr. 49 / Seite 12

Noelle-Neumann, Elisabeth (2002): Spannung auf der Zielgeraden. In: Frankfurter Allgemeine Zeitung, 11. 9. 2002

Neukirch, Ralf/Sauga, Michael/Steingart, Gabor (2003): Reformen. Im Argwohn vereint. In: Der Spiegel Nr. 19/5.5.2003, S. 104 – 108

Peters, Birgit (1994): „Öffentlichkeitselite" – Bedingungen und Bedeutungen von Prominenz. In: Neidhardt, Friedhelm (Hrsg.): Öffentlichkeit, öffentliche Meinung, soziale Bewegung. KZfSS Sonderheft 34. Opladen, S. 191 – 213

Pfetsch, Barbara (2003): Politische Kommunikationskultur. Politische Sprecher und Journalisten in der Bundesrepublik und den USA im Vergleich. Wiesbaden

Plasser, Fritz/Sommer, Franz (1991): Politische Öffentlichkeitsarbeit in informationsgesellschaftlichen Demokratien. In: Dorer, Johanna/Lojka, Klaus (Hrsg.) (1991): S. 93–110

Preusker, Werner (1994): Effizienz statt Mythenreise - die Umweltpolitik braucht eine neue Qualität. Ansprache zur Einweihung der Aufbereitungsanlage der Arbeitsgemeinschaft für PVC-Dachbahnen-Recycling in Troisdorf, Bonn

Radunski, Peter (1980): Wahlkämpfe. Moderne Wahlkampfführung als politische Kommunikation. München

Radunski, Peter (1996): Politisches Wahlkampfmanagement. Die Amerikanisierung der Wahlkämpfe. In: Bertelsmann Stiftung (Hrsg.) (1996): S. 33 – 52

Radunski, Peter (2002): Wie kann die Wirtschaft von der politischen Kommunikation lernen. In: Merten, Klaus u.a. (Hrsg.) (2002): S. 123 – 129

Reuter, Edzard (1998): Schein und Wirklichkeit: Erinnerungen. Berlin: Siedler

Rolke, Lothar (1999): Die Selbstgefährdung der Mediengesellschaft durch Irrtümer, Korrekturverweigerung und kommunikative Inflation. In: Rolke, Lothar/Wolff, Volker (Hrsg.) (1999): S. 73 – 91

Rolke, Lothar (2001): Mehr öffentliche Konfliktfähigkeit erforderlich – Unternehmen im Vergleich mit politischen Organisationen. In: Röttger, Ulrike (Hrsg.) (2001): S.

Rolke, Lothar (2002): Kommunizieren nach dem Stakeholder-Kompass. In: Kirf, Bodo/Rolke, Lothar (Hrsg.) (2002): S. 16 – 33

Rolke, Lothar (2003): Produkt- und Unternehmenskommunikation im Umbruch. Was die Marketer und PR-Manager in Zukunft erwarten. Frankfurt/Main. F.A.Z.-Institut

Rolke, Lothar (2003a): Public Relations ist die gesellschaftliche lizensierte Möglichkeit zur Mitgestaltung öffentlicher Meinung. In: Ulrike Röttger (Hrsg.): Theorien der Public Relations. Wiesbaden (im Erscheinen)

Rolke, Lothar/Wolff, Volker (Hrsg.) (1999): Wie die Medien die Wirklichkeit steuern und selber gesteuert werden. Opladen. Wiesbaden

Rolke, Lothar/Wolff, Volker (Hrsg.) (2002): Der Kampf um die Öffentlichkeit. Wie das Internet die Macht zwischen Medien, Unternehmen und Verbrauchern neu verteilt. Neuwied und Kriftel

Ronneberger, Franz/Rühl, Manfred (1992): Theorie der Public Relations. Opladen

Röttger, Ulrike (Hrsg.) (1997): PR-Kampagnen. Über die Inszenierung von Öffentlichkeit. Opladen

Röttger, Ulrike (Hrsg.) (2001): Issues Management. Theoretische Konzepte und praktische Umsetzung. Eine Bestandsaufnahme. Wiesbaden

Rudolph, Hermann (2002): Das Unsichtbare tritt ins Rampenlicht. Wie sich der Wahlkampf amerikanisierte. In: Der Tagesspiegel v. 22.09.2002, S. 7

Rühl, Manfred (1980): Journalismus und Gesellschaft. Bestandsaufnahme und Theorieentwurf. Mainz

Rulff, Dieter (2002): Neunzehn Sekunden Scharping. In Wahlkampfzeiten haben die Parteienforscher medial Hochkonjunktur – ihre Antworten aber sind häufig ziemlich banal. In: Frankfurter Allgemeine Sonntagszeitung Nr. 30, 28.7., S. 5

Ruß-Mohl, Stephan (1996): Öffentlichkeitsarbeit ante portas. In: Dorer, Johanna/Lojka, Klaus (Hrsg.) (1996): S. 193 – 196

Sarcinelli, Ulrich (Hrsg.) (1998): Politikvermittlung und Demokratie in der Mediengesellschaft, Opladen und Wiesbaden

Sauer, Martina (1997): Durchsetzungsfähigkeit und Kooperationspotential von Eliten als Bausteine der Elitenintergration. In: Bürklin, Wilhelm/Rebenstorf, Hilke u.a. (Hrsg.) (1997): S. 285 – 320

Saxer, Ulrich (1993): Beziehungsspiele statt Streitkultur? In: Donsbach, Wolfgang/Jarren, Otfried/Kepplinger, Hans Mathias/Pfetsch, Barbara (1993): S. 317 – 319

Schantel, Andrea (2000): Determination oder Intereffikation? Eine Metaanalyse der Hypothesen zur PR-Journalismus-Beziehung. In: Publizistik, 45. Jg., S. 70–88

Schatz, Heribert/Rössler, Patrick/Nieland, Jörg-Uwe (Hrsg.) (2002): Politische Akteure in der Mediendemokratie. Politiker in den Fesseln der Medien?, Wiesbaden

Schimank, Uwe (2000): Theorien gesellschaftlicher Differenzierung. Opladen

Schneider, Helmut (2002): Identitätsorientierte Markenführung in der Politik. In: Meffert, Heribert/Burmann, Christoph/Koers, Martin (Hrsg.) (2002): S. 353 – 373

Schuh, Hans (1996): Mehr Macht für die Vernunft. In: Die Zeit, Nr. 38 vom 13. September 1996, S. 40 – 41

Schulz, Winfried (1997): Politische Kommunikation. Theoretische Ansätze und Ergebnisse empirischer Forschung. Opladen. Wiesbaden

Schumacher, Walter (2002): Pressearbeit: Grundregeln im Medienzeitalter. In: bank und markt, Juli 2002, S. 36 – 37

Schuster, Thomas (2001): Die Geldfalle. Wie Medien und Banken die Anleger zu Verlierern machen, Reinbek

Shama, A (1976): The Marketing of Political Candidates. In: Journal of the Academy of the Marketing Science 4/1976, S. 764–777

Stihl, Peter (1990): Meinung geht vor Sachlichkeit. Kritikpunkte aus Sicht des DIHT. In: Gero Kalt (Hrsg.) (1990): Wirtschaft in den Medien. Defizite, Chancen und Grenzen. Eine kritische Bestandsaufnahme. Frankfurt/Main

„TV-Duell hat den Wahlausgang stark beeinflusst. In: Die Welt, 2. 11. 2002

Wartburg, Walter von (2003): Das Ansehen verbessern – den Ruf schützen. In: Frankfurter Allgemeine Zeitung, Sonderausgabe vom 7. April 2003

Wangen, Edgar (1983): Politmarketing. Das Marketing-Management der politischen Parteien. Opladen

Watson of Richmond, Lord (2002): Die Rolle führender Unternehmensrepräsentanten in der Kommunikationslandschaft des 21. Jahrhunderts. In: Kirf, Bodo/Rolke, Lothar (Hrsg.) (2002): S. 55 – 62

Weidenfeld, Ursula (2002): Versuche der Einflussnahme nehmen zu. In: Friedrich-Ebert-Stiftung/Staatskanzlei Rheinland-Pfalz/Landeszentrale für privaten Rundfunk Rheinland-Pfalz (Hrsg.) (2002): S. 99 – 100

Weischenberg, Siegfried/Löffelholz, Martin/Scholl, Armin (1994): Merkmale und Einstellungen von Journalisten. Journalismus in Deutschland II. In: Media Perspektiven 4/1994, S. 154–167

Zentralverband der deutschen Werbewirtschaft (Hrsg.) (2003): Werbung in Deutschland 2003, Bonn

Autorenverzeichnis

Bajohr, Walter, Jg. 1950, ist seit 2001 Leiter Zentralabteilung Kommunikation und Medien der Konrad-Adenauer-Stiftung. Bereits während des Studiums der Rechtswissenschaft und Politologie in Bonn und Köln arbeitete er als freier Mitarbeiter bei diversen Zeitungen und Rundfunksendern; 1978 wurde er Politikredakteur beim „Rheinischen Merkur"; von 1980 bis 1992 war er Leiter der Parlamentsredaktion des „Rheinischen Merkur" in Bonn, ab 1985 außerdem Ressortleiter Politik; 1992 wechselte er zur Bundestagsfraktion der CDU/CSU als Pressesprecher und Leiter der Öffentlichkeitsarbeit.

Falter, Jürgen W., Prof. Dr., Jg. 1944, ist seit 1993 Universitätsprofessor der Politikwissenschaft an der Johannes Gutenberg-Universität Mainz. Nach dem Studium der Politikwissenschaft und Neueren Geschichte an den Universitäten Heidelberg, Berlin (FU), Ann Arbor/Michigan und Berkeley/Cal. Diplom in Politikwissenschaft 1968, 1973 promovierte er an der Freien Universität Berlin zum Dr. rer. pol., 1981 habilitierte er an der Universität des Saarlandes. In den Jahren 1983 bis 1992 war er o. Professor für Politikwissenschaft und Vergleichende Faschismusforschung an der Freien Universität Berlin; von 1973 bis 1983 Professor für Methodologie der Sozialwissenschaften und Politische Soziologie an der Hochschule der Bundeswehr München; 1985 Ruf an die Universität Genf (Schweiz), Ruf abgelehnt; 1999 Ruf an die Universität Bonn; 1977/78 Kennedy Fellow, Harvard University; 1981/82 Visiting Professor, Johns Hopkins University, Bologna/Italien; 1992 Hill Visiting Professor, University of Minnesota. Mitherausgeber der „Politischen Vierteljahresschrift" (PVS). Forschungsschwerpunkte: Wahl- und Einstellungsforschung, Rechts- und Linksextremismusforschung, Historische Wahl- und Mitgliederforschung, Sozialwissenschaftliche Forschungsmethoden. Ca. 160 Veröffentlichungen in Fachzeitschriften, Sammelbänden und Lexika, zahlreiche Buchveröffentlichungen.

Kaden, Wolfgang, Dipl.-Volkswirt, Dr., Jg. 1940, ist seit Juli 2003 Chefredakteur von „manager magazin TV". Nach dem Studium der Volkswirtschaftslehre in Saarbrücken, Bonn und Köln promovierte er an der Universität Köln. Er war Persönlicher Referent des Landtagspräsidenten von Nordrhein-Westfalen, John van Nes Ziegler. In den Jahren 1968 bis 1994 war er bei dem Magazin „Der Spiegel" im Auslandsressort spezialisiert auf Afrika und Nahost sowie im Bonner Büro im Bereich Wirtschaftspolitik, später übernahm er die Büroleitung, wurde Ressortleiter Wirtschaft. Von 1991 bis 1994 war er zusammen mit H. W. Kilz Chefredakteur. Von 1994 bis 2003 war er Chefredakteur des „manager magazins".

Kepplinger, Hans Mathias, Prof. Dr. phil., Jg. 1943, ist seit 1982 Professor für Publizistik- und Kommunikationswissenschaft am Institut für Publizistik der Johannes Gutenberg-Universität Mainz. Nach dem Studium der Politikwissenschaft, Publizistik und Geschichte in Mainz, München und Berlin promovierte er 1970 und habilitierte 1977 für Publizistik in Mainz. In den Jahren 1970 bis 1978 war er Wissenschaftlicher Assistent von Elisabeth Noelle-Neumann am Institut für Publizistik, von 1978 bis 1982 Heisenberg-Stipendiat der Deutschen Forschungsgemeinschaft. Von 1983 bis 1989, von 1992 bis 1994, von 1996 bis 1998 und seit 2002 ist er geschäftsführender Leiter des Instituts für Publizistik. Von 1988 bis 1990 Prodekan, von 1990 bis 1993 Dekan des Fachbereiches Sozialwissenschaften. Von 1997 bis 1999 Mitglied des Senats der Johannes Gutenberg-Universität Mainz. Forschungsschwerpunkte: Politische Kommunikation, Risikokommunikation, Kommunikationsforschung, Wirkung der Massenmedien.

Kessler, Martin, Dipl.-Volkswirt, Dr. rer. oec., Jg. 1959, ist seit 2000 Leiter des Ressorts Wirtschaft der „Rheinischen Post", Düsseldorf. Nach dem Studium der Volkswirtschaftslehre an der Universität Köln promovierte er 1991 an der Universität Duisburg über das Thema Internationaler Technologiewettbewerb. Von 1991 bis 1992 war er Redakteur für Wirtschaftspolitik, Konjunktur und Geldpolitik bei der „Wirtschaftswoche", Düsseldorf, und von 1992 bis 1997 als Parlamentskorrespondent der „Wirtschaftswoche" in Bonn, zuständig für die Themen Wirtschaftspolitik, Energie und Umwelt. In den Jahren 1997 bis 1999 war er Parlamentskorrespondent der „Rheinischen Post" in Bonn und Berlin und bearbeitete die Themen Finanz- und Sozialpolitik.

Leif, Thomas, Dr., Jg. 1959, ist Chefreporter des Fernsehens SWR, Landessender Mainz und Vorsitzender netzwerk recherche e. V. Er hat Politikwissenschaft, Publizistik und Pädagogik in Mainz und Frankfurt am Main studiert. Jüngste Veröffentlichungen: netzwerk recherche (Hrsg.): *Trainingshandbuch Recherche*. Westdeutscher Verlag 2003; *Mehr Leidenschaft Recherche*. Westdeutscher Verlag 2003.

Löffelholz, Martin, Univ.-Prof. Dr., Jg. 1959, ist seit 1998 Inhaber des Lehr-
stuhls für Medienwissenschaft an der Technischen Universität Ilmenau und
Gründungsdirektor des dortigen Instituts für Medien- und Kommunikationswissenschaft (1999–2001). In seinen Forschungsarbeiten beschäftigt er sich mit
Öffentlichkeitsarbeit, Journalismus, Krisenkommunikation, Medieninnovation-
en und interkultureller Kommunikation. Seit mehr als zehn Jahren arbeitet er als
Gutachter für Unternehmen und als Berater in der internationalen Entwick-
lungszusammenarbeit. Von 1988 bis 1998 war er in verschiedenen Funktionen
an den Universitäten Münster, Leipzig und Hamburg tätig. Mehrmals übernahm
er Gastprofessuren im Ausland (u.a. in Indonesien). Nach freier Mitarbeit für
Printmedien arbeitete er von 1984 bis 1988 als Hörfunk- und Fernsehjournalist.
Martin Löffelholz hat Kommunikationswissenschaft, Politologie, Soziologie
und Europäische Ethnologie studiert.

Martini, Klaudia, Jg. 1950, ist seit 1. Oktober 2001 Vorstand Unternehmenskommunikation der Adam Opel AG. In dieser Funktion ist sie verantwortlich
für Unternehmenspolitik, Regierungsbeziehungen, Interne Kommunikation
sowie die Unternehmens- und Produktkommunikation der Adam Opel AG.
Nach einem Studium der Rechtswissenschaften in Heidelberg und München
war sie ab 1978 als Richterin am Verwaltungsgericht Augsburg, als Regierungs-
rätin am Landratsamt Neu-Ulm und als Richterin am Verwaltungsgericht München tätig. Seit 1983 war Klaudia Martini ehrenamtlich im Stadtrat und Kreistag
tätig, bevor sie 1986 als Abgeordnete in den Bayerischen Landtag gewählt wurde. Im Mai 1991 wurde Klaudia Martini Staatsministerin für Umwelt des Landes Rheinland-Pfalz.

Meckel, Miriam, Prof. Dr., Jg. 1967, ist seit November 2002 Staatssekretärin
für Europa, Internationales und Medien im Geschäftsbereich des Ministerpräsidenten des Landes Nordrhein-Westfalen. Sie studierte Publizistik- und Kommunikationswissenschaft, Sinologie, Politikwissenschaft und Jura an den Universitäten Münster und Taipeh, Taiwan. Von 1990 an freie und feste Tätigkeit
als Fernsehredakteurin für die Nachrichtenredaktion „West 3 Aktuell" beim
Westdeutschen Rundfunk in Köln und Düsseldorf, freie Mitarbeiterin der VOX-
Fernsehgesellschaft für die Sendung „Welt-Vox", 1994 bis 1995 Chefin vom
Dienst und Moderatorin des RTL-Regionalmagazins für NRW „RTL West
Live", ab 1995 freie Autorin, Live-Reporterin und Moderatorin für das politische Magazin „Westpol", für die Nachrichtenredaktion des WDR Fernsehens
und für das Mittagsmagazin „NRW am Mittag". In den Jahren 1999 bis 2001
war sie Professorin für Publizistik- und Kommunikationswissenschaft (Schwerpunkt: Journalistik) und Geschäftsführende Direktorin am Institut für Kommu-

nikationswissenschaft der Universität Münster und Beraterin für Redaktions-
und Medien-Management und Business Communication. Seit dem März 2001
war sie Regierungssprecherin und Staatssekretärin, zuständig für Medien-
wirtschaftspolitik, beim Ministerpräsidenten von Nordrhein-Westfalen. Zahlreiche Veröffentlichungen und Vorträge zu den Themen Redaktions- und Me-
dienmanagement, Medienökonomie, Internet, Informationsgesellschaft, Fernsehen, Unternehmenskommunikation.

Pitzer, Jürgen, Dipl.-Volkswirt, Jg. 1946, ist seit 1988 Pressesprecher der LRP
Landesbank Rheinland-Pfalz und Direktor des Bereichs Corporate Communications (Öffentlichkeitsarbeit, Werbung, Interne Informationen und Investors
Relations). Seit 1991 ist er Mitglied in der DPRG Deutsche Public Relations
Gesellschaft e.V., im Vorstand seit 1997 ehrenamtlich tätig als Schatzmeister,
amtierend seit 2001, seit 7. Juni 2002 gewählter Präsident. Von 1993 bis März
2002 Vorsitzender der DPRG-Landesgruppe Hessen/Rheinland-Pfalz/Saarland
und bis 1997 Revisor. Besondere Schwerpunkte sind neben der Vertretung des
Verbandes die Finanzkommunikation sowie die Weiterentwicklung des Aufga-
ben- und Erscheinungsbildes der PR. Dazu erarbeitet eine Expertengruppe er-
gänzende Standards und Best-practice-Beispiele. Er ist seit 1971 in der Finanzkommunikation und seit 1988 für die LRP Landesbank Rheinland-Pfalz tätig.

Preusker, Werner, Jurist, zugelassen als Rechtsanwalt, Jg. 1950, ist seit 1989
Geschäftsführer der Arbeitsgemeinschaft PVC und Umwelt e.V., Bonn, und seit
1997 zudem Sprecher der Initiative PVCplus. In den Jahren 1980 bis 1983 war
er Mitarbeiter des Sachverständigenrates für Umweltfragen, von 1983 bis 1989
war er Mitarbeiter des Verbandes der Chemischen Industrie, Abteilung Technik
und Umwelt. Er hat unter anderem Salzwedel/Preusker, *Law and Practice Re-
lating to Pollution Control in the Federal Republic of Germany*, London, 1982;
und Salzwedel/Preusker, *Umweltschutzrecht und -verwaltung in der Bundesrepublik Deutschland*, Köln, 1983, veröffentlicht sowie am *Handwörterbuch für
Umweltrecht* und am *Handbuch Umwelt und Betrieb* mitgearbeitet.

Rolke, Lothar, Prof. Dr., Jg. 1954, ist seit 1996 Professor für Betriebswirtschaftslehre und Unternehmenskommunikation an der Fachhochschule Mainz.
Nach dem Studium der Politologie, Politischen Ökonomie, Psychologie und
Germanistik arbeitete er zunächst als freier Mitarbeiter beim Hessischen Rundfunk. Er war von 1989 bis 1996 Geschäftsführender Gesellschafter der Repor-
ter-Gruppe und zwei Jahre Vorstandsmitglied der Gesellschaft für Public Relations Agenturen e.V. (GPRA). Seit 15 Jahren ist er Berater von Unternehmen

und Verbänden im Bereich Public Relations und Kommunikationsmanagement. Er ist Stiftungsmitglied der Bonner Stiftung Mitarbeit und Vorsitzender der Prüfungskommission der Deutschen Akademie für Public Relations (DAPR).

Schmidt-Deguelle, Klaus-Peter, Jg. 1950, ist seit 2000 selbständiger Medien- und PR-Berater in Berlin und Frankfurt und arbeitet für Banken, Unternehmens- und Personalberatungsfirmen. Seit 2001 ist er zudem erneut persönlicher Berater des Bundesfinanzministers und in dieser Funktion ständiger Teilnehmer an allen internationalen Konferenzen (G7/G8, IWF- und Weltbank-Tagungen, EU-Finanzminister, bilateralen Regierungskonsultationen etc.). Nach dem Studium der Volkswirtschaft, Geschichte, Germanistik und Politologie in Köln, Freiburg und Marburg und dem Staatsexamen und Diplom begann er seine journalistische Laufbahn beim SFB in Berlin. 1980 wechselte er nach Frankfurt am Main zum Hessischen Rundfunk, wo er als Leiter der ARD-Aktuell-(Tagesschau-) Redaktion und als Sonderkorrespondent 1989 von der Besetzung der deutschen Botschaft und der „samtenen Revolution" aus Prag berichtete. 1992 koordinierte er für die ARD die Berichterstattung über den Auftakt der Nahost-Friedensgespräche in Madrid sowie über den EU-Gipfel in Lissabon. In den Jahren 1993 und 1994 gehörte er als Nachrichten-Chef und Chefredakteur zum Aufbau-Team des Senders Vox, der seinerzeit noch ein Nachrichtensender war. Nach den Umstrukturierungen von Vox zum Unterhaltungssender wechselte er 1993 als Staatssekretär zur Hessischen Landesregierung unter der Führung von Ministerpräsident Hans Eichel, wo er bis zur Abwahl der rot-grünen Landesregierung deren Sprecher war. Von 1999 bis 2000 beriet er das Bundesfinanzministerium unter Hans Eichel und das Bundesarbeitsministerium.

Wolff, Volker, Prof. Dr., Jg. 1951, ist seit 1996 Professor am Journalistischen Seminar der Johannes Gutenberg-Universität Mainz. Nach dem Studium der Betriebswirtschaftslehre promovierte er 1978 an der Universität Köln, war von 1980 bis 1983 Redakteur beim „Handelsblatt", Düsseldorf und von 1984 und 1985 Vertriebsleiter der Colonia Versicherung, Köln. In den Jahren 1985 bis 1991 war er Ressortleiter Banken und Versicherungen der Redaktion „Capital", Köln, von 1991 bis 1995 Chefredakteur der „Wirtschaftswoche", Düsseldorf. Seit 2001 ist er Herausgeber der Zeitschrift „Wirtschaftsjournalist".

Klaus-Dieter Altmeppen, Matthias Karmasin (Hrsg.)
Medien und Ökonomie

*Band 1/1: Grundlagen der Medienökonomie: Wirtschaftswissenschaft,
Kommunikations- und Medienwissenschaft*
2003. 340 S. Br. EUR 24,90 ISBN 3-531-13631-3

*Band 1/2: Grundlagen der Medienökonomie: Soziologie, Politik, Recht,
Philosophie, Geschichte, Methoden, Internationalisierung*
2003. 266 S. Br. EUR 22,90 ISBN 3-531-13632-1

Band 2: Problemfelder der Medienökonomie
2003. ca. 250 S. Br. ca. EUR 19,90 ISBN 3-531-13633-X

Band 3: Anwendungsfelder der Medienökonomie
2004. ca. 250 S. Br. ca. EUR 19,90 ISBN 3-531-13634-8

Barbara Baerns (Hrsg.)
Leitbilder von gestern?

Zur Trennung von Werbung und Programm
2003. ca. 300 S. Br. ca. EUR 29,00 ISBN 3-531-13354-3

Nanette Besson
Strategische PR-Evaluation

Erfassung, Bewertung und Kontrolle von Öffentlichkeitsarbeit
2003. ca. 300 S. Br. ca. EUR 29,90 ISBN 3-531-13884-7

Juliana Raupp, Joachim Klewes (Hrsg.)
Quo vadis Kommunikationsmanagement? (Arbeitstitel)

Bestandsaufnahme und Entwicklungen einer expandierenden Disziplin
2003. ca. 350 S. Br. ca. EUR 34,90 ISBN 3-531-14034-5

Ulrike Röttger (Hrsg.)
Theorien der Public Relations (Arbeitstitel)

2003. ca. 300 S. Br. ca. EUR 25,90 ISBN 3-531-14044-2

Lothar Rolke, Volker Wolff (Hrsg.)
Die Meinungsmacher in der Mediengesellschaft (Arbeitstitel)

Deutschlands Kommunikationseliten aus der Innensicht
2003. ca. 220 S. Br. ca. EUR 22,90 ISBN 3-531-14089-2

Edith Wienand
Public Relations als Beruf

Kritische Analyse eines aufstrebenden Kommunikationsberufes
2003. 424 S. Public Relations. Br. EUR 32,90 ISBN 3-531-14054-X

MEDIENÖKONOMIE und Public Relations

www.westdeutscher-verlag.de

Erhältlich im Buchhandel oder beim Verlag.
Änderungen vorbehalten. Stand: Juli 2003.

Abraham-Lincoln-Str. 46
65189 Wiesbaden
Tel. 06 11. 78 78 - 285
Fax. 06 11. 78 78 - 400

West-
deutscher
Verlag

MIX
Papier aus verantwortungsvollen Quellen
Paper from responsible sources
FSC® C105338

In case Publisher is established outside the EU,
the EU authorized representative is:
**Springer Nature Customer Service Center GmbH
Europaplatz 3, 69115 Heidelberg, Germany**

Printed by Libri Plureos GmbH
in Hamburg, Germany